INTERFACES:

Guide d'étude

BARBARA L. BLACKBOURN
GEORGIA INSTITUTE OF TECHNOLOGY

CATHERINE MARIN
GEORGIA INSTITUTE OF TECHNOLOGY

INTERFACES:

les affaires et la technologie
à travers la vie de tous les jours

Guide d'étude

John Wiley & Sons, Inc.
NEW YORK   CHICHESTER   BRISBANE   TORONTO   SINGAPORE   WEINHEIM

ACQUISITIONS EDITOR: Lyn McLean
MARKETING MANAGER: Leslie Hines
PRODUCTION EDITOR: Tony VenGraitis
DESIGN SUPERVISOR: Laura Boucher
PHOTO EDITOR: Hilary Newman
TEXT DESIGN: Sheree Goodman
COVER DESIGN: Harry Nolan
OUTSIDE PRODUCTION SERVICE: Suzanne Ingrao/Ingrao Associates

This book was set in Cheltenham Book

and was printed and bound by Malloy Lithographing Inc.

The cover was printed by Malloy Lithographing Inc.

0-471-13894-0

Printed in the United States of America

10 9 8 7 6 5 4 3 2

Module I: Banque, poste et télécommunications   xii

Photos et descriptions   xii

Phonétique: /ə/, /ɛ/ et /e/   3

Points grammaticaux: Verbes réguliers et irréguliers au présent   6

Encadrés et activités spécifiques: Croire, ouvrir, vouloir, aller, avoir, faire (présent)   19

Aperçus et encadrés supplémentaires: Croire, ouvrir, vouloir, aller, avoir, faire (autres temps et modes); noms féminins; adjectifs numéraux   34

Exercices de synthèse   46

Echange   46

Module II: L'informatique à la maison et au travail   48

Photos et descriptions   48

Phonétique: Les voyelles nasales   51

Points grammaticaux: Verbes réguliers et irréguliers au futur   56

Quelques encadrés et aperçus: Mettre, savoir, sortir, prendre, dire, recevoir   59

Encadrés supplémentaires: Noms masculins; accord des adjectifs   77

Exercices de synthèse   82

Echange   83

Module III: Demandes et offres d'emploi   84

Photos et descriptions   84

Phonétique: /u /et /y/   87

Points grammaticaux: Verbes réguliers et irréguliers au passé   90

Quelques encadrés et aperçus: Écrire, venir et tenir (devenir, revenir, obtenir, retenir), espérer (préférer, commencer, épeler), découvrir (couvrir, ouvrir, offrir), connaître, être, pouvoir   103

Encadrés supplémentaires: Genre des noms, noms collectifs, noms propres; accord des adjectifs, adjectifs qui se terminent en **-il, -el, -eil,** et **-x,** adjectifs invariables   124

Exercices de synthèse   132

Echange   132

Module IV: Les entreprises françaises   134

Photos et descriptions   134

Phonétique: /ɸ/ et /œ/   138

Points grammaticaux et activités générales: Pluriel des noms   141

Quelques encadrés et aperçus supplémentaires de verbes irréguliers: Créer, étudier, voir, boire/manger, verbes de la Maison d'Etre, souffrir, se sentir, craindre, devoir, dormir, s'endormir   154

Encadré supplémentaire: Adjectifs qui se terminent en **-f, -ong, -en, -er, -on, -eur, -et, -s,** et **-c**   174

Exercices de synthèse   176

Echange   177

Module V: Différentes facettes du monde du travail   178

Photos et descriptions   178

Phonétique: Élision, enchaînement, liaison   181

Points grammaticaux: Comparaison des noms et noms composés   189

Encadré supplémentaire et activités générales sur les adjectifs: Adjectifs interrogatifs, possessifs, démonstratifs; tout; avoir l'air; même   194

Encadré supplémentaire: les adverbes   204

Encadrés et aperçus supplémentaires de verbes irréguliers: Pleuvoir, falloir, appeler, s'appeler, rire, paraître, plaire, se souvenir, acheter, vendre, envoyer, essayer, payer   207

Exercices de synthèse   224

Echange   225

Module VI: Gérer et investir son argent   226

Photos et descriptions   226

Phonétique: Intonation   229

Points grammaticaux: les adjectifs et les adverbes: Comparatif et superlatif   236

Encadrés et aperçus: quelques verbes irréguliers: Mentir, plaindre, se plaindre, naître, mourir, jeter, courir, servir, se servir, suivre, valoir   242

Encadré supplémentaire: Noms concrets et abstraits, noms de famille, noms de villes, noms étrangers, noms de voitures   259

Exercices de synthèse   263

Echange   264

APPENDICES   267

Tables de Verbes   267

Corrigé (answers for self-correction)   285

INDEX   321

Dear Student,

Your **Home Study Guide** (HSG) has been designed to acquaint you with many facets of business and technology from several different perspectives or points of view. Depending upon your language needs, you may choose to use it in conjunction with, as a complement to, as an interface for, or simply in parallel to your text, **INTERFACES**.

The gradual spiraling of grammar within the contexts of business, technology, and everyday life allows you to slowly build upon four major cornerstones of the French language:

- Verbs
- Nouns
- Adjectives
- Adverbs

Through methodical utilization of your HSG and audio cassette, you will strengthen the linguistic base of your French by focusing on verb formation, agreement of nouns and adjectives, and the use of adverbs in preparing for class at home. You will also greatly enhance your pronunciation and comprehension.

Your HSG and accompanying audio cassette have seven basic features:

- The **Photos et descriptions** are designed to put you in the cultural and linguistic mind-set of the module. Look at the pictures. Ask yourself what you would see, hear, and feel if you were there. Then listen to the taped description by native speakers at least three times before completing subsequent exercises.

- The **Points grammaticaux** highlight a given part of speech (a verb, noun, adjective, or adverb). They give simple explanations, helpful hints, and mnemonic devices. They also provide examples (with English translations!) from the content areas in question.

- The four initial **Phonétique** sections isolate certain crucial sounds to help you improve your pronunciation. The words and expressions chosen as examples are drawn from the realms of business and technology, and are recorded by native speakers on your audio cassette. Repeat the examples out loud after the French speaker and note the letter combinations that produce each sound. Subsequent sections address *élision, liaison,* and *intonation.*

- The **Encadrés** and **Aperçus** focus on verbs, nouns, adjectives, or adverbs. You'll read and study many examples incorporating these forms within the content areas or contexts you are working on. You may choose to

    read over the sentences quickly, focusing mainly on the targeted part of speech.

    seek to understand nearly every word in context but avoid using a dictionary at this stage.

    copy several examples per section verbatim taking particular note of spelling (including accent marks) and pronunciation.

The **Activités** are of two types:

    Those that focus on the general content areas of business and technology, give an overview of the module and use many different examples of the part of speech in question. They will assist you in determining which specific verb forms, nouns, adjectives, or adverbs you need to work on more closely.

Those that target the specific boxes and subject matter at hand help you verify spelling and forms, check for grammatical accuracy, and use the given part of speech in context.

The answers to both kinds of activities are provided at the end of your HSG for self-correction.

- The **Exercices de synthèse** allow you to creatively use what you have practiced in each module. They directly link your textbook dialogue, readings, and boxes to the grammar you've studied and ask you to generate open-ended text.
- Listen to the **Echange** at the end of each module as many times as necessary to answer the directed questions in your HSG. By the time you finish this activity, you should have assimilated a wealth of information about the subject at hand.
- The **Corrigé** (and **Tableaux de conjugaison**) at the end of your HSG give you a quick guide for self-correction and reference.

dvice

- Study at least 20–30 minutes each day (4–6 days per week). A little each day is much more effective in language learning than "cramming" all the material into only one or two sessions.
- Push your pencil. Write out at least 3–4 examples per box or activity in complete sentences while thinking of their meaning and pronunciation—even if it is just an example or fill-in-the-blank exercise.
- Buy a good French-French dictionary in addition to an inexpensive French-English one. Near the end of your study session each day, look up any important terms you don't recognize or that interest you. Take note of key words from the dictionary definition. Always indicate irregular stems for verbs, the gender of nouns, and any specific forms for adjectives and adverbs.
- Keep a notebook of these expressions. Review them along with your class notes at least once per week (or write notes in the margin of your HSG and skim them as you review each section).
- Develop a regular pattern of working with your study partner or in small groups at least twice per week.
- Tailor the use of your *Home Study Guide* to best suit your own needs. Note where you might need additional work and focus on those areas.
- Dare to stretch your language abilities and have fun while you are learning!

Barbara L. Blackbourn
Catherine Marin

Interfaces: Guide d'étude

Brief Summary of the Home Study Guide Features

Used in conjunction with your **Interfaces** textbook, the **Guide d'étude** develops your oral comprehension skills, refines your pronunciation, and offers you multiple grammar and structure exercises to complete at your own pace—all within the contexts of business, technology, and everyday life.

      The **Points grammaticaux** sections quickly, simply, and methodically review major grammar concepts *(Verbes, Noms, Adjectifs et Adverbes)* and provide general activities to complete before class. Examples are chosen so that you will be exposed to the content area in question from several different points of view before studying more specific vocabulary with your instructor. After class, **Encadrés** and **Aperçus** boxes will help you fine-tune your grammar review by targeting specific verbs, nouns, adjectives, and adverbs within the context being studied. The **Exercices de synthèse** allow you to link and creatively use what you have learned in both your Textbook and Home Study Guide. The answers **(Corrigé)** for all the structures and boxes are given at the end of each module so that you may check your accuracy on a day-to-day basis.

      Your **Cassette audio** will help you 1) refine both your pronunciation and your intonation as you pattern your voice after that of native speakers for certain activities and specialized boxes, 2) learn to spell, count, and read aloud in French as you mimic native speakers doing the same, 3) work on specific French phonemes or sounds in words from the context you are studying within the module in the **Phonétique** sections, and 4) further prepare you for class as you develop your vocabulary and oral comprehension *(Compréhension orale/aurale)* by listening to native speakers talk about the lead-in photo clusters for each module from a visual, auditory, and kinesthetic point of view. To enhance your ability to understand French-speaking people in a variety of situations, an **Echange** between native speakers finishes off each module's audio entry. Each of these verbal exchanges targets the content area in question one last time from a general point of view and is followed by a brief writing activity.

INTERFACES:

Guide d'étude

Banque, Poste et télécommunications

Dans ce module, nous allons surtout étudier les verbes au présent dans le contexte de la banque, de la Poste et des télécommunications.

➤ *Module I of your HSG targets the present tense of both regular and irregular verbs in the contexts of banking and telecommunications.*

*P*hotos et descriptions

A. Pré-écoute. Avant d'écouter votre cassette, faites les exercices suivants.

1. Regardez les photos de la page 1. Qu'est-ce que vous voyez?

_____

_____

_____

_____

_____

_____

_____

_____

2. Qu'est-ce que les photos suggèrent comme actions ou états (*states*)?

_____

_____

_____

_____

_____

_____

_____

_____

▲ Mme Guélec, infirmière libérale, est souvent payée par chèque. Elle passe à sa banque (le Crédit Mutuel de Bretagne) pour déposer ses chèques.

▲ La responsable de formation d'Agora vérifie la liste des emplois offerts par l'ANPE. Elle va sortir cette liste sur l'imprimante du Minitel afin de la discuter avec ses stagiaires.

▲ Un gros plan sur un Minitel éteint et son imprimante.

B. Compréhension orale/aurale. Ecoutez le premier segment de votre cassette audio deux ou trois fois afin de pouvoir encercler les mots ou expressions que vous reconnaissez.

Photo numéro 1

Verbes	*Noms*	*Adjectifs et autres expressions*
attendre	un stylo	souriant(e)
servir	un guichet	aimable
s'occuper de	un formulaire	patient(e)
écrire	un papier	sérieux (-ieuse)
remplir	un chèque	jeune
sourire	un tableau d'affichage	
s'adresser à	une brochure	
signer	un dépliant	
être debout	un fax	
être assis(e)		
expliquer		

> ➤ Write down the subject and verb form of each of the infinitives you've circled, e.g. **elle attend.**

Quelle est la forme de chaque verbe utilisé dans le commentaire?

_____

_____

_____

_____

_____

Photo numéro 2

Verbes	*Noms*	*Adjectifs et autres expressions*
taper	un annuaire	électrique
lire	une lampe	moderne
écrire	des affiches (*f*)	vide
regarder	un bureau	éteint(e)
interroger	un clavier	allumé(e)
consulter	un écran	occupé(e)
allumer	des dossiers (*m*)	
éteindre	des feuilles (*f*)	
attendre	les mains (*f*)	
travailler	les doigts (*m*)	
	les chaussures (*f*)	
	une chaise	

Quelle est la forme de chaque verbe utilisé dans le commentaire?

_____

_____

_____

_____

_____

Photo numéro 3

Verbes	Noms	Adjectifs et autres expressions
être	la table	à côté de
servir de	les bureaux *(m)*	à droite de
	l'imprimante *(f)*	à gauche de
	l'écran *(m)*	devant
	le clavier	derrière
	le fil électrique	placé(e)
	des dossiers *(m)*	branché(e)
	des papiers *(m)*	allumé(e)
	des livres *(m)*	éteint(e)
	le mur	connecté(e)
		relié(e)

Quelle est la forme de chaque verbe utilisé dans le commentaire?

_____

_____

_____

_____

C. A vos plumes! En vous basant sur ce que vous avez entendu, écrivez un paragraphe de 50 mots sur une des photos qui précèdent.

1. Formulez une phrase d'introduction ou d'ouverture.

2. Consultez les notes que vous avez prises pour développer vos idées.

3. Ecrivez une phrase imaginative en guise de conclusion.

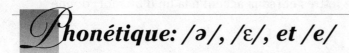

Sur la photo N°... _____

_____

_____

_____

_____

_____

_____

_____

𝓟honétique: /ə/, /ɛ/, et /e/

Pour vous aider à prononcer certains termes français, nous allons employer l'**alphabet phonétique international**. Il ressemble beaucoup à l'orthographe française. La plupart des dictionnaires français utilisent cet alphabet.

> ➤ In this Module, we'll isolate and work on the three French e's.

Regardons ensemble les trois **e** français:

Le Son /ə/

Le *e muet* (ou latent, caduc, instable) est une voyelle antérieure moyenne légèrement arrondie. C'est un son plutôt neutre. Parfois cette lettre n'est pas prononcée—par exemple lorsqu'elle se trouve à la fin d'un mot. En alphabet phonétique ce son est représenté par /ə/.

> ➤ Without using a dictionary, read through the following explanation several times. Three key terms which describe the sound of this "e" in French are *mute*, *slightly rounded*, and *neutral*. Circle the equivalent of these three expressions in the explanation. Then repeat the list of words after the native speaker on your audio cassette paying particular attention to the /ə/.

le compte

l'argent liquide

un chèque barré

un certificat de domicile

une redevance

ce compte en banque

en espèces

Je me demande où je dois attendre

Vrai ou Faux

____ **1.** Un «e» sans accent est souvent prononcé /ə/.

____ **2.** A la fin d'un mot un «e» sans accent est un son neutre.

____ **3.** Un «e» suivi d'un «n» ou d'un «m» se prononce /ə/.

Le Son /ɛ/

Le **e ouvert** (ou mi-bas) est une voyelle antérieure moyenne mi-basse. Il n'est pas arrondi. Il est désigné par /ɛ/ en transcription.

Je viens de verser ce chèque sur mon compte.

Je veux qu'ils me prêtent de l'argent.

Je voudrais encaisser ce chèque avant la fermeture de la banque.

Je touche un taux d'intérêt de sept pour cent.

J'ai autorisé un prélèvement automatique de treize cents francs par mois.

J'ai acheté un nouveau modem.

Quels sont les deux accents sur le «e» qui peuvent indiquer le son /ɛ/? ____ ____

La combinaison de lettres **et** (sans accent à la fin d'un mot) donne souvent le son /ɛ/:

> ➤ Dans plusieurs régions françaises, on ne fait pas la distinction entre le **et**, le **ais/t** et le son /ɛ/.

un guichet

un carnet de chèques

un livret de la Caisse d'Epargne

un billet de 500 francs

Le Son /e/

 Le **e fermé** (ou mi-haut) est une voyelle antérieure moyenne mi-haute. Il n'est pas arrondi non plus. La mâchoire est plus serrée que pour la voyelle précédente. Il est représenté par /e/.

En français un **é** est toujours représenté par /e/:

un ch<u>é</u>qui<u>er</u>

un guicheti<u>er</u>

un caissi<u>er</u>

informatis<u>é</u>

l'unit<u>é</u> centrale

les p<u>é</u>rif<u>é</u>riques

un clavi<u>er</u>

un fichi<u>er</u>

Quelle autre combinaison de lettres, parmi les mots de la liste précédente, représente ce même son? ____

 Bien qu'il y ait de nombreuses variantes personnelles et régionales, la combinaison de lettres **es** dans un mot d'une seule syllabe donne en principe le son /e/:

l<u>es</u> chèques

d<u>es</u> employ<u>és</u>

m<u>es</u> prêts

t<u>es</u> pièces d'identit<u>é</u>

s<u>es</u> relev<u>és</u> de compte

c<u>es</u> bureaux

c<u>es</u> logiciels

c<u>es</u> écrans

Enseigne du Crédit Lyonnais.

Quand il s'agit d'un verbe, les terminaisons <u>ai</u>, <u>ez</u> et <u>er</u> se prononcent presque toujours /e/:

endoss<u>er</u>	J'endosser<u>ai</u> mon chèque au guichet.
encaiss<u>er</u>	Encaisser<u>ez</u>-vous votre chèque tout de suite?
vers<u>er</u>	Je verser<u>ai</u> l'argent n<u>é</u>cessaire.
dépos<u>er</u>	Est-ce que vous all<u>ez</u> dépos<u>er</u> cet argent?
imprim<u>er</u>	J'<u>ai</u> l'intention d'imprim<u>er</u> c<u>es</u> documents imm<u>é</u>diatement.

*P*oints grammaticaux:

Les verbes

Verbes réguliers et irréguliers au présent

> ➤ Study the following examples and their English equivalents carefully.

Le **présent** indique que l'action s'accomplit (au moment où) l'on parle:

Il **ouvre** un compte (en ce moment.)	He *is opening* an account (at this time).
Nous **payons** en liquide.	We *pay (are paying, do pay)* in cash.
J'**encaisse** toujours mes chèques immédiatement.	I always *cash* my checks immediately.
Elle **vend** son ordinateur.	She *is selling* her/his computer.
Les clients **choisissent** une banque en fonction des services qu'elle **offre.**	Customers *choose* a bank based on the services it *offers.*
On **fait** la queue devant les guichets.	One/we (fam.) *are standing* in line in front of the tellers. (literally, the counter or the cashiers' windows)
Tu **allumes** l'ordinateur?	*Are* you *turning* the computer on?
Les Dupont **vérifient** le solde de leur compte en banque par Minitel.	The Duponts *check* the balance of their banking account by Minitel.
Est-ce que vous **payez** votre facture d'électricité, de téléphone ou de gaz par Minitel?	*Do* you *pay* your electric, telephone or gas bill by Minitel?

Notez les trois traductions possibles en anglais pour le présent: *he opens, is opening, does open..., we pay, are paying, do pay..., etc.* Attention surtout au présent progressif en anglais: *I am depositing, she is selling, the customers are choosing, we are standing in line/one is standing in line/we* (forme familière) *are standing in line, etc.* En français, cette forme progressive est tout simplement indiquée par le présent.

Activités générales

En français, il y a des verbes réguliers (**-er, -ir, -re**) et des verbes irréguliers. Révisons un peu quelques-uns de ces verbes. D'abord dans le contexte de la banque...

Pour bien profiter des activités suivantes, essayez de remplir les blancs avant de réviser la formation des verbes au présent. Puis, vérifiez vos réponses à la fin du **Guide d'étude**. Faites une révision des verbes qui se trouvent à la fin de votre manuel ou dans les encadrés.

D. Ouvrir un compte en banque. Une de vos amies françaises vous explique comment ouvrir un compte courant.

1. Pour pouvoir ouvrir un compte courant, la banque te
   demandent (demander) un justificatif de domicile.
2. La banque *peut* (pouvoir) aussi te demander d'autres renseignements.
3. Après cela, l'employé de la banque *remplit* (remplir) un formulaire.

> ➤ To get the most from the general activities, fill-in the blanks and check your responses against those in the answer key before creating your own tailor-made complete sentences.

> ➤ Quelle forme du verbe suit la préposition **pour** au début de cette phrase?

INFO SERVICE

OUVERTURE DE COMPTE

Bienvenue à la BNP

BNP

Comment ouvrir un compte à la BNP

Il suffit de vous munir des documents suivants :

☒ 1 - Une pièce d'identité
(avec une photographie récente)
     ● Carte Nationale d'Identité
ou ● Permis de conduire
ou ● Passeport

☒ 2 - Un justificatif de domicile
     ● Facture EDF
ou ● Facture Eau
ou ● Facture Téléphone

Pour concrétiser votre ouverture de compte, vous avez rendez-vous

le _____ . _____ à _____ h
avec M _____
_____
_____

N'hésitez pas, lors de cet entretien, à demander de plus amples informations sur les services, placements ou crédits qui vous intéressent.

BNP RCS Paris B662 042 449 - PLV 2408 - Avril 94 - Approche - Imp. SIC - Legny

BNP

Dépliant de la Banque Nationale de Paris.

4. Il faut que tu _____lises_____ (lire) les documents avant de les signer.

5. Tu ___dois___ (devoir) alors déposer une somme d'argent sur le compte que tu ouvres.

6. Puis, tu ___reçois___ (recevoir) le numéro de ton compte courant.

7. A la fin du mois, la banque t'___envoie___ (envoyer) un relevé bancaire ou si tu ___acceptes___ (accepter) de payer les frais d'envoi, elle t'en fera parvenir un après chaque transaction.

Imaginez trois questions que vous pourriez poser à votre ami(e) pour avoir des renseignements plus précis.

1. _____

2. _____

3. _____

➤ Quand deux verbes se suivent et qu'il ne s'agit pas d'un temps composé, le deuxième verbe est toujours à l'infinitif.

➤ Expliquez l'emploi de l'infinitif dans les phrases qui précèdent.

➤ Attention au subjonctif et à l'infinitif!

E. Transactions bancaires. Maintenant, un de vos amis français vous parle de quelques opérations bancaires.

1. Quand on ___a___ (avoir) un compte courant, on ___peut___ (pouvoir) effectuer certaines transactions.

2. Par exemple, tu ___peux___ (pouvoir) faire un versement par chèque ou en liquide.

3. ___Faire___ (faire) un virement, c'est ___transférer___ (transférer) de l'argent d'un compte à un autre.

4. Il faut ___remplir___ (remplir) un bordereau pour ___indiquer___ (indiquer) le montant de mon versement en liquide.

5. Tu ___fais___ (faire) la même chose quand tu ___déposes___ (déposer) un chèque sur ton compte.

Enseigne de la B.N.P.

6. Pour _retirer_ (retirer) de l'argent à la banque, je'
écris (écrire) un chèque à mon nom et je
l'_endosse_ (endosser).

Quelles opérations bancaires comptez-vous faire prochainement à la banque?

1. _____

2. _____

3. _____

En grammaire, les **modes** des verbes se réfèrent à l'attitude de la personne qui parle. Il y a cinq modes en français.

1. **L'indicatif** présente une action, un état ou l'existence dans sa réalité. Il les situe sur le plan des faits constatés et affirmés. Il s'agit d'une **constatation**.

2. **L'interrogatif** pose une **question.** Il est signalé dans la plupart des cas par l'inversion du verbe et de son sujet ou par la forme «est-ce que» placée devant le sujet et le verbe.

3. **L'impératif** est utilisé dans le contexte d'un **ordre**, d'une **commande** ou d'une **prière.**

4. Le **subjonctif** présente une action, un état ou l'existence de quelqu'un ou de quelque chose comme simplement envisagé(e) dans la pensée, comme n'étant pas encore placé(e) sur le plan de la réalité. Il exprime souvent une émotion forte et s'utilise surtout après certaines expressions comme:

IL FAUT QUE...	**Il faut que** j'aille à la banque tout de suite!
BIEN QUE...	Nous avons ouvert un compte épargne-logement **bien que** nous ne sachions pas encore quand nous allons acheter une maison.
POUR QUE...	Ses parents lui envoient une télécarte tous les mois **pour qu'**il puisse leur téléphoner régulièrement.
JE VEUX QUE...	**Je veux que** tu remplisses ce formulaire. **Je veux** aussi **que** tu cherches l'adresse de cette école par Minitel.
J'AI PEUR QUE...	**J'ai peur que** nous ne puissions pas toujours utiliser ce tableur.

➤ Indicative = Statement
Interrogative = Question
Imperative = Command

➤ The subjunctive is rarely used in modern English.

ATTENTION! Les verbes de la liste ci-dessous **ne** sont **pas** suivis du subjonctif:

Je pense que...	J'espère que...
Je crois que...	Je suppose que...
Il me semble que...	Je sais que...
Je trouve que...	Je suis sûr(e) que...
Je suis certain(e) que...	

3616 +CATOUR ET LA BANQUE EST SI SIMPLE!..

VOTRE BANQUE EN DIRECT : TOURAINE TELEMATIQUE

● UN ACCES EXTREMEMENT SIMPLE

Pour bénéficier à domicile des nombreux services de votre banque, il vous suffit de composer le 3616 puis de taper le code CATOUR sur votre Minitel. Vous serez alors automatiquement connecté au serveur du Crédit Agricole d'Indre et Loire et pourrez accéder aux informations proposées après avoir inscrit vos codes d'accès personnels.

● UNE UTILISATION FACILITEE

Selon la nature de l'opération que vous souhaitez effectuer, sélectionnez dans le menu l'option qui vous intéresse. Sur chaque écran figure toujours la liste des possibilités qui s'offrent à vous. Il ne vous reste qu'à suivre les indications concernant les touches à utiliser pour valider votre choix et aller plus loin dans votre démarche.

● VOTRE BANQUE OUVERTE 24 H/24

A tout moment, vous pouvez accéder au service grâce à votre Minitel. Un moyen efficace d'être toujours au courant de sa situation bancaire 24 h/24* et 365 jours par an.

● ABONNEMENT GRATUIT

Pour accéder à Touraine Télématique, aucun frais d'abonnement ne vous est demandé. Seul le prix de la communication (1,25 F par minute) reste à votre charge.

● UNE SECURITE A TOUTE EPREUVE

Les codes confidentiels qui vous sont attribués sont indispensables pour consulter vos différents comptes. Ce qui signifie que personne d'autre que vous ne peut obtenir de renseignements vous concernant. Ainsi, vous êtes à l'abri de toute indiscrétion.

(sauf interruptions momentanées entre 0 h et 3 h pour la maintenance).

▶ VOS COMPTES EN DIRECT

En permanence, vous pouvez tout savoir sur vos différents comptes : comptes chèques, Plans d'Epargne, Codevi, etc.

● POUR CONNAITRE VOTRE SOLDE IMMEDIATEMENT

Quelques instants suffisent pour connaître le solde de chacun de vos comptes. En un coup d'œil et à la date du jour, vous prendrez connaissance de la situation complète de votre trésorerie.

● VERIFIEZ LES MOUVEMENTS DES 30 DERNIERS JOURS

Lorsque vous consultez la situation de vos comptes, tous les mouvements intervenus dans les 30 derniers jours apparaissent. Ce qui vous permet de pointer chacune des opérations déjà enregistrées sans rien oublier. Vous pouvez alors instantanément savoir ce qui a déjà été débité ou ce qui reste encore à l'être.

● CONTROLEZ LES OPERATIONS EFFECTUEES PAR CARTE A DEBIT DIFFERE

Très pratique si vous utilisez une carte Eurocard, Gold ou Visa du Crédit Agricole, cette fonction vous renseigne sur les prélèvements à débiter sur votre compte (prélèvement et encours suivant la date de consultation). Vous tirez ainsi pleinement avantage du système à débit différé.

▶ CATOUR, C'EST AUSSI :

● VOTRE BANQUE PRES DE CHEZ VOUS

Afin de ne jamais être en "panne" d'argent ou d'information, ce service vous indique :
– la liste des agences Crédit Agricole d'Indre et Loire, avec leurs horaires d'ouverture, ainsi que de nombreuses informations utiles (distributeurs de billets, coordonnées diverses, services offerts) ;
– la liste des guichets et des distributeurs automatiques bancaires, pour effectuer tout type d'opération et retirer de l'argent ;
– présentation de la gamme des services Minitel de Touraine Télématique : service de base et services étendus (disponibles dans quelques mois pour vos besoins personnels ou professionnels).
– la présentation des agences spécialisées du Crédit Agricole aux fonctions et compétences habilitées à répondre aux demandes spécifiques (ex. : Agence Entreprise).

● UNE INFORMATION COMPLETE SUR LES PRODUITS ET SERVICES DU CREDIT AGRICOLE

Pour tout savoir sur ce que le Crédit Agricole d'Indre et Loire met à votre disposition, consultez cette rubrique. Vous y trouverez :
– les renseignements concernant les comptes chèques et les cartes afin de les utiliser de manière à encore mieux gérer votre budget ;
– les nombreuses possibilités de crédit dont vous pouvez bénéficier ;
– les différents placements envisageables, qu'il s'agisse d'épargne ou de titres par exemple ;
– les assurances qu'il peut être intéressant de contracter ;
– le service Voyage Conseil ;
– nos conditions générales de banque (extrait) : la vérité des prix.

Dépliant du Crédit Agricole.

5. Parfois, **le conditionnel** remplace le présent pour ajouter une touche de politesse:

> **Auriez**-vous le temps de m'aider?

> **Pourriez**-vous me donner le numéro de téléphone de la BNP?

> Je **voudrais** que tu viennes avec moi à la Poste.

➤ Conditional = "Would/ could"

Un sourire, le ton, des compléments (comme «peut-être que», «s'il vous plaît») et l'ordre des mots peuvent aussi indiquer cette politesse ou une certaine atténuation.

> Est-ce que vous savez par hasard où se trouve le Crédit Lyonnais?

> A quelle heure ouvre la Poste, s'il vous plaît?

Révisions. Mettez les verbes indiqués entre parenthèses au présent (indicatif, interrogatif, impératif, ou subjonctif) ou laissez-les à l'infinitif selon le cas.

F. A la BNP. Un copain vous parle du téléservice de la BNP.

1. Tu _vas_ (aller) voir, ce service bancaire est vraiment pratique. (Cette construction s'appelle le futur proche).

2. Attention, _suis_ (suivre) bien mes explications pour ne pas te tromper.

3. Il suffit de _téléphoner_ (téléphoner), de donner ton code secret et tu _peux_ (pouvoir) obtenir un certain nombre de renseignements.

4. Certaines banques comme la BNP _ont_ (avoir) aussi un service Minitel qui te _permet_ (permettre) de connaître ton solde 24 heures sur 24 et de réaliser un certain nombre de transactions.

5. Est-ce que je _peux_ (pouvoir) effectuer toutes les opérations bancaires par téléphone? Non, on ne peut ni retirer de l'argent ni verser un chèque sur son compte.

6. Nous _allons_ (aller) commander un chéquier.

7. Cela _permet_ (permettre) aux gens de ne pas se _déplacer_ (déplacer) s'ils habitent trop loin ou s'ils _ne sont pas_ (ne pas être) libres pendant les heures d'ouverture régulières de la banque.

Comparez le téléservice de la BNP à celui de votre banque.

1. _____
2. _____
3. _____

G. Faisons du shopping! Ce qui suit est un dialogue entre deux personnes qui parlent de leurs achats.

1. Quel moyen de paiement _utilisez_ (utiliser)-vous quand vous _faites_ (faire) vos achats?

➤ The exchanges of this dialogue have been numbered to make self-correction easier. After completing and correcting this exercise, reread as a dialogue.

2. Cela dépend. Quand je _fais_ (faire) un gros achat, je _règle_ (régler) toujours par chèque ou par carte bancaire mais quand je _vais_ (aller) dans un petit magasin, dans une boulangerie, par exemple, pour acheter un pain, je _paye_ (payer) en espèces.

3. Pourquoi est-ce que les commerçants en France ne _ont_ (avoir) jamais de monnaie?

4. Je _ne sais pas_ (ne pas savoir), mais vous _avez_ (avoir) raison. Ils _demandent_ (demander) toujours de faire l'appoint et _expriment_ (exprimer) leur mécontentement quand vous leur _dites_ (dire) que vous n' _avez_ (avoir) qu'un gros billet!

5. Est-ce que les magasins _acceptent_ (accepter) les cartes American Express en France?

6. Les grands magasins, oui. Certains hôtels et restaurants aussi, mais elles _restent_ (rester) plus rares que les Cartes Bleues. Ce que les Français _appellent_ (appeler) la Carte Bleue, c' _est_ (être) en fait une carte VISA qui _n'est pas_ (ne pas être) nécessairement une carte de crédit.

7. Est-ce que les Français _utilisent_ (utiliser) souvent leur carte de crédit?

8. Moins souvent qu'aux Etats-Unis. La plupart des cartes _sont_ (être) des cartes bancaires de paiement et

Formulaire de demande de Carte Samaritaine.

HUMECTEZ ICI

Demande de Carte Samaritaine.

Votre identité.

Nom ....
Prénoms ....
Nom de jeune fille ....
Né(e) le .... à ....
Nationalité ....

Situation familiale.

Célibataire ☐   Marié(e) ☐
Veuf(ve) ☐   Divorcé(e) ☐   Date ☐
Union libre ☐   Nbre enfants à charge ☐

Identité de votre conjoint.

Nom ....
Prénoms ....
Nom de jeune fille ....
Né(e) le .... à ....
Nationalité ....

Votre domicile.

Adresse ....
Depuis .... N° de tél ....
Locataire ☐   Propriétaire ☐
Appartement de fonction ☐
Au domicile des parents ☐
Autre ☐

Demande de carte conjoint.

2è carte pour mon conjoint   OUI ☐   NON ☐
Signature du conjoint ....

Informatique et liberté (Article de la loi 78-17 du 6 janvier 1978).
Les informations recueillies à l'occasion de la souscription de la présente demande ont un caractère obligatoire et sont destinées à l'usage interne et au fonctionnement des établissements désignés dans l'offre. Elles pourront toutefois être communiquées aux tiers autorisés mentionnés sur les déclarations faites à la Commission Nationale de l'Informatique et des Libertés. Elles pourront donner lieu à l'exercice du droit d'accès dans les conditions prévues au Chapitre V de la loi Informatique et Liberté, en particulier après paiement de la redevance légale sauf restriction justifiée. Pour l'exercice du droit d'accès et de rectification, s'adresser au Service Relations Clientèle de SOFINCO - Rue du Bois Sauvage - 91038 EVRY CEDEX.

Activité professionnelle.

Votre profession : ....
Employeur ....
Depuis .... Adresse ....
.... Tél. ....

Profession de votre conjoint :
Employeur ....
Depuis .... Adresse ....
.... Tél. ....

Votre banque.

Etablissement ou CCP ....
Adresse ....
N° de compte ....
Date ouverture .... Carte Bleue OUI ☐ NON ☐

Votre budget.

Revenus :	Montant mensuel
Salaire net	....
Salaire net conjoint	....
Autres revenus	....
AF / retraite / pension	....
TOTAL	☐

Dépenses :
Loyer ou prêt immobilier	....
Charges locatives	....
Total crédits en cours	....
Autres charges	....
TOTAL	☐

Fait le .... Signature ....

Pièces à présenter pour le retrait de votre carte.
• Carte identité ou passeport

• Justificatif de revenus
  bulletin de salaire ou feuille d'imposition.
• RIB ou chèque annulé.
• Justificatif de domicile
  quittance EDF ou France Télécom.

La Carte Samaritaine la Carte qui simplifie la vie de tout Paris.

HUMECTEZ ICI

589271 000 123456
MLLE LEMERGIER NATHALIE

HUMECTEZ ICI

non de crédit. Elles _fonctionnent_ (fonctionner) en fait comme une sorte de chèque.

Quelles sont les expressions que l'on utilise pour parler des **moyens de paiement**?

1. _____
2. _____
3. _____

H. A la Poste. Christelle explique à son amie américaine ce qu'on peut faire au bureau de poste.

1. A la Poste en France, on _achète_ (acheter) des timbres, c'est vrai, mais on _peut_ (pouvoir) aussi _ouvrir_ (ouvrir) un compte-chèque ou un compte-épargne.

2. Tu vois, cette femme là-bas, elle _dépose_ (déposer) un chèque postal et _demande_ (demander) un mandat.

3. Ces deux individus _envoient_ (envoyer) plusieurs lettres et un paquet.

4. Les enfants _consultent_ (consulter) facilement l'annuaire téléphonique par Minitel.

➤ If you were asked to write a paragraph on what one does at the Post Office, could you list a minimum of seven activities? Write a purposeful introduction? A logical conclusion?

I. L'ordinateur. Céline adore l'informatique. Elle montre ce qu'elle fait sur ordinateur à son petit frère qui n'a encore jamais utilisé d'ordinateur.

1. J'_allume_ (allumer) l'ordinateur en appuyant sur ce bouton.

2. Je _mets_ (mettre) une disquette dans la fente.

3. J'_ouvre_ (ouvrir) ma disquette en double-cliquant sur la souris.

4. Tu _vois_ (voir), quand on _écrit_ (écrire), on _dit_ (dire) qu'on _tape_ (taper) et ça, c'est le clavier.

5. Tu _veux_ (vouloir) essayer?

6. Super! Ce que tu as écrit _s'appelle_ (s'appeler) un document. Tu _dois_ (devoir) donner un nom à ton document et, pour pouvoir le garder, tu _appuies_ (appuyer) sur l'icône qui ressemble à une imprimante. Et on _dit_ (dire) qu'on _sauvegarde_ (sauvegarder) ce document.

7. Demain soir, nous _allons_ (aller) faire quelques graphiques, si tu veux.

➤ After completing this exercise, rewrite this procedure in the "tu" command form.

J. Le Minitel. Mme Aubert parle du Minitel à la jeune fille au pair.

1. Mon mari et moi, lorsque nous _voyageons_ (voyager), nous _faisons_ (faire) toutes nos réservations par Minitel.

➤ Une jeune fille au pair aide à faire le ménage et à s'occuper des enfants pour pouvoir vivre pendant un certain temps dans une famille à l'étranger.

2. Nos enfants _lisent_ (lire) les corrigés des épreuves du baccalauréat en consultant le Minitel.

3. Mon mari et moi, nous _nous servons_ (se servir) du Minitel pour _obtenir_ (obtenir) des informations sur la Bourse de temps en temps et nous _nous renseignons_ (se renseigner) souvent sur le prix d'envoi de colis par la Poste.

4. Notre fille _est_ (être) une adepte de la vente par correspondance. Elle _passe_ (passer) des heures à rêver en feuilletant les catalogues. Elle _se sert_ (se servir) du Minitel pour passer ses commandes.

5. Vous _savez_ (savoir), vous pouvez même _trouver_ (trouver) le nom et l'adresse des restaurants de n'importe quel quartier ou le nom et l'adresse de n'importe quelle personne qui _a_ (avoir) le téléphone et qui _réside_ (résider) en France.

K. Le téléphone. Une personne qui a vécu complètement isolée du monde découvre le téléphone.

1. Vous _pouvez_ (pouvoir) parler à n'importe qui au téléphone.

2. Vous _composez_ (composer) le numéro en appuyant sur les touches.

3. Si personne ne répond mais que l'abonné(e) _possède_ (posséder) un répondeur, vous pouvez _laisser_ (laisser) un message.

4. Grâce au téléphone, vous _êtes_ (être) en communication directe avec le monde extérieur. Vous _avez_ (avoir) accès à la météo, vous _pouvez_ (pouvoir) demander à une ambulance de venir en cas d'urgence, demander des renseignements ou simplement _parler_ (parler) avec votre famille et vos amis.

En suivant le modèle de l'exercice que vous venez de faire, décrivez maintenant un télécopieur (un fax).

_____

_____

_____

_____

Concentrons-nous maintenant sur **l'impératif.**

➤ Carefully compare and contrast the French and English equivalents of these commands.

L. Donner des ordres. Complétez les phrases suivantes en utilisant l'impératif d'un verbe régulier ou irrégulier.

1. (compter: première personne du pluriel) _Comptez_ notre monnaie pour voir combien il nous reste!

TRADUCTION: Let's count _our change to see how much we have left!_

2. (imprimer, donner: deuxième personne du singulier, familier) _imprime_ cette lettre et _donne_ -la à ton frère.

TRADUCTION: Print this _letter and give it to your brother_

MAGIS

Pensé et dessiné par France Télécom, Magis est le Minitel nouvelle génération. Plus petit, plus compact, plus facile à utiliser, c'est une autre façon de vivre le Minitel au quotidien.

Magis allie la convivialité à l'innovation. Chacun se l'appropriera selon ses habitudes, assis, debout, ou même allongé. Il a été conçu pour cela.
L'assistant Magis (mode d'emploi intégré) vous rend l'utilisation plus facile et grâce au lecteur de cartes à puce incorporé, de nouveaux services s'offrent à vous.

Magis bénéficie d'une esthétique contemporaine, de lignes rondes ou tendues et d'un choix de 6 couleurs en harmonie avec votre intérieur.

Le lecteur de cartes à puce :

Permet :
- le télépaiement (paiement par carte bancaire dans les mêmes conditions de sécurité que chez un commerçant)
- l'utilisation de cartes à puce pour de nouveaux usages (ex. : la carte Magis devient la clé du Minitel)

L'assistant Magis

C'est une aide à l'utilisation qui propose :
- un mode d'emploi intégré
- des messages adaptés à chaque situation pour guider l'utilisateur

Les autres fonctions du Minitel :

- appel direct au clavier
- protection par mot de passe et désactivation temporaire
- fonction loupe
- reconnaissance du Signal d'Appel
- connexion automatique (inutile d'appuyer sur Connexion/fin)

Dépliant de France Télécom, 1995.

3. (finir, passer: deuxième personne du singulier, formel)

Finissez ce travail et _passez_ me voir dans mon bureau, s'il vous plaît.

TRADUCTION: _Finish this work_ and stop by _my office, please._

4. (s'asseoir: deuxième personne pluriel formel)

Si vous voulez bien patienter encore quelques minutes, Messieurs, _Asseyez-vous_ (s'asseoir), s'il vous plaît. Monsieur Tessier est en conférence.

TRADUCTION: If you'd like to wait a few more minutes, please _sit down_ Gentlemen. Mr. Tessier is _in a meeting_.

5. (être: première personne pluriel)

Soyons prudents, cet investissement me semble particulièrement risqué.

TRADUCTION: Let's be prudent, _this investment seems particularly risky to me._

➤ Where would you expect to see such a sentence?

6. (avoir: deuxième personne singulier, formel)

Ayez l'obligeance de me faire parvenir ce dossier dans les meilleurs délais.

TRADUCTION: Please be kind enough to send me this/that _file_ as soon as possible.

7. (faire: deuxième personne singulier, familier)

Fais tes calculs, tu verras que cette solution est plus avantageuse!

TRADUCTION: Do (the) calculations, you _will see that this solution is better!_

➤ Pronounced /f(ə) nak/

8. (aller, acheter: deuxième personne singulier, familier)

_Va_ à la FNAC aux Halles et _achète_ une boîte de dix disquettes Double Face (2MB-HD).

TRADUCTION: _Go to the FNAC and buy a box of 2MB HD floppies._

M. Pour retirer de l'argent à un D.A.B. A partir des quatre photos qui suivent (pp. 17 & 18), indiquez le procédé à utiliser pour se procurer de l'argent à un guichet automatique. Utilisez la forme **tu** des verbes à l'impératif.

_____

_____

_____

_____

_____

_____

_____

_____

_____

_____

Insérez votre carte. Date 26/06/95, Heure 17: 48.

Retirer de l'argent à un guichet automatique
comporte plusieurs étapes dont le choix du montant
de la somme voulue.

Signalons maintenant quelques emplois du **subjonctif**.

N. L'ouverture d'un compte en banque. Complétez les phrases
suivantes par la forme du subjonctif qui convient.

➤ Après avoir corrigé vos réponses, lisez cet exercice à haute voix pour réviser votre vocabulaire sur la banque.

1. Pour ouvrir un compte en banque, il faut que vous
_____ (aller) à la banque en personne et que
vous _____ (faire) une demande. Il faut que vous
_____ (présenter) une carte d'identité ou un
passeport et que vous _____ (apporter) la preuve
de votre domicile en présentant une quittance de l'EDF ou de
France Télécom.

2. Avant d'accepter de vous donner un chéquier, la banque devra
faire une petite enquête. Il faudra qu'elle _____
(vérifier) votre passé bancaire et qu'elle _____
(être) sûre que vous n'avez jamais émis de chèques sans
provision. Il est nécessaire aussi que vous _____
(prouver) que vous avez des revenus réguliers.

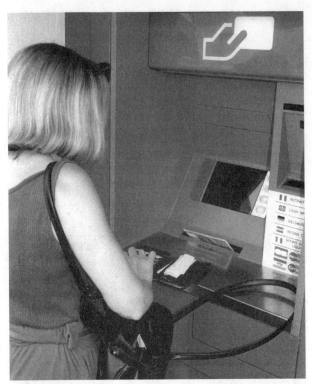

La cliente attend que les billets sortent de la machine pour les prendre.

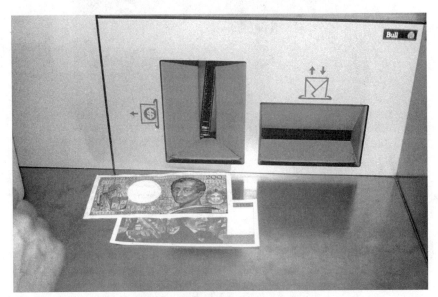

Dernière étape d'un retrait rapide.

3. Toi aussi Clémence, tu peux ouvrir un compte mais comme tu es mineure, il faut que tu _____ (demander) l'autorisation de tes parents et qu'ils t'_____ (accompagner) à la banque pour remplir et signer les papiers. Le Crédit Agricole offre une carte Mozaïc aux jeunes. Si tu en obtiens une, il faudra que tu _____ (choisir) parmi trois modèles car c'est une carte personnalisée. Il faudra aussi que tu _____ (apprendre) ton code confidentiel par cœur et que tu _____ (être) prudente! Il ne faut surtout pas que tu _____ (perdre) ta carte.

Les heures d'ouverture du Crédit Mutuel de Bretagne.

➤ Practice times and days of the week with your study partner. *Le lundi* = on Mondays.

*E*ncadrés et activités spécifiques

Vous avez déjà révisé beaucoup de verbes réguliers et irréguliers dans les contextes de la banque, de la Poste, de l'informatique et du téléphone. Dans cette section, vous allez étudier en détail six verbes irréguliers sous forme d'encadrés (*verb frames*) et d'aperçus (*flashes*). Donnez les formes qui manquent et essayez de comprendre le sens de chaque phrase.

CROIRE
PRESENT: INDICATIF OU INTERROGATIF

Je crois que le CCP est un compte facile à utiliser.

_____-tu que ce soit une bonne chose d'avoir un chéquier?

Marc m'a dit qu'**il croit** que la Poste est ouverte le samedi matin.

Elle _____ qu'il ne lui reste presque plus d'argent sur son compte courant.

On croit trop souvent qu'une carte de crédit permet de dépenser plus que ce qu'on a.

Mon mari et moi, **nous croyons** qu'il est pratique d'avoir un compte commun.

Ne _____-**vous** pas qu'il serait utile de vérifier régulièrement votre solde?

Les Martin croient qu'il faut faire la queue plus longtemps à la Poste qu'au Crédit Agricole.

Est-ce qu'**elles croient** qu'il est plus rapide de retirer de l'argent au guichet ou à un D.A.B.?

➤ Complete this verb frame and study each example carefully.

Allons un peu plus loin...

➤ Practice writing out each of the following verb flashes.

PRESENT: IMPERATIF

Crois-moi, Mathieu, il est très dangereux de signer un chèque en blanc.

Croyons-le si le conseiller nous dit qu'il est préférable d'avoir une carte de paiement, ça doit être vrai.

Ne _____ pas que vous trouverez des services plus avantageux dans une autre banque.

PRESENT: SUBJONCTIF

Il faut **que tu croies** à la nécessité de tenir régulièrement tes comptes.

O. Phrases à recomposer. Ajoutez les prépositions et autres éléments nécessaires pour arriver à une bonne phrase complète. Concentrez-vous surtout sur le temps et le mode des verbes. Gardez l'ordre des mots qui est proposé.

➤ Consider doing this exercise with your study partner. If other than a normal statement is being made, double punctuation is signaled.

> *MODELE:* *Il faut/tu/croire en toi/pour pouvoir réussir/dans/vie.*
> *Il faut que tu croies en toi pour pouvoir réussir dans la vie.*

1. ?/tu/croire/que/je/pouvoir acheter/télécarte/la Poste/?

_____

_____

2. nous/croire/sincèrement/que/il est plus pratique de/avoir/compte-chèque/postal/que/compte-chèque/bancaire /.

_____

_____

3. ?/croire/vous/que je puisse/trouver/publiphone qui/marcher/avec des pièces/?/Il ne me reste plus/unités sur/télécarte/.

_____

_____

4. quand/je/parler/téléphone/tout le monde/croire/que/je/être/ français(e)/.

_____

_____

5. !/croire/moi,/la photo qui/être/dans ton passeport/ne te ressemble pas/!

_____

_____

LA POSTE ➤

CNE 1
Nécessaire fait au BCL   n°
Visa de l'agent

OUVERTURE DE COMPTE D'ÉPARGNE

Montant du versement : _____ F

A ☐   CODEVI ☐
B ☐ (joindre CNE 73)
LEP ☐   EL ☐

au profit de

M., Mme, Mlle |_____|
en capitales, nom de jeune fille pour les femmes

Prénoms |_____|
en capitales   1er   2e

|_____| Date de naissance |__|__| |__|__| |__|__|
           3e   Étranger : 00
Lieu de naissance : _____ |__|__| TOM : 99
en capitales   commune, DOM, TOM ou pays   département

Nom d'alliance |_____|

Prénom du mari |_____|

Nom d'usage *(a)* |_____|
en capitales   *(a) S'il est différent des noms ci-dessus.*

ADRESSE

Esc., ét., appt, etc. |_____|
Rés., bât., etc. |_____|
N° et nom
de la voie |_____|
Lieu-dit |_____|

|_____| |_____|
   code postal   *commune*

Tél. : _____ Profession : _____ |▓▓▓|
          facultatif   PCS
Nationalité : _____ |▓▓|__| Étrangers : _____
                        code pays   *date d'entrée en France*

Le bénéficiaire a-t-il un autre livret ou compte du même type ou un compte spécial sur livret du Crédit mutuel?   oui ☐   non ☐

situation civile : mineur, majeur protégé...

Mineur ayant ses deux parents ou l'un d'eux; administration légale de :

M. _____ Prénom : _____
en capitales, nom patronymique suivi du nom d'usage éventuellement

Mme _____ Prénom : _____
nom de jeune fille, suivi du nom d'alliance ou du nom d'usage

Parents divorcés ou séparés de corps, décision conférant l'administration légale :
jugement du tribunal de : _____, le _____
Tutelles, autres cas. *Se renseigner au guichet* _____

POSTEPARGNE

- Le bénéficiaire choisit une carte POSTEPARGNE : ☐ 0 ☐ 1 ☐ 2   (1)
  et reconnaît avoir pris connaissance des conditions de fonctionnement de cette carte stipulées sur le contrat d'adhésion, dont un exemplaire lui a été remis.
- Indication du compte-chèques postal associé (joindre un relevé d'identité postal) :
  n° |_____| |__| au centre de _____
  Intitulé _____

(1) Code 0 = carte à 0 F sans code confidentiel.Code 1 = carte à 1.800 F.Code 2 = carte à 400 F.

RÉSERVÉ au BUREAU

avec CL ☐ **100**

sans CL ☐ **110**

Montant
|_____|

Mode de paiement
(autre que numéraire)

CHP ☐ **1**
CHB ☐ **2**
Divers ☐ **3**

Réserve d'encaiss¹ :

sans ☐ **0**
avec ☐ **9**

LIVRET ÉMIS :

au centre ☐ **0**
au bureau ☐ **1**

Date de valeur :
|__|__| |__| |__|
   J   M   A

Reçu CNE 21 n° :

RÉSERVÉ au CENTRE

Particularités
|__|__|__|__|__|

BUROP
|__|__|__|

DATOP
|__|__| |__| |__|
   J   M   A

Bureau du CL
|__|__|__|__|

Imprimerie Nationale — 0 205294 O 19

Formulaire de la Poste.

si la demande est déposée par une tierce personne

Nom du déposant : _____ Prénom : _____

en capitales

Adresse : _____

_____ Tél. : _____

Code postal |__|__|__|__|__| *Facultatif*

Agissant en qualité de père ☐   mère ☐   tuteur ☐   mandataire ☐   donateur ☐

procuration *(biffer les lignes inutilisées. Préciser dans tous les cas si le mandataire est le conjoint du titulaire).*

Je donne pouvoir aux personnes désignées ci-après pour faire les opérations de toute nature sur mon compte (y compris les opérations effectuées par voie télématique) :

M., Mme, Mlle |_____| *Signature du 1er mandataire :*

en capitales, nom de jeune fille pour les femmes

Prénom |_____|

Nom d'alliance |_____|

Prénom du mari |_____|

Nom d'usage *(a)* |_____|

en capitales   *(a) S'il est différent des noms ci-dessus*

M., Mme, Mlle |_____| *Signature du 2e mandataire :*

en capitales, nom de jeune fille pour les femmes

Prénom |_____|

Nom d'alliance |_____|

Prénom du mari |_____|

Nom d'usage *(a)* |_____|

en capitales   *(a) S'il est différent des noms ci-dessus*

prorogation de la procuration après décès *(biffer en cas de non-utilisation de cette possibilité).*

La prorogation ne permet pas de déroger aux règles relatives aux successions ni pour les héritiers de se soustraire aux droits de mutation par décès.

- Je demande que les pouvoirs que j'ai donnés continuent à produire leurs effets après mon décès.
- Le mandataire reconnaît qu'il sera responsable vis-à-vis des ayants droit de l'utilisation du solde du compte au jour du décès.

Signature du 1er mandataire :   *Signature du 2e mandataire :*

clauses particulières de remboursement

Mineur :

☐ à l'âge de 16 ans, le mineur aura seul la libre disposition des fonds. Avant 16 ans, retraits autorisés au représentant légal.

En outre, en qualité de représentant légal, j'autorise mon enfant mineur à effectuer, dès l'âge de 13 ans, des retraits dans la limite de _____ F par semaine (1).   *Signature du représentant légal :*

☐ à la majorité ou à l'émancipation le mineur disposera des fonds.

Jusqu'à ce terme les fonds :

   ☐ ne pourront être retirés que par le représentant légal
   ☐ seront indisponibles

Autres cas, *se renseigner au guichet.*

Poste comptable   T à D

À _____ , le _____

Signature du titulaire :   *Signature de la partie versante :*
(si différente du titulaire)

Pièce d'identité _____ n° _____

délivrée à _____ le _____

par _____

(1) Biffer en cas de non-utilisation cette possibilité.

Formulaire de la Poste.

6. !/ne...pas oublier/prendre/votre carte d'identité/ou/passeport/car/
je/ne...pas croire/que/les employés de la Poste/vous donnent/
votre courrier poste-restante/sans/pièce d'identité/!

_____

_____

_____

_____

OUVRIR

PRESENT: INDICATIF OU INTERROGATIF

J'_____ un compte dans chaque pays où je travaille pour
plus de deux mois.

Tu ouvres ton plan d'épargne-logement aujourd'hui, n'est-ce pas?

François _____ toujours la porte pour laisser passer les
employés qui portent beaucoup de documents.

Ouvre-t-elle un compte à vue au Crédit Lyonnais ou à la Société
Générale? Non, elle s'est finalement décidée pour le Crédit Mutuel.

On ouvre plus facilement son carnet de chèques que son porte-
monnaie.

Est-ce que **nous ouvrons** la lettre de la Caisse d'Epargne que tu as
reçue ou préfères-tu que nous attendions ton retour?

Les enfants, **vous ouvrez** trop souvent votre tirelire pour des choses
qui n'en valent pas la peine.

Seuls **le PDG et un membre de la sécurité** _____ le coffre-
fort à la demande d'un client.

En semaine, **les employées ouvrent** la banque à 9h du matin.

Allons un peu plus loin...

PRESENT: IMPERATIF

Ouvre un compte cette semaine si tu veux profiter de l'offre spéciale
de la Poste.

_____ les yeux: cette banque n'offre pas les services dont
nous avons besoin.

Brigitte et Nicolas, **ouvrez** vos mains. Nous allons vous donner à
chacun un billet de 50F.

PRESENT: SUBJONCTIF

Avant **que je n'***_____ un compte courant dans votre
banque, vous devez m'assurer que je recevrai gratuitement un **relevé
bancaire** au moins une fois par semaine.

> ➤ *Le **ne** explétif n'a
> pas une valeur néga-
> tive.

P. Phrases à recomposer. Ajoutez les prépositions et autres éléments nécessaires pour arriver à une bonne phrase complète. Concentrez-vous surtout sur le temps et le mode des verbes. Gardez l'ordre des mots qui est proposé.

1. !/ouvrir/moi/porte/s'il vous plaît,/vous/voir/bien/que/je/avoir/les bras chargés de paquets/!

_____

_____

2. ?/vous/aller/ouvrir/compte/sans le dire/à/vos/parents/?

_____

_____

3. !/ouvrir/mon sac/et/donner/moi/télécarte/qui se trouve/la pochette du milieu/!

_____

_____

4. ?/banque/ouvrir/huit heures et demie/ou/neuf heures/?

_____

_____

5. il est temps/que/vous/ouvrir/compte-épargne logement/.

_____

_____

6. nous/ouvrir/dossiers/que/Poste/nous a donnés/.

_____

_____

_____

VOULOIR

LE PRESENT: INDICATIF OU INTERROGATIF

Maman, **je** ne **veux** plus de tirelire. Je veux mettre mes économies à la banque comme les grands.

Veux-tu vraiment fermer ton compte au Crédit Lyonnais?

Thierry met de l'argent de côté parce qu'**il veut** faire des économies pour s'acheter un ordinateur.

Laure ne **veut** plus entendre parler de sa banque car elle trouve que la qualité de l'accueil de son agence laisse à désirer.

On veut presque toujours dépenser plus que ce que l'on a sur son compte.

Bonjour, Monsieur. **Mon mari et moi (nous) voulons** avoir plus de renseignements sur les services que votre banque propose.

Ne **voulez-vous** pas, en plus de votre chéquier, disposer d'une carte bancaire?

> ➤ The l is inserted merely for reasons of pronunciation.

Les étudiants qui partent à l'étranger **veulent** souvent avoir une Carte Bleue pour pouvoir régler leurs achats plus facilement.

Elles veulent que leurs factures de téléphone soient débitées automatiquement de leur compte-chèques postal.

Trop jeune pour le

Trop vieux pour la

Mûr pour le

Compte Swing
L'argent de poche qui rapporte.

LA POSTE

Dépliant de la Poste, 1995.

Allons un peu plus loin...

PRESENT: IMPERATIF*

Veuillez agréer, Monsieur le Directeur, l'expression de nos salutations distinguées.

Veuillez vous asseoir.

PRESENT: SUBJONCTIF

Les agents bancaires ont intérêt à être agréables avec les clients pour que ces derniers **veuillent** bien revenir.

➤ *The command forms of VOULOIR are limited almost exclusively to the **vous** form.

➤ A la fin d'une lettre destinée à un directeur de banque.

➤ Lors d'un entretien (*interview*).

➤ Quand voit-on cette directive sur l'écran d'un guichet automatique?

Veuillez patienter, S.V.P.

➤ Indiquez au moins cinq étapes qui précèdent la sortie des billets.

Veuillez prendre vos billets.

Q. Phrases à recomposer. Ajoutez les prépositions et autres éléments nécessaires pour former une bonne phrase complète. Concentrez-vous surtout sur le temps et le mode des verbes. Gardez l'ordre des mots qui est proposé.

1. ?/ vouloir/tu/faire une demande de chéquier/aujourd'hui même/?

_____

2. nous/ne...pas/vouloir/que/nos enfants/dépenser/tout/argent/.

_____

3. ?/ vous/vouloir/que/salaire/être/déposé/directement/compte/banque/ou/Poste/?

_____

4. !/ vouloir/m'excuser/mais/cela/faire/dix minutes/que/je/attendre/ et j'avais rendez-vous/dix heures/avec/responsable/cette agence/.

_____

_____

5. ?/ vouloir/ils/parler/leur conseiller/financier/?

_____

_____

6. Il semble/que/elle/ne...pas/vouloir/vraiment/suivre/conseils/de son banquier/.

_____

_____

Une cliente s'approche d'un guichet automatique du Crédit Mutuel de Bretagne.

ALLER

LE PRESENT: INDICATIF OU INTERROGATIF

Je _____ de moins en moins à mon agence pour faire des retraits car j'utilise le guichet automatique.

Tu ne **vas** tout de même pas me dire qu'il est difficile d'ouvrir un compte lorsqu'on est majeur!

Alexandre ne _____ jamais au centre commercial sans un peu d'argent liquide sur lui.

Va-t-**elle** enfin se décider à déposer son argent sur un compte-épargne au lieu de le garder dans un tiroir?

En France, **on va** rarement à la banque pour retirer de l'argent; on se sert plutôt de sa carte de retrait.

Nous n'_____ pas tarder à partir, car la banque ferme à 17 h.

Est-ce que **vous allez** souvent consulter votre conseiller financier?

Ils vont recevoir un contrat car ils viennent d'être embauchés à la BNP.

Laura et Laetitia ne **vont-elles** pas mieux depuis qu'elles travaillent à mi-temps au Crédit Agricole? Elles sont moins stressées.

Allons un peu plus loin...

PRESENT: IMPERATIF

_____ donc demander à la Banque Populaire ses taux d'emprunt, et compare-les avec ceux de ta banque.

Allons, ce n'est pas si grave! Maintenant que vous avez déclaré la perte de votre carte de crédit, nous allons bloquer votre compte.

Allez chercher votre carnet de chèques à l'agence pour éviter de payer les frais d'envoi.

PRESENT: SUBJONCTIF

Il est important que **tu ailles** voir ton conseiller financier avant de prendre la décision définitive au sujet de cet investissement.

R. Phrases à recomposer. Ajoutez les prépositions et autres éléments nécessaires pour former une bonne phrase complète. Concentrez-vous surtout sur le temps et le mode des verbes. Gardez l'ordre des mots qui est proposé.

1. il faut/nous/aller/Poste/pour/acheter/timbres/.

_____

_____

2. !/ aller/voir/si/tu/avoir/du courrier/en poste restante/.

_____

_____

3. !/ aller/il faut/nous remettre/travail /!/je/voir/trois clients/qui/faire la queue/guichet/.

_____

_____

4. ?/ aller/vous/banque/vous-même/ou bien/demander/vous/votre secrétaire/d'y aller/vous/?

_____

_____

5. je/aller/vous/expliquer/différence/entre/compte-épargne logement/et/plan épargne logement/.

_____

_____

6. elle/aller/vous/donner/reçu/que/vous devrez/conserver/précieusement/.

_____

_____

INFO
EPARGNE

PLAN D'EPARGNE LOGEMENT

Le moyen le plus efficace
de devenir propriétaire rapidement

BNP

Dépliant de la Banque Nationale de
Paris.

7. ils/aller/au D.A.B./pour/retirer/argent/.

_____

_____

AVOIR

PRESENT: INDICATIF OU INTERROGATIF

J'ai envie de vérifier mon solde bancaire sur Minitel.

Tu as de la chance d'avoir un Minitel chez toi.

Benjamin _____ toujours la liste des codes du serveur
bancaire sur lui.

Elle n'**a** pas le droit de se servir du Minitel sans l'autorisation de ses
parents.

_____-on accès à n'importe quelle information sur les
finances de sa banque?

Nous avons bien sûr la possibilité de poser cette question à notre
banque par Minitel.

Vous _____ besoin de limiter le temps que vous passez devant le Minitel pour éviter d'avoir des factures trop élevées.

Les Durand ont l'habitude de consulter régulièrement leur compte en utilisant leur Minitel.

Au bureau, **Anne et Sonia** n'_____ pas la possibilité de chercher autant d'informations qu'elles le voudraient parce que le temps de consultation est limité par leur employeur.

Allons un peu plus loin...

PRESENT: IMPERATIF

Aie de la patience, il faut souvent faire a queue pour pouvoir parler à un agent bancaire.

N'_____ pas peur des mots (de le dire): le Minitel est utile mais l'employer régulièrement peut coûter cher.

Le Minitel ne sert pas qu'à faire des réservations. **Ayez** un peu de courage et prenez le temps de découvrir ce que vous pouvez faire avec!

PRESENT: SUBJONCTIF

Continuez à économiser une partie de votre salaire jusqu'à ce **que vous ayez** assez d'argent pour faire un emprunt et vous acheter une maison.

S. Phrases à recomposer. Ajoutez les prépositions et autres éléments nécessaires pour former une bonne phrase complète. Concentrez-vous surtout sur le temps et le mode des verbes. Gardez l'ordre des mots qui est proposé.

1. Tu/avoir/deux cartes de 50 unités/sur toi/?/Tu/pouvoir/m'en donner une/?

_____

_____

2. Nous/avoir confiance/notre banquier/.

_____

_____

3. ?/ avoir/vous/de la monnaie,/Monsieur/s'il vous plaît/ ...car/je/n'avoir qu'un billet/500 F/?

_____

_____

4. !/ avoir/plus/patience/! /tes économies/ne...pas/pouvoir/tripler/en un an/.

_____

_____

5. elle/avoir/mandat/international/./où/?/pouvoir/elle/le toucher/?

_____

_____

_____

6. il est absolument nécessaire/que/elle/avoir/carte/bancaire/si/elle/
aller/à l'étranger/.

_____

_____

_____

DEMANDE DE CARTE

CB

CH CB1

☐ Carte Bleue Nationale   ☐ Carte PREMIER VISA

☐ Carte Bleue Internationale VISA   ☐ Carte 24 PLUS

Pour remplir cet imprimé, il est recommandé d'utiliser un stylo à bille (Ne rien inscrire dans les parties colorées réservées au service).

Renseignements concernant le titulaire du compte

Cadre réservé au service

CCP n° └┴┴┴┴┴┘ └┘ Centre de └┴┴┴┴┴┴┴┴┴┴┘

M., Mme, Mlle └┴┴┴┴┴┴┴┴┴┴┴┴┴┴┴┴┘

Prénom └┴┴┴┴┴┴┴┴┴┴┴┴┴┴┴┴┴┘ | 1 |

ou raison sociale └┴┴┴┴┴┴┴┴┴┴┴┴┴┴┴┴┴┘

Adresse * └┴┴┴┴┴┴┴┴┴┴┴┴┴┴┴┴┴┘   106 └┴┘

└┴┴┴┴┘ └┴┴┴┴┴┴┴┘   102 └┴┘

  104 └┴┘

Profession └┴┴┴┴┴┴┴┴┴┴┴┴┴┘   105 └┴┘

Téléphone domicile : └┴┴┴┴┴┴┴┘   Téléphone lieu de travail : └┴┴┴┴┴┴┴┘   116 └┴┘
(facultatif)   _(facultatif)_   113 └┴┘
* _Si différente de l'adresse d'expédition des relevés de compte_   114 └┴┘

Renseignements concernant le porteur de la carte _(s'il n'est pas le titulaire du compte)_

  115 └┴┘

M., Mme, Mlle └9┴0┴1┴┴┴┴┴┴┴┴┴┘   118 └┴┘
Nom et prénom usuels du porteur   119 └┴┘

Adresse   130 └┴┘

└9┴┴┴┴┴┴┴┴┴┘

└9┴┴┴┴┴┴┴┴┴┘   511 └┴┴┴┘

└9┴┴┴┴┴┴┴┴┴┘

└9┴┴┴┴┴┴┴┴┴┘
code postal

  Si levée du délai probatoire motif :

Renseignements concernant les porteurs de la carte PREMIER VISA

Date de naissance └5┴1┴4┴┴┴┴┘

Lieu de naissance └9┴4┴1┴┴┴┴┴┴┘

Utilisation de la carte

☐ Personnelle   ☐ Débit immédiat

☐ Professionnelle *   ☐ Débit différé (Sauf carte 24 +)

* _Les cartes professionnelles sont délivrées aux entreprises inscrites au registre du commerce, elles sont établies aux nom et prénom du porteur._

Signature(s)

Je reconnais avoir pris connaissance du contrat régissant les conditions d'utilisation de la carte demandée ci-dessus.

Signature du titulaire du compte ou du représentant légal ou d'un représentant de la personne morale

Signature de la tierce personne au nom de laquelle la carte doit être établie

A _____ , le └┴┴┴┴┴┘   A _____ , le └┴┴┴┴┴┘

Réf. 92 2077 1470 I 11/90

Feuillet à adresser à votre centre financier ou à déposer au guichet d'un bureau de poste

Les informations recueillies ci-dessus ne seront utilisées et ne feront l'objet de communication extérieure que pour les seules nécessités de la gestion ou pour satisfaire aux obligations légales et réglementaires. Elles pourront donner lieu à exercice du droit d'accès et de rectification dans les conditions prévues par la loi n° 78-17 du 6 janvier 1978 relative à l'informatique, aux fichiers et aux libertés.

LA POSTE ➤

Formulaire de demande de Carte Bleue de la Poste.

FAIRE

PRESENT: INDICATIF OU INTERROGATIF

Je fais de mon mieux pour bien articuler au téléphone sinon mon correspondant ne comprend pas un mot de ce que je dis.

Est-ce que **tu** _____ partie des gens qui passent des heures au téléphone pour ne rien dire?

Il _____ un temps épouvantable. Evite de te servir du téléphone pendant un orage.

Quand elle est déprimée, **Martine** ne **fait** jamais attention aux messages qui sont sur son répondeur.

On fait venir quelqu'un de France Télécom pour installer une ligne téléphonique.

Nous faisons souvent appel aux renseignements pour obtenir les numéros dont nous avons besoin.

Vous me _____ peur. Vous ne devriez jamais voyager seule sans votre téléphone portatif.

Ils font cadeau d'un téléphone sans fil à leurs parents pour Noël.

Ces deux co-locataires ne se _____ pas confiance quand il s'agit des notes de téléphone.* C'est pourquoi elles exigent de recevoir une facture détaillée.

➤ *Voir l'exemplaire à la page 44.

Allons un peu plus loin...

PRESENT: IMPERATIF

Fais tes devoirs avant de téléphoner à Pascale.

_____ la paix au lieu de nous disputer.

Ça fait déjà un quart d'heure que vous êtes au téléphone. Les enfants, **faites** les calculs vous-mêmes! Vous exagérez!

LE PRESENT: SUBJONCTIF

Quoi **que tu fasses** et où que tu sois, passe-nous un petit coup de fil de temps en temps pour nous donner de tes nouvelles.

➤ Un coup de fil: terme familier pour un coup de téléphone.

T. Phrases à recomposer. Ajoutez les prépositions et autres éléments nécessaires pour former une bonne phrase complète. Concentrez-vous surtout sur le temps et le mode des verbes. Gardez l'ordre des mots qui est proposé.

1. !/faire/tout ton possible/pour/économiser/régulièrement/!

_____

_____

_____

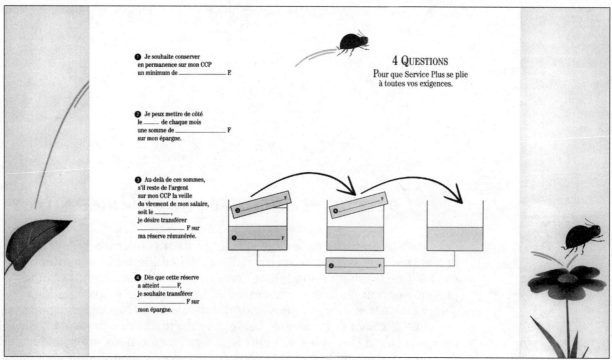

Dépliant de la Poste: Service Plus.

2. nous/faire attention à/ne...pas garder/notre code/secret/avec/ carte/bancaire/.

_____

_____

3. ?/faire/vous/vos comptes/tout/les semaines/?

_____

_____

4. il est très important/que/vous/ne...pas/faire d'erreur/en donnant/votre numéro/carte/crédit/.

_____

_____

5. j'aimerais que/employés/Poste/faire un effort/et/que/ils/être/plus souriant/et/plus gentil/.

_____

_____

> ➤ Attention à l'accord des adjectifs! .

6. !/faire de votre mieux/pour/convaincre/vos clients/de la nécessité de/ouvrir/C.C.P./.

_____

_____

7. ?/vous/ne...pas pouvoir/venir/aujourd'hui /?/Cela/ne...rien faire/.

_____

_____

8. !/faxer/moi/contrat/et/passer/me voir/dès que possible/!

_____

_____

_____

_____

*A*perçus et encadrés supplémentaires

Les tableaux suivants vont vous permettre de travailler d'autres temps et d'autres modes des verbes irréguliers déjà ciblés dans ce module, c'est-à-dire, le futur, l'imparfait, le conditionnel, le passé composé et le plus-que-parfait. Il s'agit d'une entrée en matière. Ces temps et modes seront présentés de façon plus approfondie dans les modules suivants.

Le *Module I* se concentre sur les verbes mais vous présente aussi les noms (féminins) et les adjectifs (numéraux, cardinaux et ordinaux). Au cours des modules suivants vous continuerez à approfondir chacune de ces catégories.

*C*roire

Jetez un coup d'œil sur les aperçus suivants et complétez les traductions. Si la traduction d'un verbe est déjà donnée, notez bien l'équivalent en anglais et finissez le reste de la phrase. Les verbes indiqués en caractères gras représentent le temps ou le mode indiqué pour l'aperçu en question.

Le futur. Quand vous **verrez** combien ma grand-mère a déposé sur mon compte, vous n'en **croirez** pas vos yeux!

When you see how much my grandmother has deposited into
_____, you won't believe your _____!

L'imparfait. Jusqu'à ce que j'aie eu mon propre compte, je **croyais** que l'argent **poussait** sur les arbres.

Until I had my own account, I _____ that _____.

Le conditionnel. Si Véronique gagnait son propre argent, elle **croirait** davantage aux avantages de l'épargne.

If Véronique earned her own money, she _____ more in the advantages of _____.

Le passé composé. *Nous **avons** longtemps **cru** qu'il n'y avait pas de montant maximum pour les paiements par carte de crédit.*

_____ *for a long time that there wasn't a maximum amount for* _____ .

Le plus-que-parfait. Ils **avaient cru** bon d'économiser pendant plusieurs années pour pouvoir emprunter et s'acheter une maison.

They had thought it was good to _____ *for several years in order to be able to borrow and* _____ .

U. Phrases à compléter. Après avoir complété la traduction des cinq aperçus précédents, indiquez la forme correcte du verbe **croire** dans chacune des phrases suivantes. Attention aux mots-clés qui vous aideront à choisir le temps ou le mode qui convient.

1. Vous ne croyez pas que votre banque a fait faillite (*declared bankruptcy*), mais demain, après avoir lu le journal vous le _____ .

2. Lorsque tu as acheté 300 actions (*stocks*) d'ALCATEL, tu _____ que cet investissement était sûr.

3. Je _____ volontiers que vous avez déposé ce chèque sur votre compte, mais vous devez me donner une preuve.

4. Quand tu as entendu le téléphone sonner tu _____ que c'était pour toi et tu t'es levé(e).

5. Elle _____ que le téléphone marchait… Malheureusement il était en panne (*out of order*).

Ouvrir

Jetez un coup d'œil sur les aperçus suivants et complétez les traductions. Si la traduction d'un verbe est déjà donnée, notez bien l'équivalent en anglais et finissez le reste de la phrase. Les verbes indiqués en caractères gras représentent le temps ou le mode indiqué pour l'aperçu en question.

Le futur. Nous n'**ouvrirons** un compte à l'étranger que si nous en voyons l'intérêt.

We will only _____ *abroad if we see the benefit of it.*

L'imparfait. Autrefois, on n'**ouvrait** pas de compte en banque. On **gardait** tout son argent à la maison.

In the old days, people (one) _____ . *They (one) kept all* _____ .

Le conditionnel. Si tu étais salarié(e) à plein temps, tu **ouvrirais** un compte en banque pour que ton salaire y soit versé automatiquement.

If you were a full time wage-earner, you would _____ so that your salary would be _____ deposited.

Le passé composé. Avez-vous récemment **ouvert** votre coffre-fort pour y ajouter de nouveaux documents?

Have you recently opened your safe to add any _____?

Le plus-que-parfait. Le PDG et les directeurs généraux du Crédit Lyonnais **avaient ouvert** leurs livres comptables pour l'inspection du Fisc.

The CEO and vice presidents of the Crédit Lyonnais _____ their accounting books for inspection by the IRS.

V. Phrases à compléter. Après avoir complété la traduction des cinq aperçus précédents, indiquez la forme correcte du verbe **ouvrir** dans chacune des phrases suivantes. Attention aux mots-clés qui vous aideront à choisir le temps ou le mode qui convient.

1. Nous _____ un compte à l'agence de la Société Générale de notre quartier avant que Papa ne commence à travailler à la BNP.
2. Quand ta lettre arrivera, crois-moi, je l'_____ tout de suite!
3. Elle _____ un Compte-Epargne Logement à la Poste si elle gagnait mieux sa vie.
4. Comment est-ce qu'ils ont fait pour _____ un compte en Suisse sans y aller?
5. Est-ce que c'est vrai que quand tu étais petit(e), tu _____ le courrier de tes parents parce que tu adorais recevoir des lettres mais que personne ne t'en envoyait?

> ➤ Attention! Le verbe de la phrase 4 est-il conjugué?

Vouloir

Jetez un coup d'œil sur les aperçus suivants et complétez les traductions. Si la traduction d'un verbe est déjà donnée, notez bien l'équivalent en anglais et finissez le reste de la phrase. Les verbes indiqués en caractères gras représentent le temps ou le mode indiqué pour l'aperçu en question.

Le futur. Jacques ne **voudra** jamais acheter des actions (*stocks*) en Bourse.

James will never _____ any stock on the stock market.

L'imparfait. Nous **voulions** placer nos économies sur des livrets d'épargne rémunérés, mais nous avons préféré nous offrir une nouvelle voiture.

We _____ to invest our savings in interest bearing savings booklets, but we preferred to get _____ .

Le conditionnel. Si j'avais beaucoup d'argent, je ne **voudrais** pas tout le dépenser moi-même sans partager. Je **sponsoriserais** des organismes à but non-lucratif.

If I had a lot of money, I _____ to spend all of it myself without sharing. I would sponsor some non-profit organizations.

Le passé composé. Tu **as voulu** acheter le meilleur ordinateur qui existe sur le marché, et maintenant ton compte est à découvert.

You _____ that exists on the market and now _____ is overdrawn.

Le plus-que-parfait. Jusqu'en novembre dernier, vous n'**aviez** jamais **voulu** entendre parler de carte bancaire, et maintenant vous ne pouvez plus vous en passer.

Until last _____ , you had never wanted to hear credit cards talked about and now you can't do without them.

W. Phrases à compléter. Après avoir complété la traduction des cinq aperçus précédents, indiquez la forme correcte du verbe **vouloir** dans chacune des phrases suivantes. Attention aux mots-clés qui vous aideront à choisir le temps ou le mode qui convient.

1. Elle _____ se renseigner et prendre le temps de réfléchir avant de solliciter un nouvel emprunt.
2. S'ils _____ , je les aurais emmenés à la Poste en voiture pour les aider à porter leurs colis mais ils ne voulaient pas me déranger.
3. Je _____ passer à la Poste pour acheter quelques timbres de collection.
4. Ce soir, lorsqu'il téléphonera, il _____ sans doute savoir pourquoi nous avons annulé notre rendez-vous à la banque.
5. Nous _____ vous téléphoner avant de venir mais nous n'avons pas trouvé de cabine dans le quartier.

Aller

Jetez un coup d'œil sur les aperçus suivants et complétez les traductions. Si la traduction d'un verbe est déjà donnée, notez bien l'équivalent en anglais et finissez le reste de la phrase. Les verbes indiqués en caractères gras représentent le temps ou le mode indiqué pour l'aperçu en question.

Le futur. J'irai au supermarché une fois que j'aurai retiré de l'argent au distributeur car les caissières n'acceptent les paiements par chèque ou par carte bancaire que pour des achats d'un montant supérieur à 150 F.

_____ *as soon as I withdraw some money from the Timeless Teller because the cashiers only accept _____ or by banking card for purchases of more than 150 francs.*

L'imparfait. Lorsqu'elle **était** petite, Amandine **allait** souvent à la banque avec sa grand-mère qui tenait un commerce.

When she was little, Amandine used to often go _____ _____ who had a business.

Le conditionnel. Nous **irions** à la Poste la plus proche pour vérifier notre solde si nous n'avions pas de Minitel chez nous.

We _____ to the nearest _____ to check on our balance if we didn't have a _____.

Le passé composé. Clémentine, qui suit des cours à l'Université Laval à Québec, **est allée** demander un prêt étudiant à la banque pour pouvoir payer ses frais de scolarité.

Clémentine, who's taking courses at Laval University in Quebec City _____ to apply for a student loan _____ in order to be able to pay for her tuition.

Le plus-que-parfait. Les employés de la banque **étaient allés** se plaindre au PDG parce qu'ils n'**avaient** pas **obtenu** d'augmentation de salaire.

The bank employees had gone to complain to the CEO _____ hadn't gotten a raise.

X. Phrases à compléter. Après avoir complété la traduction des cinq aperçus précédents, indiquez la forme correcte du verbe **aller** dans chacune des phrases suivantes. Attention aux mots-clés qui vous aideront à choisir le temps ou le mode qui convient.

1. Il faut que tu _____ à la Poste pour acheter une boîte dans laquelle nous mettrons le cadeau d'anniversaire de Stéphanie. Nous l'enverrons la semaine prochaine pour qu'elle le reçoive à temps!

2. Ils étaient passés à la banque pour prendre les chèques de voyage qu'ils avaient commandés avant d' _____ à l'agence retirer leurs billets d'avion.

➤ Attention! Le verbe **aller** est-il conjugué?

 **A**voir

Jetez un coup d'œil sur les aperçus suivants et complétez les traductions. Si la traduction d'un verbe est déjà donnée, notez bien l'équivalent en anglais et finissez le reste de la phrase. Les verbes indiqués en caractères gras représentent le temps ou le mode indiqué pour l'aperçu en question.

Le futur. Demain nous **aurons** tout le temps de passer voir notre conseiller financier; ce qui nous **évitera** de dialoguer avec lui sur Minitel.

Tomorrow _____ all the time (we need) to stop in to see our financial advisor, which will avoid (our having to) dialogue with him by Minitel.

L'imparfait. Les agents bancaires en **avaient** assez de voir tous les clients arriver 5 minutes avant la fermeture de l'agence.

The employees were tired of seeing all the customers arriving _____ before closing (of the closing of the branch office).

Le conditionnel. Si tous les services du Minitel étaient gratuits, tout le monde **aurait** le loisir de les consulter à volonté.

If all the Minitel services were free, everyone _____ the leisure of consulting them at will.

Le passé composé. Vendredi dernier, j'**ai eu** une communication téléphonique intéressante.

Last Friday, _____ an interesting telephone call.

Le plus-que-parfait. On avait eu la gentillesse de leur expliquer très exactement quels services bancaires **étaient** (ou sont) **proposés** sur le Minitel.

We had been nice enough to explain to them very precisely which _____ were (are) proposed on the Minitel.

Y. Phrases à compléter. Après avoir complété la traduction des cinq aperçus précédents, indiquez la forme correcte du verbe **avoir** dans chacune des phrases suivantes. Attention aux mots-clés qui peuvent vous aider à choisir le temps ou le mode qui convient.

1. Il y _____ du monde à la Poste car juste avant Noël il y a beaucoup de gens qui envoient des paquets.
2. La receveuse de la Poste n'_____ pas le temps de m'expliquer la différence entre les deux types de compte-épargne qui m'intéressaient, alors elle m'a donné des dépliants et m'a demandé de revenir demain matin.

3. Nous _____ quelques problèmes financiers que nous avons résolus grâce à l'aide de notre comptable et à une sérieuse réduction de nos dépenses.

4. Heureusement que j'_____ l'idée d'acheter plusieurs télécartes avant de partir car lorsque je suis tombé(e) en panne, le bureau de tabac du quartier était déjà fermé.

5. Vous _____ intérêt à placer votre argent à un taux plus élevé!

Faire

Jetez un coup d'œil sur les aperçus suivants et complétez les traductions. Si la traduction d'un verbe est déjà donnée, notez bien l'équivalent en anglais et finissez le reste de la phrasc. Les verbes indiqués en caractères gras représentent le temps ou le mode indiqué pour l'aperçu en question.

Le futur. Tu **feras** tes comptes à partir des informations auxquelles tu **auras** accès sur Minitel.

You will balance your accounts based on information that _____ on the Minitel.

L'imparfait. Vous **faisiez** triste mine quand vous avez reçu la note de téléphone.

You looked sad when _____ the telephone bill.

Ça **faisait** une demi-heure que j'**essayais** d'avoir ce numéro et ça **sonnait** toujours occupé.

I had been trying to get that number for _____ and it was still busy.

Le conditionnel. Si c'était toi qui payais les factures de France Télécom, tu **ferais** plus attention!

If it were you who were paying the telephone company bills, you would pay _____ .

Le passé composé. Lorsque nous **avons perdu** notre carte bancaire, nous **avons fait** opposition par téléphone.

When we lost our bank card, we _____ by phone.

Le plus-que-parfait. J'**avais fait** bien attention à ne pas dépasser le budget que je m'étais fixé en ce qui concerne le téléphone.

I had made good and sure not to exceed the _____ that I had set for myself for the phone.

Z. Phrases à compléter. Après avoir complété la traduction des cinq aperçus précédents, indiquez la forme correcte du verbe **faire** dans chacune des phrases suivantes. Attention aux mots-clés qui vous aideront à choisir le temps ou le mode qui convient.

1. _____-vous _____ le compte de ce que je vous dois?

2. Il _____ tout ce qui est nécessaire pour pouvoir vous envoyer cette télécopie (ce fax) avant midi.

3. Je me souviens que lorsque je suis arrivé(e), elle _____ déjà tout _____. Je n'avais plus qu'à signer les papiers!

4. Quand j'étais petit(e) je _____ une collection de timbres qui représentaient des animaux.

5. Nous _____ tout notre possible pour l'aider à financer l'achat de son magasin s'il nous le demandait.

---

*E*ncadré supplémentaire: *les noms*

L'article qui accompagne un nom indique souvent si celui-ci est féminin ou masculin.

Comment savoir si un nom est masculin ou féminin? Il y a quelques règles qui pourront vous aider à déterminer le genre de certaines catégories de noms. Commençons dans ce premier module par les noms féminins.

Un nom ou substantif désigne ou nomme les êtres ou les choses abstraites ou concrètes (les objets, les actions, les sentiments, les qualités, les idées, les abstractions, les phénomènes, les caractéristiques, etc.), ou un groupe.

L'accord du nom. Il y a deux genres en français: les noms peuvent être du genre féminin ou du genre masculin. Voici quelques règles qui vous aideront à déterminer si un substantif est féminin ou masculin. Attention, il y a toujours quelques exceptions!

> **REMARQUE:** Lorsque vous lisez et étudiez des listes de vocabulaire, apprenez toujours les noms avec un article, ce qui vous aidera à acquérir un certain automatisme et à associer plus facilement un nom au masculin ou au féminin.

NOMS FÉMININS:

1. les noms qui se terminent par les suffixes

   -ade   la colonnade, la limonade, une charade, une promenade, une pommade, une cascade

-aie	une craie, la haie, la monnaie, la baie
-aine	une douzaine, une dizaine, une quinzaine, une vingtaine, la haine
-aison	la cargaison, une raison
-ance	une assurance, une tendance, la gérance, l'indépendance, la performance, l'ambiance, la balance, une redevance, la croissance
-ande	une offrande, une demande
-ée	une poignée de main, une année, une idée
-ence	une exigence, l'urgence, la transparence, la concurrence, l'essence, la présence
-esse	la richesse, une altesse, la vieillesse, la sagesse, la souplesse, la jeunesse, la vitesse
-ie	l'industrie, la vie, la démocratie, l'autonomie, une décennie, la symétrie, une partie, une série
-té	une qualité, la productivité, une possibilité, une activité, l'électricité, l'unité, la proximité
-tion	la détermination, la distribution, la formation, la définition, l'inflation, la production, la pollution, la situation, la dévaluation, la population

2. le nom de sciences et des disciplines scolaires

la géologie

la géographie

la biologie

la zoologie

la chimie

la botanique

l'informatique

la physique

les mathématiques (toujours au pluriel)

l'histoire

la philosophie

l'ingénierie

la médecine

EXCEPTIONS: le droit, le génie

3. certains noms sont toujours féminins même s'ils représentent un individu masculin

une personne

une vedette

une victime

Encadré supplémentaire: les adjectifs

Cet encadré sert de brève introduction aux adjectifs. Les adjectifs font bien sûr partie intégrante de tout votre guide d'étude (comme les verbes, noms et adverbes d'ailleurs). Ils feront l'objet d'une étude approfondie dans les Modules V et VI qui vous proposent un certain nombre d'activités. Pour l'instant, contentez-vous de lire à haute voix les exemples qui suivent l'encadré supplémentaire sur les adjectifs numéraux.

Les adjectifs numéraux. Lorsqu'on veut indiquer le nombre ou le rang des personnes, choses ou objets désignés, on emploie des adjectifs numéraux (cardinaux et ordinaux).

Les adjectifs numéraux cardinaux

> J'ai <u>deux</u> comptes à la BNP.

> Il a déposé la somme de <u>teize cent soixante-dix-huit</u> francs sur son compte d'épargne.

> Elle a commencé à travailler en <u>mil neuf cent quatre vingt-dix</u>.

> <u>Un milliard</u> équivaut à <u>mille millions.</u>

> J'ai reçu <u>vingt</u> lettres de demande d'emploi.

> Nous avons changé un billet de <u>cinquante</u> dollars en francs français.

➤ Le nom **lettres** est féminin, pluriel.

➤ Le nom **dollars** est masculin, pluriel.

REMARQUE: Les adjectifs numéraux cardinaux sont en général invariables. EXCEPTION: **Un** devient **une** au féminin singulier.

> Avez-vous commandé <u>un</u> ou deux carnets de chèques?

> Il me reste <u>une</u> enveloppe timbrée et c'est tout.

ATTENTION: Le pluriel de **vingt** et **cent** est irrégulier. **Vingt** et **cent** prennent un **s** au pluriel dans certains cas seulement. Regardez bien les exemples suivants et essayez de découvrir la règle.

> Cette année, elle n'a gagné que <u>quatre-vingts</u> francs.

> L'année dernière, elle avait gagné <u>quatre vingt mille</u> francs!

> Prière de joindre à votre bon de commande un chèque de <u>huit cents</u> francs.

> Il a de la chance, la vendeuse lui a fait une remise de <u>deux cent dix</u> francs!

MAIS...

> N'oubliez pas de passer chercher les <u>vingt</u> boîtes d'enveloppes à l'imprimerie et les <u>cent</u> carnets de timbres à la poste.

ATTENTION: «Mille» est toujours invariable.

> Pouvez-vous me faire la monnaie? Je n'ai que <u>mille</u> francs en deux billets de cinq cents francs.

Est-ce que les choses seront différentes en l'an <u>deux mille</u>?

Le patron a accordé une augmentation annuelle de <u>trois mille</u> francs aux ingénieurs débutants.

REMARQUE: Quelquefois, et surtout lorsqu'il s'agit de dates, vous verrez **mille** écrit **mil.** Les deux orthographes sont correctes.

Cette banque a ouvert ses portes en <u>mil neuf cent cinquante</u> (ou en <u>mille neuf cent cinquante</u>).

France Telecom · **Annexe à la facture**

	54 80 36 44	54 80 36 44	B1	27/01/94
U 24220 1 FEUILLET : 1	Nº d'appel	Nº de compte	Relevé	Date facture

Date	Début appel hh : mn	DIRECTION DEMANDEE	DUREE hh:mn:ss	T	MONTANT hors taxe	Date	Début appel hh : mn	DIRECTION DEMANDEE	DUREE hh:mn:ss	T	MONTANT hors taxe
		DETAIL DES COMMUNICATIONS				DE LA		LIGNE 54B03644			
		MOIS DE			NOVEMBRE						
20	10:32	4729INDRE.LOI	D015		0,615	21	13:21	4729INDRE.LOI	D536A		2,460
22	09:32	4741INDRE.LOI	D124		1,230	26	19:30	5480VENDOME	D914		1,230
27	17:46	4729INDRE.LOI	D018A		0,615	28	17:21	4756INDRE.LOI	D324A		1,845
29	09:38	4762INDRE.LOI	D116		1,230	30	06:35	4762INDRE.LOI	D058A		0,615
		MOIS DE			DECEMBRE						
01	09:41	4729INDRE.LOI	D128		1,230	01	19:15	4387SARTHE	11D2A		12,300
01	19:28	4387SARTHE	D238A		3,075	03	14:01	4152MAINE.LOI	D050		1,845
03	19:39	4021LOIRE.ATL	D608A		9,840	04	11:07	4152MAINE.LOI	D033		1,230
05	12:07	4729INDRE.LOI	D043A		0,615	05	14:28	4729INDRE.LOI	D236A		1,230
07	19:56	4387SARTHE	2211A		24,600	08	15:58	3614TELETEL 2	D159		1,230
09	18:07	4152MAINE.LOI	1325A		20,910	10	10:08	4720INDRE.LOI	D053		1,230
10	10:22	4720INDRE.LOI	D251		2,460	10	10:27	4762INDRE.LOI	D048		1,230
10	15:51	3616KIOSQ PRO	D240		3,075	10	15:56	3616KIOSQ PRO	D243		3,075
10	16:38	4150MAINE.LOI	D014		0,615	10	16:39	4150MAINE.LOI	D037		1,845
10	16:40	4152MAINE.LOI	D140		3,690	10	19:22	5480VENDOME	1642		1,230
10	21:25	4150MAINE.LOI	D735*		10,455	11	15:31	4756INDRE.LOI	D048A		0,615
11	17:58	4729INDRE.LOI	D014A		0,615	11	11:59	4756INDRE.LOI	D342		3,075
15	18:39	5484INDRE	D008A		0,615	15	18:39	3884LOIRET	D637A		4,305
17	17:10	3614TELETEL 2	D609		2,460	17	17:30	3614TELETEL 2	1030		3,690
18	15:40	4729INDRE.LOI	D551A		2,460	18	18:04	4729INDRE.LOI	D053A		0,615
19	11:56	4729INDRE.LOI	D157A		1,230	19	12:35	4151MAINE.LOI	D019A		0,615
19	20:37	5480VENDOME	1547		1,230	19	20:54	4756INDRE.LOI	D219A		1,230
20	12:43	3884LOIRET	D653A		4,305	20	22:08	3884LOIRET	10D3A		4,305
21	10:20	3883LOIRET	D4D0		3,690	21	19:23	4865CHER	1331*		15,375
21	20:52	4380SARTHE	D313A		3,690	22	14:18	4729INDRE.LOI	D217		2,460
22	20:49	4729INDRE.LOI	D158A		1,230	23	10:38	4727INDRE.LOI	D144		1,845
23	10:43	4727INDRE.LOI	D348		3,690	25	09:28	4724INDRE.LOI	D048A		0,615
25	09:29	4344SARTHE	D032A		0,615	25	11:31	4387SARTHE	1638A		12,915
26	12:12	4152MAINE.LOI	D441A		5,535	26	12:17	4152MAINE.LOI	D742A		8,610
26	17:58	4756INDRE.LOI	D849A		3,690	27	08:48	4762INDRE.LOI	D2D7		1,845
27	09:18	4729INDRE.LOI	D921		7,995	27	14:17	5480VENDOME	D646		1,230
28	09:53	4730INDRE.LOI	D054		1,230	28	11:37	4729INDRE.LOI	D125		1,230
28	19:10	4762INDRE.LOI	D156A		1,230	29	10:53	4741INDRE.LOI	D041		0,615
29	11:49	4729INDRE.LOI	D027		0,615	29	11:52	4729INDRE.LOI	D1D3		1,230
29	13:33	4729INDRE.LOI	D031		0,615	29	15:07	4387SARTHE	D337		6,150
29	15:12	4729INDRE.LOI	D044		0,615	31	13:25	4152MAINE.LOI	D5D3*		8,610
31	13:35	4729INDRE.LOI	D520		4,920						
		MOIS DE			JANVIER						
01	10:29	4021LOIRE.ATL	2116A		23,370	03	13:36	4729INDRE.LOI	D134		1,845
05	11:22	4720INDRE.LOI	D037		0,615	05	11:23	4720INDRE.LOI	D018		0,615
05	11:24	4720INDRE.LOI	D4D5		3,690	05	11:35	3614TELETEL 2	D309		1,230
05	11:42	3614TELETEL 2	14D7		4,920	08	17:07	4728INDRE.LOI	D031A		0,615
08	17:08	4728INDRE.LOI	D041A		0,615	08	17:09	4728INDRE.LOI	D419A		1,845
08	20:01	4865CHER	D038A		0,615	10	11:41	4729INDRE.LOI	D124		1,230
10	12:01	4729INDRE.LOI	D1D8		1,230	10	13:24	1614776HTS.SEINE	D033A		1,230
10	19:19	3614TELETEL 2	D4D8		1,230	10	19:32	3615TELETEL 3	D6D3		6,765
10	19:39	3615TELETEL 3	D444		5,535	11	08:45	3615TELETEL 3	D256		3,690
11	09:00	3615TELETEL 3	D332		4,305	12	13:09	4152MAINE.LOI	D728A		11,685
13	09:46	4729INDRE.LOI	D221		2,460	13	10:53	5474BLOIS	D129		1,230
14	12:13	4729INDRE.LOI	D048		1,230	16	16:34	5482VENDOME	D754		1,230
17	18:09	4152MAINE.LOI	D029A		1,230	17	18:48	4152MAINE.LOI	D712A		9,840
18	14:17	3614TELETEL 2	D120		1,230	18	14:49	3615TELETEL 3	10D7		7,380
18	14:31	3614TELETEL 2	1842		6,150	18	14:54	3615TELETEL 3	D3D3		3,075
18	15:23	5476ROMORANTI	D014		0,615	18	15:27	5476ROMORANTI	D026		1,230
18	20:40	3884LOIRET	1120		1,845	19	12:25	4729INDRE.LOI	D4D8		1,230
19	14:05	1614218PARIS	D2D0		4,305	20	10:54	4729INDRE.LOI	D341		1,230
20	11:02	4730INDRE.LOI	D043		0,615	20	13:18	3615TELETEL 3	D514		9,840
20	14:46	5644GIRONDE	D036		1,230	20	15:11	5843LANDES	D034		1,230
20	16:11	5848LANDES	D2D9		4,305	23	10:17	4152MAINE.LOI	D030A		0,615
								COMMUNICATIONS LOCALES A 1 UT			27,060
								ANNUAIRE ELECTRONIQUE			6,150
								RENSEIGNEMENTS			6,150
		CONSOMMATION COMPTEUR DU 16/11 AU 24/01				DE LA		LIGNE 54803644			429,885

CODES TARIF : A = TARIF REDUIT   * = COMMUNICATIONS COUVRANT DES TARIFS DIFFERENTS

Une facture détaillée de téléphone.

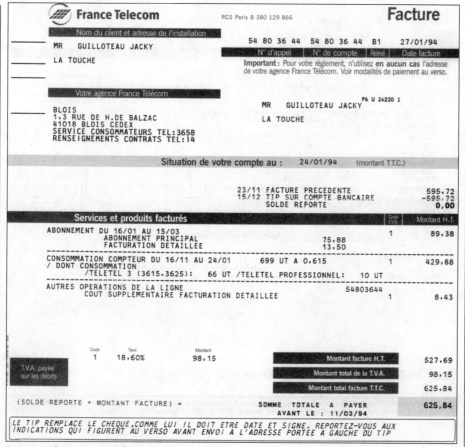

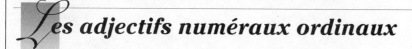

Facture de France Télécom.

*L*es adjectifs numéraux ordinaux

A l'exception de **premier** et **second,** les adjectifs numéraux ordinaux sont composés de l'adjectif cardinal auquel on ajoute le suffixe **-ième.**

> Il y a trois clients dans le magasin. Le troisième client est une femme qui a une quarantaine d'années.

> Nous avons pris rendez-vous avec dix candidats mais c'est le dixième, la dixième en fait puisqu'il s'agit d'une femme, qui nous intéresse le plus. Vous nous direz ce que vous pensez d'elle.

Regardez bien ce qui se passe dans le cas des adjectifs suivants.

> Nous avons reçu cinq coups de téléphone au sujet de cette réclamation mais ce n'est qu'après le cinquième que nous avons vraiment compris ce qui ne marchait pas.

> Quatre clientes sont passées pendant votre absence. Les trois premières voulaient des renseignements généraux que j'ai pu leur donner mais la quatrième voulait vous parler. Passez-lui un coup de fil dès que possible.

> J'ai acheté neuf livres ce matin. Les huit premiers pour mon travail et le neuvième pour le plaisir.

Exercices de synthèse

Après avoir révisé les dialogues, lectures et points de repère du Module I dans votre manuel, ainsi que les points grammaticaux, les encadrés et les aperçus, écrivez un paragraphe sur au moins un des sujets suivants. Utilisez les expressions indiquées comme point de départ.

➤ *Insérez le titre du dialogue que vous aurez choisi. (1)

➤ *Insérez le titre de la lecture que vous aurez choisie. (2)

➤ *Insérez le titre (les entreprises françaises, les chiffres parlent, etc.) de la section que vous allez commenter. (3)

1. Dans le dialogue intitulé…,*il s'agit de…

2. Le texte…,*que nous avons lu parlait de…

3. D'après la section…*des Points de repère,…

_____

_____

_____

_____

_____

_____

_____

_____

_____

Echange

A. Prise de notes. Ecoutez une première fois la section **Echange** du Module I; réécoutez-la et notez les mots qui vous paraissent les plus importants.

Verbes	Noms	Adjectifs, adverbes ou autres expressions

B. Synthèse. Après avoir consulté la liste des mots-clés qui précède, écrivez en une phrase ou deux un résumé de ce que vous avez entendu.

_____

_____

_____

_____

Dans le Module II du Guide d'étude, nous allons
surtout cibler le futur.

L'informatique ă la maison et au travail

Dans ce module du Guide d'étude nous allons étudier le futur, réviser quelques verbes irréguliers au présent sous forme d'encadrés et faire la traduction de plusieurs mots des aperçus—le tout dans le contexte de la banque et de l'informatique.

➤ *Module II of your HSG underscores the use of the future tense. Your verb frames and flashes will help you review several irregular verbs and your phonetics section will refine your pronunciation of the nasalized vowels with examples chosen from banking and computer usage.*

*P*hotos et descriptions

A. Pré-écoute. Avant d'écouter votre cassette, faites les exercices suivants.

1. Regardez les photos de la page 49. Qu'est-ce que vous voyez?

_____

_____

_____

2. Qu'est-ce que les photos suggèrent comme actions ou états?

_____

_____

_____

B. Compréhension orale/aurale. Ecoutez deux ou trois fois le premier segment du Module II sur votre cassette audio afin de pouvoir encercler les mots ou expressions que vous reconnaissez.

Photo numéro 1

Verbes	Noms	Adjectifs et autres expressions
allumer	un réseau	compliqué(e)
éteindre	des prises *(f)*	complexe
interconnecter	des fils *(m)*	derrière
brancher	l'équipement *(m)*	en marche
installer	une machine	devant
utiliser	une installation	sous
	un fusible	sur
	un coupleur	électrique

⮝ Deux ordinateurs dans un laboratoire d'analyses médicales.

⮝ La salle informatique d'un laboratoire d'analyses médicales.

⮝ Deux traducteurs au travail.

➤ Indicate the subject and verb form used in the descriptions for each of the infinitives you've circled. Did you hear any other verbs used?

Quelle est la forme de chaque verbe mentionné dans le commentaire?

Photo numéro 2

Verbes	Noms	Adjectifs et autres expressions
(se) dérouler	une boîte	perforé(e)
imprimer	du papier	prêt(e)
facturer	un rouleau	détaillé(e)
sortir (à l'imprimante)	une imprimante	connecté(e)
tomber	une étiquette	imprimé(e)
	le carrelage	étroit(e)
	le sol	large
	une facture	en marche
		en panne
		par terre

Quelle est la forme de chaque verbe mentionné dans le commentaire?

Photo numéro 3

Verbes	Noms	Adjectifs et autres expressions
photocopier	des rideaux (m)	assis(e)
taper	l'écran (m)	debout
regarder	une lampe	rangé(e)
sourire	une photocopieuse	occupé(e)
tenir	un cahier	concentré(e)
	un stylo	court(e)
	une disquette	imprimé (tissu)
	une corbeille à papier	à carreaux (tissu)
	du tissu	à fleurs (tissu)
	un livre	
	une étagère	
	une manche	

Quelle est la forme de chaque verbe mentionné dans le commentaire?

C. A vos plumes! En vous basant sur ce que vous avez observé et entendu, écrivez un paragraphe de 50 mots sur une des photos qui précèdent.

1. Formulez une phrase d'introduction ou d'ouverture.

2. Consultez les notes que vous avez prises pour développer vos idées.

3. Ecrivez une phrase imaginative en guise de conclusion.

Sur la photo N°...

La Phonétique: les voyelles nasales

Il y a quatre voyelles nasales en français. Elles sont toutes présentes dans l'expression «un bon vin blanc». Pour chacune de ces voyelles, vous devez faire passer un peu d'air par le nez.

➤ In this Module, we'll work extensively on the four French nasalized vowels.

 D. Concentrez-vous sur les voyelles nasales. En écoutant votre cassette sur la phonétique, encerclez la/les voyelle(s) nasale(s) que vous entendez.

➤ Take note of the letter combinations that ellicit the sound of the nasalizations.

un compte	l'intérêt	un chèque en blanc
un endossataire	un placement	un chèque sans provision
le montant	une action	un certificat de domicile
une amende	une obligation	une redevance
un relevé bancaire	l'argent liquide	un investissement
un prélèvement automatique	payer comptant	une transaction boursière
un découvert	encaisser	un reçu

Regardez la liste encore une fois. De quel domaine est-ce que toutes les expressions sont tirées?

La voyelle nasale /ã/. Pour former ce son, votre langue doit être placée un peu en arrière. Gardez la bouche bien ouverte et les lèvres arrondies comme pour la voyelle **a**. Fermez en partie le passage au fond de votre bouche pour qu'un peu d'air passe par le nez.

E. Quelques exemples. Répétez les mots suivants en faisant attention au son /ã/:

➤ Try pronouncing these words out loud, relying as much as possible on their phonetic transcription. Sound out and transcribe the last fourteen terms with your study partner. When in doubt, check your dictionary.

quand	/kã/	redevance
lent	/lã/	j'entends
temps	/tã/	excellent
souvent	/suvã/	intelligent
mouvement	/muvəmã/	décent
prendre	/prãdrə/	constamment
endossataire	/ãdosatɛr/	français
amende	/amãdə/	française
bancaire	/bãkɛr/	un traitement de texte
prélèvement	/prelɛvəmã/	des renseignements
placement	/plasəmã/	remplir un dossier
argent	/arʒã/	certainement
encaisser	/ãkɛse/	brièvement
blanc	/blã/	en informatique

Quelles lettres peuvent représenter le son /ã/?

> **REMARQUE:** Pourquoi la dernière consonne du terme de la deuxième colonne est-elle prononcée alors que celle du mot de la première colonne ne l'est pas?
>
> | | |
> |---|---|
> | intelligent | intelligente |
> | blanc | redevance |

F. A l'écoute du son /ã/. Maintenant, écoutez votre cassette. Encerclez les lettres qui donnent le son /ã/. Ensuite, prononcez chaque terme vous-même.

un document	vos prétentions
un écran	l'avancement
se rendre à	s'absenter
une entreprise	subventionné
le gérant	prendre le courrier sous la dictée
du papier à en-tête	une machine à traitement de texte
un licencié en droit	une lettre de change
prendre sa retraite	présenter une traite à l'acceptation
une demande d'emploi	enregistrer
poser sa candidature	le classement

G. Quelques phrases. Lisez les phrases suivantes en imitant la prononciation de la voix enregistrée sur votre cassette. Encerclez les lettres qui donnent le son /ã/. Ensuite, répétez chaque phrase en faisant surtout attention à ce son.

- Il est préférable de changer un peu d'argent avant de partir à l'étranger.
- En France, les banques sont souvent fermées pendant l'heure du déjeuner.
- Depuis que les secrétaires utilisent les machines à traitement de texte, elles ne veulent plus retourner à ce qu'elles utilisaient avant, c'est-à-dire les machines à écrire électriques traditionnelles.
- Le téléphone sonne constamment du matin au soir.
- Les prélèvements bancaires se font automatiquement.
- Les renseignements ont été envoyés vendredi dernier mais je ne les ai pas encore reçus.
- Avant d'ouvrir un compte en banque il faut remplir un dossier et présenter une pièce d'identité.
- C'est amusant qu'il n'ait pas voulu rentrer par la porte de devant!

La voyelle nasale /ɛ̃/. Pour former ce son, mettez votre langue en avant contre les incisives inférieures. Gardez la bouche ouverte et les lèvres un peu serrées (comme si vous souriiez). Laissez passer un peu d'air par le nez.

> ➤ Repeat these examples aloud before listening to your cassette.

H. Quelques exemples. Répétez les mots suivants en faisant attention au son /ɛ̃/.

les impôts	la main tendue	invitation
investissement	interlocuteur	plein
demain	le pain	le tien
l'imprimante	sain	le sien
imprimer	le vin	moins
interurbain	bien	peindre
s'inscrire	cinq	vingt
Tiens!	matin	le lendemain
instant	instinct	l'informatique
impression	demain matin	l'Internet
certains fichiers		

I. A l'écoute du son /ɛ̃/. Maintenant, écoutez les exemples précédents sur votre cassette. Encerclez les lettres qui donnent le son /ɛ̃/ dans la liste qui précède.

J. Quelques phrases. Lisez les phrases suivantes en imitant la prononciation de la voix enregistrée sur votre cassette. Encerclez les lettres qui donnent le son /ɛ̃/. Ensuite, répétez chaque phrase en faisant surtout attention à ce son.

- Les impôts sur les sociétés sont plus élevés en France qu'en Inde.
- A cinq heures tous les matins, mon réveil sonne et je saute du lit immédiatement car je sais bien que je risque de me rendormir.
- C'est sain de manger du pain!
- Je crois qu'il y a une réclame en France sur le fromage qui dit à peu près «Du pain, du vin, du Boursin, je suis bien!»
- Le mien est moins bien que le tien, tu ne trouves pas?
- Les vingt caisses de bouteilles de vin arriveront demain à moins qu'il n'y ait une grève de la SNCF.
- Mon interlocuteur n'y connaissait visiblement rien en informatique. Il me posait plein de questions d'une simplicité navrante!

K. Distinction entre les deux sons /ɛ̃/ et /ɑ̃/. Imitez la voix enregistrée sur votre cassette.

un pain	un paon
le vin	le vent
sain	sans
teint	tant
un gain	un gant
cinq dollars	cent dollars
un bain	un banc
main	ment
pince	pense
indirect	en direct
importer	emporter
il atteint	il attend

La voyelle nasale /ɔ̃/. Pour former ce son, gardez la bouche presque fermée et les lèvres arrondies et projetées très en avant. Mettez la langue bien en arrière. Faites passer un peu d'air par le nez.

L. Quelques exemples. Répétez les mots suivants en faisant attention au son /ɔ̃/:

➤ After practicing the following terms with your study partner, transcribe them.

un compte	compléter	nom
sans provision	complétez	dont
les communications	un pont	une onde
les télécommunications	ils font	on est
une obligation	bon(s)	onze
une action	ils vont	le fond
une transaction boursière	mon livre	au fond
une transaction bancaire	ton son	foncé
une caution	son interaction	la bonté
un relevé de compte	non	un garçon

M. Quelques phrases. Lisez les phrases suivantes en imitant la prononciation de la voix enregistrée sur votre cassette. Encerclez les lettres qui donnent le son /ɔ̃/. Ensuite, répétez chaque phrase en faisant surtout attention à ce son.

- Faire des chèques sans provision n'est pas bon pour votre réputation à long terme.
- Pourriez-vous compléter ce bon de commande, s'il vous plaît?
- Ecrivez votre nom, votre prénom et votre adresse.
- Est-ce qu'il y a un pont pour le premier mai cette année?
- Aujourd'hui, on est le quinze juillet 1998.
- J'aimerais bien avoir un bon dictionnaire pour chercher la différence entre une action et une obligation.
- Il faut verser une caution lorsqu'on loue un appartement.
- Au fond, Pierre est un gentil garçon mais ses actions témoignent souvent d'un manque de volonté regrettable.

N. Distinction entre les sons /ɔ̃/, /ɑ̃/, et /ɛ̃/. Imitez la voix sur votre cassette.

bon	banc	bain
mon	mens	main
pont	paon	pain
font	faon	feint
long	lent	lin
ton	temps	teint
non	n'en	nain
son	sans	sein
blond	blanc	—
concert	cancer	—
tondre	tendre	teindre
fondre	fendre	feindre

> ➤ In many regions of France, this nasalized vowel has nearly been lost. It is frequently replaced by /ɛ̃/.

La voyelle nasale /œ̃/. Pour former ce son, mettez la langue très en avant avec la bouche ouverte et les lèvres arrondies. De nouveau, un peu d'air doit passer par le nez.

O. Quelques exemples. Répétez les mots suivants en faisant attention au son /œ̃/.

un emprunt	un investissement	commun
un endossataire	un chèque	humble
un montant	un certificat de domicile	opportun
un relevé de compte	aucun	un par un
un prélèvement	quelqu'un	être à jeun
un découvert	un parfum	chacun
un taux d'intérêt	brun	emprunter
un placement		

P. Des phrases. Lisez les phrases suivantes en imitant la prononciation de la voix enregistrée sur votre cassette. Encerclez les lettres qui donnent le son /œ̃/. Ensuite, répétez chaque phrase en faisant surtout attention à ce son.

- Quand on a des problèmes d'argent, il est difficile de faire un emprunt.
- Madame Brun est quelqu'un de vraiment bien.
- Montrez-moi ces dossiers un par un, s'il vous plaît.
- Le moment n'était pas opportun pour faire un nouvel emprunt car aucun de ses associés n'aurait consenti à risquer son investissement.
- Lorsqu'on pense aux produits exportés par la France, on pense toujours aux produits traditionnels tels que les parfums, les vins et les fromages mais on oublie de mentionner les secteurs de pointe de l'industrie comme l'aérospatiale par exemple.
- Chacun sait que les Français se servent de cartes à puce pour téléphoner dans les cabines publiques.

 Q. Distinction entre les quatre voyelles nasales: /ã/, /ɛ̃/, /ɔ̃/ et /œ̃/. Imitez la voix sur votre cassette.

> ➤ All four nasalizations are represented here. Repeat after the native speaker at least three times.

quand	Quint	qu'on	qu'un
lent	lin	long	l'un
dans	daim	dont/don	d'un
en/an	hein?	on	un

 R. A l'écoute du son /ã/. Les expressions et mots suivants ont été prononcés sur votre cassette. Encerclez les lettres qui donnent le son /ã/.

se rendre à	s'absenter
une entreprise	subventionné
le gérant	les frais *(m.)* de déplacement
le papier à en-tête	prendre en charge
un licencié en droit	prendre le courrier sous la dictée
être calé(e) en	une machine à traitement de texte
prendre sa retraite	une traite/une lettre de change
une demande d'emploi	présenter une traite à l'acceptation
un investissement	un prix courant
une candidature	enregistrer
les prétentions	le classement
l'avancement	un écran

 S. A vous maintenant. Répétez les termes qui précèdent en faisant attention à ce que votre prononciation soit la plus proche possible de celle de la voix enregistrée sur votre cassette.

 REMARQUE: Attention aux règles suivantes.

1. Quand un **n** ou un **m** ou deux **n** ou deux **m** sont entourés par des voyelles, la voyelle n'est pas nasale. Répétez les mots de la liste suivante après les avoir entendus sur votre cassette.

   les moyennes entreprises

   un organigramme

une annonce

une chemise

en panne

la sténographie

mettre en mémoire

un télégramme

prévenir

2. Si la voyelle qui précède le(s) **n** ou **m** entouré(s) par des voyelles est un **a** sans accent, elle se prononce /a/. Répétez les termes suivants en imitant la voix sur votre cassette.

un organigramme

une annonce

un télégramme

3. Il en est de même pour **i, o,** et **u**. Répétez les termes suivants en imitant la voix sur votre cassette aussi.

un ordinateur

une machine à décacheter

donner sa démission

un appel téléphonique

un résumé

4. Cependant, quand la voyelle qui précède un **n** ou un **m** est un **e**, le son peut être /ə/, /ɛ/, ou /e/. Répétez ces derniers termes en imitant la voix enregistrée sur votre cassette.

Muet	*Ouvert*	*Fermé*
une chemise	des entreprises moyennes	la sténographie
prévenir		mettre en mémoire

*P*oints grammaticaux: *les verbes*

> ➤ As you review the vocabulary lists for Module II in your text, make particular note of the nasalized vowels.

Verbes réguliers et irréguliers au futur. Le **futur** indique la postériorité d'un fait par rapport au moment où se situe la personne qui parle. Le futur indique **l'avenir.** Pour former le futur de la plupart des verbes, vous prenez l'infinitif du verbe et vous ajoutez les terminaisons suivantes:

-ai	-ons
-as	-ez
-a	-ont

> ➤ Les terminaisons du futur sont toujours régulières et sont toujours précédées d'un **r.**

Quatre de ces terminaisons ressemblent à la conjugaison de quel verbe au présent? _____

Combien de sons différents est-ce que ces quatre terminaisons représentent? _____

Je téléphonerai...

Tu téléphoneras...

Il/elle/on téléphonera...

Nous téléphonerons...   avant d'y aller.

Vous téléphonerez...

Ils/elles téléphoneront...

Si l'infinitif se termine par un **e**, vous devez enlever ce **e** avant d'ajouter les terminaisons.

prendre   vous prendrez

lire   je lirai

comprendre   tu comprendras

Si le verbe que vous allez mettre au futur est irrégulier, vous devez apprendre le radical du futur par cœur pour pouvoir ensuite y ajouter les terminaisons.

Infinitif	Radical	Terminaisons
avoir	aur-	-ai
être	ser-	-as
aller	ir-	-a
faire	fer-	-ons
pouvoir	pourr-	-ez
vouloir	voudr-	-ont

> **REMARQUE:** Quand vous parlez d'événements futurs, vous pouvez aussi utiliser le futur proche:
>
> **aller + l'infinitif**
>
> - Cet après-midi le directeur **va** nous **faire part** de sa décision au sujet des modalités de remboursement du prêt qu'il nous a consenti.
>
> - Demain, nous **allons négocier** un nouvel emprunt à la banque.
>
> - A la fin de l'année, certains employés **vont recevoir** une prime qui équivaudra à 10% de leur salaire annuel.

Activités générales

En vous inspirant de ce que vous avez déjà étudié sur les sujets en question, répondez aux questions suivantes en utilisant les verbes indiqués. S'il y a un radical irrégulier que vous ne connaissez pas, essayez de le deviner. N'oubliez pas de vérifier vos réponses à la fin du **Guide d'étude.**

> ➤ These general activities will help you firm up your use of the future while reviewing banking, computing, and other money matters. Check your answers to find out where you might need additional work.

T. A la banque. Quand vous arriverez à la banque pour ouvrir un nouveau compte, que ferez-vous?

1. dire «bonjour» à l'agent bancaire

_____

2. remplir un formulaire

_____

3. lire les documents avant de les signer

_____

4. déposer de l'argent

_____

5. recevoir le numéro de son compte courant

_____

> ➤ Note the use of the preposition **avant de** plus the infinitive **signer.** Where is the direct object pronoun placed?

> ➤ Attention à l'adjectif possessif!

U. A l'ordinateur. Dès que vous aurez votre nouvel ordinateur, que ferez-vous, vous et votre famille? Répondez en utilisant la forme de _nous_.

1. effectuer toutes sortes d'opérations possibles

_____

2. avoir accès à son compte-épargne

_____

3. taper des lettres et autres documents

_____

4. créer une base de données

_____

5. sauvegarder ses documents

_____

6. appuyer sur le bouton pour éteindre l'ordinateur

_____

V. Votre banque idéale. Vous êtes muté(e) dans une autre ville. Vous déménagez et devez ouvrir un compte en banque. Pensez à la banque que vous choisirez. Comment sera-t-elle?

1. avoir des guichets modernes

_____

2. posséder des agences partout en France

_____

3. sponsoriser de grands événements sportifs comme les Jeux Olympiques de Sydney

_____

4. falloir qu'elle soit près de mon domicile

_____

5. être moderne/proposer des services comme le Minitel ou le téléservice

_____

6. garantir aux clients de ne pas faire de mauvais investissements

_____

W. Un séjour en France. Dites ce que Beau et Nancy feront au cours de leur premier voyage en France. Attention aux adjectifs possessifs et aux pronoms!

1. payer presque tous ses achats en liquide

_____

2. ne rien régler par chèque

_____

3. s'acheter sans doute quelques nouveaux vêtements

_____

4. utiliser souvent le Minitel

_____

5. garder toujours son passeport sur soi

_____

6. recevoir des lettres de ses amis en poste restante

_____

_____

Quelques encadrés et aperçus.

Vous venez de réviser plusieurs verbes réguliers et irréguliers au futur dans les contextes de la banque, de l'argent en général et de l'informatique. Dans cette section, vous allez étudier en détail six verbes irréguliers sous forme d'encadrés et aperçus. Donnez les formes qui manquent et essayez de comprendre le sens de chaque phrase.

> ➤ For the following verbs, fill in the missing forms. Trying to understand the meaning of each sentence will give you yet another point of view on computing and help you review money matters and telecommunications.

METTRE
PRESENT: INDICATIF OU INTERROGATIF

Tous les matins je me **mets** à travailler à l'ordinateur juste après le petit déjeuner.

Tu **mets** la disquette dans le lecteur avant d'ouvrir ton fichier.

David _____ toujours beaucoup de temps à comprendre le fonctionnement des nouveaux logiciels installés sur son ordinateur.

Sandra ne **met** pas souvent son ordinateur en marche car elle préfère écrire ses lettres à la main.

On ne **met** jamais de «e» à la fin du mot ordinateur.

Nous _____ systématiquement les fichiers **sauvegardés** sur disque dur et sur disquette pour ne pas risquer de les perdre.

Est-ce que vous **mettez** toujours autant d'énergie quand vous travaillez sur des projets informatiques?

En général, Pierre et Marine **mettent** toujours de la musique lorsqu'ils tapent leurs rapports sur ordinateur.

Les institutrices _____ beaucoup de cœur à défendre leur projet d'informatiser l'école.

Allons un peu plus loin...

PRESENT: IMPERATIF

_____ le répondeur en marche au cas où quelqu'un téléphone (ou en français parlé: téléphonerait).

Mettons-nous au travail tout de suite; plus tôt nous aurons fini, plus tôt nous pourrons jouer aux jeux vidéo à l'ordinateur.

Mettez-vous à l'aise et asseyez-vous, je vais vous expliquer toutes les formalités pour ouvrir un compte en banque.

➤ Le **nous** et le **vous** ici sont des pronoms réfléchis, pas des pronoms sujets.

PRESENT: SUBJONCTIF

Je n'aime pas que les standardistes me **mettent** en attente lorsque je téléphone à la banque.

 *perçus*

Jetez un coup d'œil aux aperçus suivants et complétez les traductions. Faites bien attention au futur mais la traduction ciblera quelquefois d'autres parties de la phrase également.

➤ Study the future verb flash attentively. After completing the translations of the other flashes, check your answers before beginning Ex. X.

Le futur. Tu me **mettras** au courant de ta décision par téléphone.

_____ *keep me posted about your decision by phone.*

L'imparfait. Nous nous **mettions** à la tâche dès que nous recevions la disquette de notre client.

We used to (we would, in the past) get to work as soon as we _____ the floppy from our customer.

Le conditionnel. Si tu te concentrais plus sur le travail que tu as à faire en informatique, tu **mettrais** moins de temps à faire tes devoirs.

If _____ concentrated more on the _____ you have to do in computer science, it _____ take you less time to do your homework.

Le passé composé. Avez-vous **mis** sur pied le programme informatique dont vous nous aviez parlé?

_____ you got(ten) the computer program up and running that you had _____ to us about?

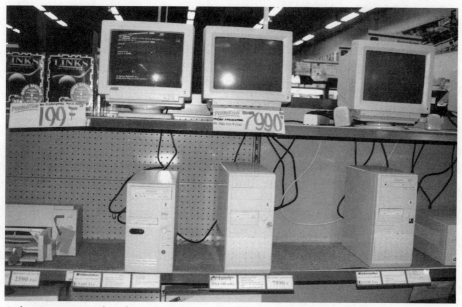

Acheter un nouvel ordinateur.

Le plus-que-parfait. Nous nous étions mis d'accord sur le type d'ordinateur à acheter.

We had agreed on the _____ to buy.

Il **avait mis** son téléphone sur écoute car il recevait régulièrement des coups de fil anonymes.

He _____ his telephone monitored by the police for he was regularly receiving anonymous phone calls.

➤ S'acheter est un verbe réfléchi. Il se conjugue donc avec **être** au passé composé.

➤ He had begun to monitor his calls.

X. Phrases à recomposer. Ajoutez les prépositions et autres éléments nécessaires pour arriver à une bonne phrase complète. Concentrez-vous surtout sur le temps et le mode des verbes. Gardez l'ordre des mots qui est proposé. Cherchez des mots-clés *(key words)* qui pourraient vous aider à déterminer le temps ou le mode des verbes.

> **MODELE:** ordinateur/se mettre à/faire/bruits/bizarre/lorsque/on fait quelque chose qu'il n'aime pas

➤ Look for key words or expressions that will help you choose which mood or tense to use in these dehydrated sentences. You may choose to work with your study partner.

> ➤ Notice the key-word **lorsque** with the verb **faire (on fait)** already indicated in the present. Since this conjunction (just as with **quand, dès que** and **aussitôt que**) follows the pattern present/present or future/future, the sentence must be a general statement in the present tense.

L'ordinateur se met à faire des bruits bizarres lorsqu'on fait quelque chose qu'il n'aime pas.

1. si elle devait le faire elle-même/elle/mettre/plus de temps à/taper/ce/texte/que toi/.

_____

_____

2. il faut que/il/mettre/disquette/dans la fente/sinon/il/ne pourra pas/ouvrir/document/.

_____

_____

3. autrefois/je/ mettre/un temps fou à/apprendre à/se servir de/nouveau/logiciel/.

_____

_____

4. nous/mettre (plus-que-parfait)/chèque/dans l'enveloppe/./?est-ce que/tu/l'as bien trouvé/?

_____

_____

5. je/mettre (passé composé)/imprimante/en marche/pour que/tu/pouvoir/imprimer/document/quand tu auras fini/.

_____

_____

6. ?mettre (futur)/vous/un peu de/argent/sur votre compte dès l'ouverture/?

_____

_____

SAVOIR

PRESENT: INDICATIF OU INTERROGATIF

Je _____ ce que tu penses des ordinateurs et de l'informatique en général, mais crois-moi, tu as tort.

Tu ne **sais** même pas comment te servir des logiciels que tu as!

Jean est intelligent et il parle quatre langues, mais il ne _____ même pas allumer l'écran de son ordinateur.

Demande à Nathalie, elle **sait** à quelle heure la salle d'informatique ferme.

On ne **sait** jamais à quoi s'attendre avec ces vieux ordinateurs. De vrais dinosaures!

Nous **savons** qu'il est préférable d'avoir un ordinateur portable lorsqu'on doit se déplacer régulièrement.

_____ -vous à quoi sert un modem?

Ils ne **savent** pas ce qu'ils perdent en refusant d'acheter une carte mère *(a mother board)* plus performante.

Marie et sa sœur _____ déjà ce qu'elles veulent pour Noël: un nouvel ordinateur multi-média.

Allons un peu plus loin...

PRESENT: IMPERATIF

Sache qu'il ne faut jamais éteindre l'ordinateur avant d'avoir quitté les différentes applications qui étaient ouvertes.

Sachons que les prix des ordinateurs baissent chaque année.

_____ vous servir du Minitel et vous verrez que vous gagnerez énormément de temps.

PRESENT: SUBJONCTIF

Je préfère que vous **sachiez** la vérité avant de recevoir votre facture de téléphone: je me suis beaucoup servi du Minitel ces temps-ci.

Aperçus

Jetez un coup d'œil sur les aperçus suivants et complétez les traductions. Faites bien attention au futur, mais la traduction ciblera quelquefois d'autres parties de la phrase également.

Le futur. Tu **sauras** mieux tirer parti de toutes les fonctions de ton ordinateur et de ton imprimante après avoir suivi ce cours.

You'll know how to use all the functions of _____
better after taking (after having taken) that/this course.

L'imparfait. En première, nous avions un professeur d'informatique formidable qui **savait** toujours répondre à nos questions.

In the eleventh grade, we had a wonderful computer-science teacher who always _____ answer our questions.

Le conditionnel. Si nous avions un Minitel, nous **saurions** exactement le montant de nos dépenses en consultant notre compte.

If we had a Minitel, we _____ know exactly the amount of our expenditures by checking our account.

Le passé composé. Vous **avez su** vous y prendre à temps pour profiter des offres spéciales des magasins d'informatique.

You knew how to prepare in advance, organize and plan in time to take advantage of the special _____ of the computer stores (the computer stores were making).

Le plus-que-parfait. S'ils **avaient su** que tu dormais, ils ne t'auraient pas téléphoné si tard.

If they had known that you were sleeping, they wouldn't _____ so late.

Y. Phrases à recomposer. Ajoutez les prépositions et autres éléments nécessaires pour former une bonne phrase complète. Concentrez-vous surtout sur le temps et le mode des verbes. Gardez l'ordre des mots qui est proposé. Cherchez des mots-clés (*key words*) qui pourraient vous aider à déterminer le temps ou le mode des verbes.

1. ?est-ce que/tu/ savoir/si/Clémentine suit/cours d'informatique/ce/année/?

   _____

2. je suis sûre que/tu/savoir (futur)/se servir de mon traitement de texte car/tout/fonctions de base/être/similaire à/celles de *Word*/.

   _____

3. ?savoir (imparfait)/vous/que/il y a/logiciel qui peut vous aider à/sélectionner les candidats/?

   _____

4. c'est hier/que/nous/savoir/que/notre informaticien cherchait/autre/emploi/.

   _____

5. il est important/que/nous/savoir/bien utiliser/notre/modem/.

   _____

6. !savoir/nous contenter de/8 ram de/mémoire/vif/!

   _____

7. dommage que/je/ne... pas avoir/mon/ordinateur/avec moi/car vous/savoir (conditionnel)/m'expliquer/comment envoyer/fax/.

_____

_____

SORTIR
PRESENT: INDICATIF OU INTERROGATIF

Je **sors** un instant de chez moi pour me changer les idées, car cet écran qui gèle constamment me rend fou/folle!

Tu te _____ toujours de situations difficiles: c'est pourquoi je fais appel à toi pour mon problème d'ordinateur.

Fabrice ne _____ jamais des applications dont il se sert avant d'éteindre son ordinateur: il va finir par avoir des problèmes.

Le nouveau produit que **sort** l'entreprise de mon cousin a reçu de bonnes critiques sur Internet.

On ne **sort** jamais de chez soi sans éteindre son ordinateur afin d'éviter tout risque de court-circuit.

Grâce aux messages concernant les endroits branchés de la ville que nous envoient régulièrement nos amis par courrier électronique, nous _____ tous les samedis dans les meilleures discothèques.

Alors, est-ce que vous vous en **sortez** avec votre nouvel ordinateur?

Depuis qu'ils ont découvert les boîtes de dialogue sur Internet, mes enfants **sortent** vraiment de leur coquille!

Marie et Laurence _____ vraiment de l'ordinaire: elles sont les meilleures de leur classe en art graphique sur ordinateur.

REMARQUE: Le verbe **partir** se conjugue exactement de la même façon que le verbe sortir:

- Nous **partons** puisque les coupures d'électricité nous empêchent de travailler.

- Alors tu **pars** sans m'expliquer comment je peux lire mon courrier électronique de chez moi?

- Il faut que je **parte** tout de suite si je veux passer à la banque avant la fermeture.

Allons un peu plus loin...

LE PRESENT: IMPERATIF

_____ de chez toi et arrête de penser à tes problèmes d'ordinateur!

Sortons des sentiers battus *(let's get off the beaten path)*, et familiarisons-nous avec Internet.

_____ votre agenda, s'il vous plaît, j'aimerais prendre rendez-vous avec vous pour des conseils en placements boursiers.

LE PRESENT: SUBJONCTIF

Mes amis veulent que je **sorte** avec eux ce soir, mais je n'ose pas... j'ai tant de problèmes d'ordinateur en ce moment et je risque de ne pas pouvoir finir mon travail avant lundi.

---

*A*perçus

Jetez un coup d'œil sur les aperçus suivants et complétez les traductions. Faites bien attention au futur mais la traduction ciblera quelquefois d'autres parties de la phrase également.

Le futur. Nous **sortirons** ce rapport sur imprimante aussitôt que nous l'aurons fini afin de pouvoir vous en donner un exemplaire.

> ➤ Literally, *will have finished.*

We _____ print out this report as soon as we finish it, in order to be able to give you a copy.

Nous **partirons** tout de suite après avoir fini tout ça.

We will _____ right away after finishing all that.

L'imparfait. Je ne supportais plus la sonnerie du téléphone: dès que je l'entendais, je débranchais carrément le téléphone ou je **sortais** de l'appartement.

I couldn't stand (take) the _____ ringing any more: as soon as I heard it, I would (squarely) unplug the phone or I'd _____ the apartment.

Et la plupart du temps, je **partais** sans prendre mon portable!

And most of the time I left without taking my _____.

Le conditionnel (passé). Si tu lui avais dit que ça risquait de détruire son fichier, Claudine ne **serait** pas **sortie** de *Word* sans le sauvegarder.

If you had told her that that risked destroying her _____, Claudine would not have gone out of Word *without saving it.*

Et elle ne **serait** quand même pas **partie** d'ici fâchée contre nous!

And she wouldn't have left here angry at _____!

Dépliant de France Télécom.

Le passé composé. IBM **a sorti** de nouveaux ordinateurs sur le marché l'année dernière.

IBM released some _____ on the market last year.

> **REMARQUE.** Si un verbe «de la maison d'être» a un complément d'objet direct, il se conjugue avec **avoir** au lieu du verbe **être.** Mais:
> Il **est parti** sans rectifier ce problème-là.   *He left without correcting that problem.*

Malgré tous les problèmes qu'ils ont rencontrés en utilisant ce logiciel, ils s'en **sont** finalement **sortis** avec une bonne note.

In spite of all the _____ (that) they ran into using that/this _____, they finally got a good grade out of it.

Le plus-que-parfait. S'ils **étaient sortis** un peu plus tôt, ils auraient manqué ce coup de téléphone très important.

If they _____ out a little earlier, they would have missed this/that very important _____.

Si elles **étaient parties** à une heure comme prévu, elles auraient manqué ce coup de fil aussi.

If they _____, they would have _____ call also.

Z. Phrases à recomposer. Ajoutez les prépositions et autres éléments nécessaires pour former une bonne phrase complète. Concentrez-vous surtout sur le temps et le mode des verbes. Gardez l'ordre des mots qui est proposé. Cherchez des mots-clés (*key words*) qui pourraient vous aider à déterminer le temps ou le mode des verbes.

1. je/sortir/rarement/pendant les heures de travail/sauf quand/je/devoir/aller/Poste/.

   _____

   _____

2. sortir (impératif)/dossier/de l'entreprise Legrand/s'il vous plaît/Mademoiselle/et/mettez-le/mon/bureau/.

   _____

   _____

3. la Poste/sortir (passé composé)/une nouvelle série de timbres/sur les fables de la Fontaine/.

   _____

   _____

4. comme il/sortir (futur)/le premier/de sa promotion/il/ne... pas avoir de problème pour trouver/poste (*m*) dans la région qu'il préfère/.

   _____

   _____

5. ?directrice/sortir (passé composé)/./pouvoir (futur)/vous/rappeler dans une heure/?

   _____

   _____

6. il faut que/tu/ sortir/disquette/tout de suite/pour ne pas l'oublier/.

   _____

   _____

7. nous/sortir/tous les documents/au fur et à mesure (*gradually, all along as*)/que conseiller de la banque/nous les demandait/.

   _____

   _____

PRENDRE

PRESENT: INDICATIF OU INTERROGATIF

Je _____ beaucoup de plaisir à surfer sur Internet.

Pour quelqu'un d'aussi impatient que toi, tu **prends** plutôt bien le fait que ton ordinateur a sans arrêt des problèmes.

Gérard **prend** toujours ses repas à côté de l'ordinateur, pendant qu'il cherche des données sur Internet.

Elle _____ son manuel pour résoudre ses problèmes d'ordinateur.

Un des inconvénients d'Internet, c'est qu'il faut avoir accès à une ligne de téléphone et quand on **prend** l'avion par exemple, on ne peut pas s'en servir.

Nous _____ toujours notre courage à deux mains pour comprendre d'où viennent nos problèmes d'ordinateur. Ce n'est pas facile.

Si vous ne **prenez** pas votre sac, vous allez encore oublier toutes les adresses électroniques dont vous aurez besoin au bureau.

Où qu'ils aillent, **prennent-ils** leur portable avec eux?

Mes sœurs ne _____ jamais le temps de comprendre pourquoi leur ordinateur se bloque régulièrement et c'est pour ça qu'elles ne sont jamais capables de résoudre leurs problèmes elles-mêmes.

Allons un peu plus loin...

PRESENT: IMPERATIF

_____ ta voiture et rejoins-moi au bureau. Je t'expliquerai ce qui ne va pas avec ton portable.

Prenons bien les choses, c'est pas si grave, un ordinateur, ça se répare.

_____ la vie du bon côté, une fois que vous saurez naviguer sur le *Web* (la Toile), vous verrez que c'est une source d'informations d'une extrême richesse.

PRESENT: SUBJONCTIF

Il faut que vous **preniez** votre facture et que vous la gardiez avec vos papiers de garantie.

 perçus

Jetez un coup d'œil sur les aperçus suivants et complétez les traductions. Faites bien attention au futur mais la traduction ciblera quelquefois d'autres parties de la phrase également.

Le futur. Je le **prendrai** très mal si tu dis que tu ne peux pas venir à ma communication sur le réseau Internet.

I will _____ it very badly if you say that you are not able to come to my talk on the Internet.

Ne t'inquiète pas. Nous **prendrons** bien soin de ton ordinateur pendant ton absence.

Don't worry. We'll _____ of your computer while you're gone (during your absence).

L'imparfait. Paul et Virginie **prenaient** un pot au Cyber-Café où ils ont pu surfer de site en site sur Internet pendant 30 minutes pour le prix exorbitant de 50 F. Exorbitant? Tu plaisantes? Moi, je trouve que ce n'est pas cher pour ce que c'est.

Paul and Virginie were having a drink at Cyber-Café where they managed to surf from home page to home page on the Internet _____ for the exorbitant price of about $10. Exhorbitant? Are you kidding? I find that it's not expensive for what it is.

Le conditionnel. Si jamais ton ordinateur ne marchait pas, Jacques **prendrait** celui de son frère.

If ever your computer wasn't working, Jacques _____ his brother's.

Le passé composé. On **a pris** toutes les options possibles lorsqu'on s'est abonnés* à Internet.

We took all the possible _____ when we subscribed to the Internet.

Le plus-que-parfait. Tu **avais** plutôt bien **pris** la chose lorsque je t'avais appris que je venais de renverser du café sur le clavier de ton ordinateur.

You _____ it rather well when I told you that I had just spilled coffee on the keyboard of your computer.

AA. Phrases à recomposer. Ajoutez les prépositions et autres éléments nécessaires pour former une bonne phrase complète. Concentrez-vous surtout sur le temps et le mode des verbes. Gardez l'ordre des mots qui est proposé. Cherchez des mots-clés *(key words)* qui pourraient vous aider à déterminer le temps ou le mode des verbes.

    1. prendre/téléphone/et dites-lui que/nous aimerions qu'il organise un séminaire/pour que/tous nos employés/apprendre à/se servir de/ce/nouveau/logiciel/.

_____

_____

2. oui, vous avez raison/cela/prendre/beaucoup de temps/mais une fois que les données sont saisies/vous/pouvoir/effectuer/toutes sortes de calculs/très rapidement/.

_____

_____

3. cela me/prendre (conditionnel)/trop de temps de/vous expliquer tout cela au téléphone/./passer (impératif)/me voir/soir/et/je/vous/montrer (futur)/ce dont il s'agit/.

_____

_____

4. nous/prendre (futur)/assistant/qui sera chargé de/aider/clients/à remplir/formulaires/.

_____

_____

5. vous/prendre (passé composé)/lettre/que j'avais laissée/votre/bureau/n'est-ce pas/?

_____

_____

6. oui Laurent,/il est nécessaire/que/tu/prendre/ le temps de/garder/un double de tous tes documents/.

_____

_____

7. elles/prendre/ce/conseils/très au sérieux/et/sont en train d'apprendre à/utiliser/messagerie électronique/pour/communiquer/leurs clients/.

_____

_____

DIRE

PRESENT: INDICATIF OU INTERROGATIF

Je **dis** toujours qu'on peut se fier aux ordinateurs pour vérifier le solde de son compte.

_____ -tu la vérité quand tu affirmes qu'Internet n'est pas encore implanté dans toutes les banques françaises?

Pierre **dit** qu'utiliser Internet économiserait beaucoup de temps et d'argent aussi bien aux employés de banque qu'aux clients.

La voisine _____ qu'elle serait bien capable de se servir de son ordinateur pour demander des conseils à sa banque.

On _____ que les ordinateurs sont utiles, encore faut-il savoir s'en servir.

Nous **disons** souvent aux étudiants de se familiariser avec Internet, y compris dans le domaine bancaire.

Est-ce que vous parlez sérieusement quand vous _____ que les serveurs bancaires offrent beaucoup d'informations utiles?

Les Mercier vous _____ merci de leur avoir appris à naviguer sur Internet.

Elles **disent** régulièrement au PDG de la banque où elles sont employées qu'il leur serait utile d'avoir un serveur Internet afin de pouvoir travailler de chez elle.

PRESENT: IMPERATIF

Dis-toi bien que d'ici un an, il y aura beaucoup plus de sites francophones sur Internet. C'est un des buts que le 6ᵉ Sommet de la Francophonie s'est fixé à Cotonou, au Bénin en décembre 1995.

Disons-le franchement, l'accès à Internet en France est exorbitant comparé aux Etats-Unis surtout à cause du prix des communications téléphoniques.

_____ à vos élèves qu'Internet a été conçu pour faciliter les échanges et non pour les compliquer.

PRESENT: SUBJONCTIF

Téléphone-lui sans relâche jusqu'à ce qu'il te _____ ce qui ne va pas.

---

*A*perçus

Jetez un coup d'œil sur les aperçus suivants et complétez les traductions. Faites bien attention au futur mais la traduction ciblera quelquefois d'autres parties de la phrase également.

Le futur. Je te **dirai** comment avoir accès aux services bancaires sur Minitel une fois que je me serai renseigné(e) auprès de ma banque.

I _____ you how to get access to the banking services by Minitel as soon as I get the information from _____.

L'imparfait. Nous disions donc... Internet et le Minitel offrent des services très similaires.

We were _____ then (therefore)... the Internet and Minitel offer very similar _____ .

Le conditionnel. Vous ne **diriez** pas que le Minitel est inutile si vous aviez vraiment essayé de vous en servir.

You _____ that the Minitel is useless if you really tried (had really tried) to use it.

Le passé composé. Jacques n'**a** rien **dit** à propos de l'utilisation de son nouveau logiciel.

Jacques didn't say anything about using his new _____.

Le plus-que-parfait. Elles ne m'**avaient** pas **dit** qu'elles comptaient téléphoner à la banque avant de partir en vacances.

They had not told me that they were counting on calling _____ *before leaving on* _____.

BB. Phrases à recomposer. Ajoutez les prépositions et autres éléments nécessaires pour former une bonne phrase complète. Concentrez-vous surtout sur le temps et le mode des verbes. Gardez l'ordre des mots qui est proposé. Cherchez des mots-clés *(key words)* qui pourraient vous aider à déterminer le temps ou le mode des verbes.

1. dire (impératif)-lui bien de/ne... pas copier/ce/logiciel/plus de deux fois/car/cela pourrait le détruire/.

   _____

   _____

2. elle vous/dire/exactement/ce dont vous aurez besoin/et/vous/ pouvoir (futur)/commander votre matériel par correspondance/.

   _____

   _____

3. il est important/que/vous nous/dire/dès maintenant à combien s'élève votre budget/pour que/nous/pouvoir/vous donner une idée du genre de système informatique que nous/pouvoir (futur)/vous installer/.

   _____

   _____

4. (? inversion) vous/dire (passé composé)/programmeur/que/nous/ vouloir/un outil informatique aussi interactif que possible/?

   _____

   _____

5. tu/dire (plus-que-parfait)/que tu créerais/propre programme de statistique/ordinateur/.

   _____

   _____

6. si/ils/ne... pas savoir (imparfait)/comment utiliser/nouveau/ logiciel,/ils vous le diraient franchement/.

   _____

   _____

RECEVOIR

PRESENT: INDICATIF ET SUBJONCTIF

Je **reçois** un relevé de compte dans ma boîte aux lettres après chaque transaction.

Tu ne **reçois** pas souvent des nouvelles de tes amis par courrier électronique.

Reçoit-il toujours le magazine mensuel consacré à Internet?

Ce soir, Alix _____ des amis qu'elle a rencontrés sur Internet.

On **reçoit** de plus en plus de publicités sur les avantages d'Internet.

En tant que responsables, nous _____ beaucoup de clients dans nos bureaux.

Vous **recevez** une montagne d'informations via Internet.

Ils _____ toujours beaucoup de compliments au sujet du serveur qu'ils viennent de créer.

Les banques ne **reçoivent** pas encore beaucoup de questions sur leur savoir Internet, car il y a encore peu de clients qui y ont accès.

Allons un peu plus loin...

PRESENT: IMPERATIF

_____ les meilleurs vœux de prompt rétablissement de la part de toute l'équipe du Crédit Agricole.

_____ tout de suite ce client qui n'arrête pas de se plaindre et expliquons-lui pourquoi nous ne pouvons pas lui consentir de prêt.

Recevez toutes nos félicitations pour votre nouveau poste de responsable de la Banque Populaire.

PRESENT: SUBJONCTIF

Il faut absolument que je **reçoive** mon nouveau disque dur demain.

Aperçus

Jetez un coup d'œil sur les aperçus suivants et complétez les traductions. Faites bien attention au futur mais la traduction ciblera quelquefois d'autres parties de la phrase également.

Le futur. Nous **recevrons** notre diplôme d'ingénieur informatique à la fin de l'année.

We _____ our diploma as electrical and computer engineers at _____.

➤ Quelle petite annonce vous intéresse le plus? Pourquoi?

Un échantillon de petites annonces.

L'imparfait. Elle a fait changer son numéro de téléphone car elle **recevait** sans arrêt des appels anonymes.

She had her phone number changed because she was incessantly _____ anonymous calls.

Le conditionnel. Si nous étions à découvert, nous **recevrions** un avis de notre banque.

If we were short of funds, we _____ notification from _____ .

Le passé composé. As-tu **reçu** la brochure que je t'ai envoyée la semaine dernière et qui explique comment s'abonner à Compuserve?

Did you _____ the brochure that I sent you _____ and that explains how to subscribe to Compuserve?

Le plus-que-parfait. Barbara n'**avait** jamais **reçu** de formation sur l'utilisation d'Internet avant de s'y abonner.

Barbara had never received training on using the Internet before _____ to it.

CC. Phrases à recomposer. Ajoutez les prépositions et autres éléments nécessaires pour former une bonne phrase complète. Concentrez-vous surtout sur le temps et le mode des verbes. Gardez l'ordre des mots qui est proposé. Cherchez des mots-clés *(key words)* qui pourraient vous aider à déterminer le temps ou le mode des verbes.

1. je/recevoir (passé composé)/lettre/du service après vente/me disant que/mon ordinateur/être/encore sous garantie mais irréparable/.

   _____

   _____

2. veuillez recevoir,/Monsieur le Directeur,/mes meilleures salutations/.

   _____

   _____

3. si/elle/accepter de donner des séminaires en informatique,/elle/ recevoir (futur)/honoraires substantiels/.

   _____

   _____

4. (? inversion) vous/recevoir/modem/que/vous avez commandé/par correspondance?

   _____

   _____

5. Compuserve/recevoir/centaines de demandes de renseignements/ tous les jours/.

   _____

   _____

6. j'aurais bien acheté/mon/nouveau/ordinateur/par correspondance/mais/lundi dernier/je/ne... pas recevoir (plus-que-parfait)/catalogue/et/je/ne... pas pouvoir/attendre/plus longtemps. Alors mardi/je/aller (passé composé)/chez le concessionnaire Apple du 3ᵉ arrondissement/.

   _____

   _____

7. directrice/recevoir (imparfait)/grand/patron/de Bull/dans son bureau/pendant que/secrétaire/essayer de/faire/réservations/ dans le meilleur restaurant de la ville/pour déjeuner/.

   _____

   _____

Encadré supplémentaire

Les Noms

Comme vous l'avez déjà appris à la page 41, il y a deux genres en français. Voici quelques autres règles qui pourront vous aider à déterminer si un substantif est masculin ou féminin. Attention de nouveau, il y a toujours quelques exceptions!

Noms masculins

1. les noms qui se terminent par les suffixes

-ier	un fermier, un métier, un ouvrier, un infirmier, un calendrier
-age	le chômage, le fromage, un message, un arrivage, un stage, le partage, le décalage, le freinage
-an	un bilan, un an, un plan, un partisan, un artisan
-as	un matelas, le gras, un pas, un cas, un repas
-at	l'état, un septennat, le partenariat, l'habitat, un syndicat, le bénévolat
-in	un gamin, le destin, le scrutin, un dessin, un voisin, le vin, le déclin
-is	le fouillis, un coulis, un permis, un devis, un acquis, un sursis
-isme	le tourisme, l'impressionisme, le capitalisme, le communisme, le dynamisme, l'automatisme, le pessimisme, l'organisme, le pluralisme, le socialisme, le nationalisme, le snobisme
-ment*	un logement, le «management», le déménagement, le supplément, un complément, un investissement, un remboursement, le testament
-on	un bon de réception, le salon, le talon, le son, le ton, un bon de commande, le patron
-oir	un miroir, un tiroir, le terroir, un soir, un espoir, le pouvoir, un réservoir

> ➤ As you study the following categories, make note of the words you already know from the contexts of banking and computing. Begin a new list of terms having to do with the workplace.

REMARQUE:* Tous les noms qui se terminent en **-ment** sont masculins sauf le mot **jument** *(a mare, a female horse).*

2. les noms d'arbres

un chêne

un oranger

un cèdre

un bouleau

un pin

3. les noms de métaux et de corps chimiques, les noms scientifiques latins des animaux et des plantes

le cuivre

le fer

l'argent

l'or

le cobalt

le soufre

le bronze

l'acier

le felis rubiginosa

le viola canina

4. les noms qui désignent des langues

le français

l'espagnol

le russe

le chinois

l'italien

le japonais

l'allemand

l'arabe

le néerlandais

l'anglais

5. le noms des jours, des mois, des saisons

le lundi (le premier lundi du mois)

le printemps, ce printemps (au printemps)

6. certains noms de professions sont toujours masculins

un professeur

un juge

un ingénieur

un médecin

un ministre

un architecte

un maire

un député

un sénateur

un plombier

un écrivain

➤ Mais on dit en automne, en hiver et en été.

DD. Récapitulons. Après avoir étudié les règles générales précédentes ainsi que celles de la page 41 et après avoir révisé votre vocabulaire des Modules I et II, complétez les phrases suivantes avec la forme de l'article indéfini (un, une ou des) qui convient.

1. _____ carnet de chèques s'appelle aussi _____ chéquier.

2. On peut ouvrir _____ compte à la banque ou à la Poste en France.

3. Lorsqu'on va à la banque ou au bureau de poste, l'employé(e) à qui on s'adresse est généralement assis(e) derrière _____ guichet.

4. Je vais à la banque quand j'ai _____ opération particulière à y faire.

5. S'ils avaient disposé d' _____ Minitel, ils auraient perdu beaucoup moins de temps.

6. Donne-moi _____ chèque pour que je puisse payer ma caution.

7. Quand _____ certaine somme d'argent est arrivée sur mon compte et que je peux en disposer, on dit que mon compte est crédité.

8. Vincent voulait demander _____ renseignements, c'est-à-dire _____ informations.

9. _____ programme qui sert à composer et formater _____ texte, d' _____ manière générale et qui facilite l'écriture, s'appelle aussi _____ logiciel.

10. Quand je crée _____ document, je me sers d' _____ souris pour déplacer le curseur.

11. Donne-moi _____ disquette. Tu n'es pas prudent, il faut toujours garder au moins _____ double de tous tes documents.

12. Lorsque vous avez _____ gros problème d'ordinateur que vous ne pouvez pas résoudre vous-même, que faites-vous?

13. _____ abonné est _____ personne qui a _____ ligne téléphonique en son nom.

14. _____ site est ce que l'on apelle un *home page* en anglais.

15. Lorsque vous rencontrez _____ collègue dans les couloirs de votre entreprise, de quoi parlez-vous?

---

*E*ncadré supplémentaire

Les adjectifs

Un adjectif est un mot qui est presque toujours variable en français. Il qualifie ou détermine un substantif (un nom). Il s'accorde en genre et en nombre avec le nom ou le pronom qu'il modifie.

L'accord. Pour former le féminin de la plupart des adjectifs, vous ajoutez tout simplement un **e** à la forme masculine. Si l'adjectif se termine déjà par un **e** (sans accent), vous ne changez rien. Ainsi, prenons l'exemple de deux jumeaux *(twins)* comme point de départ.

➤ Circle all adjectives.
M or F?

EE. Des jumeaux. Paul et Françoise sont jumeaux. Très différents physiquement, ils se ressemblent dans tous les autres domaines. Ainsi, si Paul est…, dites que Françoise est… aussi.

1. Si Paul est **optimiste,** Françoise est **optimiste** aussi.

   dynamique

   propre

   réaliste

   aimable

2. Si Paul n'est pas **mince,** Françoise n'est pas **mince** non plus.

   timide

   idéaliste

   stupide

   flexible

3. S'il est grand, elle est _____.

4. S'il est réservé, elle est _____.

5. S'il est poli, elle est _____.

6. S'il est français, elle est _____.

7. S'il est désintéressé, elle est _____.

8. S'il est sympathique, elle est _____.

9. S'il est indispensable, elle est _____.

10. S'il est expérimenté, elle est _____.

L'enveloppe timbrée

C'est fou !

LA POSTE ➤

Dépliant de la Poste.

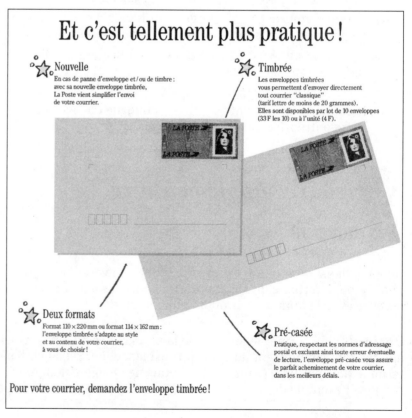

Et c'est tellement plus pratique !

Nouvelle
En cas de panne d'enveloppe et/ou de timbre : avec sa nouvelle enveloppe timbrée, La Poste vient simplifier l'envoi de votre courrier.

Timbrée
Les enveloppes timbrées vous permettent d'envoyer directement tout courrier "classique" (tarif lettre de moins de 20 grammes). Elles sont disponibles par lot de 10 enveloppes (33 F les 10) ou à l'unité (4 F).

Deux formats
Format 110 × 220 mm ou format 114 × 162 mm : l'enveloppe timbrée s'adapte au style et au contenu de votre courrier, à vous de choisir !

Pré-casée
Pratique, respectant les normes d'adressage postal et excluant ainsi toute erreur éventuelle de lecture, l'enveloppe pré-casée vous assure le parfait acheminement de votre courrier, dans les meilleurs délais.

Pour votre courrier, demandez l'enveloppe timbrée !

Au pluriel, qu'est-ce qui se passe?. Dans la plupart des cas, on ajoute tout simplement un **s** pour former le pluriel d'un adjectif masculin quand il ne se termine pas par un **s** ou un **x;** et pour la forme féminine, on ajoute un **e** et ensuite un **s:**

> Ils ont acheté des bureaux. Ils sont jolis.

> Ils ont acheté des fleurs. Elles sont jolies.

Outre les ressemblances entre Françoise et son frère, Françoise ressemble énormément à sa meilleure amie aussi. Ainsi, on dirait que Françoise est loyale et que son amie est loyale aussi...

> Elles sont toutes les deux loyales.

> Elles sont toutes les deux amicales.

> Elles sont toutes les deux jolies.

> Elles sont toutes les deux françaises.

> Elles sont toutes les deux désintéressées.

> Elles sont toutes les deux prudentes.

Cependant, en général, les adjectifs en **-al** forment leur pluriel en **-aux** à la forme masculine.

> ➤ Mais, attention aux adjectifs suivants: banals, fatals, finals, natals.

FF. Au pluriel. Mettez rapidement les adjectifs en question au pluriel.

1. Marc est loyal. Marianne et Olivier sont _____ .

2. Elle doit passer un examen final. Nous devons passer des examens _____ .

3. C'est un détail trivial. Ce sont des détails _____ .

4. C'est une question banale. Ce sont des questions _____ .

5. C'est un cas médical. Ce sont des cas _____ .

6. C'est un traitement royal. Ce sont des traitements _____ .

7. C'est un raisonnement extrêmement radical. Ce sont des raisonnements extrêmement _____ .

GG. Récapitulons. Après avoir étudié les règles générales qui précèdent, complétez les phrases suivantes par la forme de l'adjectif qui convient.

1. Ce genre de placement ne donne pas beaucoup d'avantages _____ (fiscal).

2. Toutes les grandes banques _____ (commercial) sont situées au centre ville.

3. Ce sont des logiciels vraiment _____ (convivial: *user-friendly*).

4. Le Minitel est basé sur des principes de base qui sont vraiment _____ (génial).

5. Ces deux employées ont des qualifications _____ (égal), mais pour le poste de réceptionniste, je préfère Mlle Bernard. Je crois qu'elle est plus accueillante avec les clients.

6. Ce sont maintenant des produits _____ (commercial).

7. Tous les engins _____ (spatial) fascinent les enfants parce qu'ils incarnent le mystère et l'inconnu.

8. La plupart des ordinateurs ne sont plus analogues. Ils sont _____ (digital).

9. Les décisions _____ (final) seront prises par le responsable de l'agence après la réunion.

10. Ce sont des métiers _____ (artisanal), c'est-à-dire qui ont affaire avec le travail manuel.

➤ Scan the brochure from the **Crédit Agricole** to find all adjectives in -al.

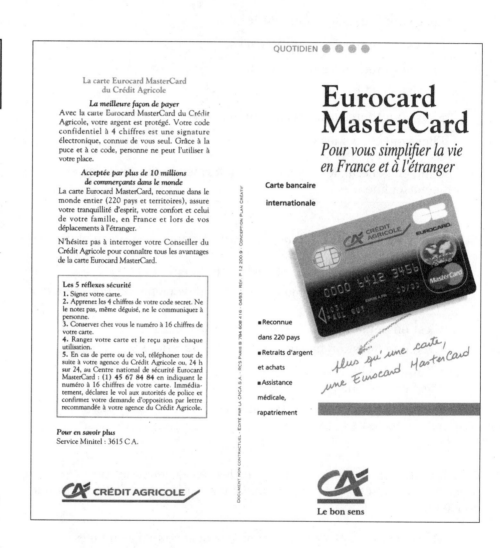

QUOTIDIEN ● ● ● ●

La carte Eurocard MasterCard
du Crédit Agricole

La meilleure façon de payer
Avec la carte Eurocard MasterCard du Crédit Agricole, votre argent est protégé. Votre code confidentiel à 4 chiffres est une signature électronique, connue de vous seul. Grâce à la puce et à ce code, personne ne peut l'utiliser à votre place.

Acceptée par plus de 10 millions de commerçants dans le monde
La carte Eurocard MasterCard, reconnue dans le monde entier (220 pays et territoires), assure votre tranquillité d'esprit, votre confort et celui de votre famille, en France et lors de vos déplacements à l'étranger.

N'hésitez pas à interroger votre Conseiller du Crédit Agricole pour connaître tous les avantages de la carte Eurocard MasterCard.

Les 5 réflexes sécurité
1. Signez votre carte.
2. Apprenez les 4 chiffres de votre code secret. Ne le notez pas, même déguisé, ne le communiquez à personne.
3. Conservez chez vous le numéro à 16 chiffres de votre carte.
4. Rangez votre carte et le reçu après chaque utilisation.
5. En cas de perte ou de vol, téléphonez tout de suite à votre agence du Crédit Agricole ou, 24 h sur 24, au Centre national de sécurité Eurocard MasterCard : (1) 45 67 84 84 en indiquant le numéro à 16 chiffres de votre carte. Immédiatement, déclarez le vol aux autorités de police et confirmez votre demande d'opposition par lettre recommandée à votre agence du Crédit Agricole.

Pour en savoir plus
Service Minitel : 3615 C A.

CA CRÉDIT AGRICOLE ✓

Eurocard
MasterCard

Pour vous simplifier la vie en France et à l'étranger

Carte bancaire

internationale

■ Reconnue dans 220 pays

■ Retraits d'argent et achats

■ Assistance médicale, rapatriement

plus qu'une carte, une Eurocard MasterCard

CA

Le bon sens

Dépliant du Crédit Agricole.

Exercices de synthèse

HH. A vos plumes! Après avoir révisé les dialogues, lectures et points de repère du *Module II* dans votre manuel, ainsi que les points grammaticaux, les encadrés et les aperçus, écrivez un paragraphe sur au moins un des sujets suivants. Utilisez les expressions indiquées comme point de départ.

1. Dans le dialogue intitulé,...* il s'agit de...
2. Le texte,...* que nous avons lu parlait de...
3. D'après la section,...* des points de repère...

_____
_____
_____
_____
_____
_____
_____

➤ Writing these paragraphs will help you synthesize what you've learned. Have fun showing what you know how to express about computers at home and in the workplace.

➤ *Insérez le titre du dialogue que vous aurez choisi. (1)

➤ *Insérez le titre de la lecture que vous aurez choisie. (2)

➤ *Insérez le titre (les entreprises françaises, les chiffres parlent, etc.) de la section que vous allez commenter. (3)

*E*change

II. La prise de notes. Après voir écouté la section *Echange* du *Module II*, réécoutez-la et notez les mots qui vous paraissent les plus importants.

Verbes	Noms	Adjectifs, adverbes ou autres expressions
_____	_____	_____
_____	_____	_____
_____	_____	_____
_____	_____	_____
_____	_____	_____
_____	_____	_____

JJ. Synthèse. Après avoir consulté la liste des mots-clés qui précède, écrivez un résumé de ce que vous avez entendu, en une phrase ou deux.

_____
_____
_____
_____

Dans le Module III du Guide d'étude, nous allons surtout cibler le passé: l'imparfait, le passé composé et le plus-que-parfait.

Demandes et offres d'emploi

Dans ce module du Guide d'étude nous allons étudier le passé, réviser quelques verbes irréguliers au présent sous forme d'encadrés et faire la traduction de plusieurs mots des aperçus—le tout dans le contexte de l'emploi.

➤ Module III of your HSG emphasizes the use of the past tenses. After careful work on the sound /y/, you'll do a general review of regular and irregular verbs within the contexts of money, computing, and the workplace. You'll then complete verb frames and flashes for several specific irregular verbs, and look briefly at certain nouns and adjectives.

Photos et descriptions

A. Pré-écoute. Avant d'écouter votre cassette, faites les exercices suivants.

1. Regardez les photos de la page 85. Qu'est-ce que vous voyez?

_____

_____

_____

_____

_____

_____

2. Qu'est-ce que les photos suggèrent comme actions ou comme états?

_____

_____

_____

_____

_____

_____

_____

▲ M. GUILLON arrive à l'ANPE.

HORAIRES

ANPE
BRETAGNE

Votre Agence locale vous accueille

Lundi
Mardi
Mercredi   8h15 - 12h00
Vendredi   13h00 - 17h00

Jeudi   8h15 - 12h15

CAISSE FERMEÉ

▲ Une caissière dans un hypermarché.

▲ Les heures d'ouverture de l'ANPE de Lorient.

B. Compréhension orale/aurale. Ecoutez le premier segment du Module III sur votre cassette audio, deux ou trois fois, afin de pouvoir encercler les mots ou expressions que vous reconnaissez.

Photo numéro 1

Verbes	Noms	Adjectifs ou autres expressions
entrer	l'Agence Nationale Pour l'Emploi	goudronné(e)
arriver	la porte	gris(s)
ouvrir	le trottoir	bleu(e)
tirer	les fenêtres *(f)*	blanc/blanche
pousser	des pavés *(m)*	moderne
se refléter	un parapet	
se renseigner	les vitres *(f)*	
faire	la rue	
	une plaque	
	une enseigne	
	un sigle	
	un acronyme	
	les ombres *(f)*	

Quelle est la forme de chaque verbe mentionné dans le commentaire?

➤ Write out as in a dictation any verb forms you hear in the descriptions.

Photo numéro 2

Verbes	Noms	Adjectifs ou autres expressions
accueillir	un reflet	affiché(e)
préciser	les jours de la semaine	imprimé(e)
ouvrir	le week-end	en toutes lettres
fermer	les heures *(f)* de fermeture *(f)*	en abrégé
	les heures *(f)* d'ouverture *(f)*	breton(ne)
	les horaires *(m)*	local(e)
	le matin	(être) ouvert(e)
	l'après-midi *(m)*	(être) fermé(e)
	une accolade	

Quelle est la forme de chaque verbe mentionné dans le commentaire?

Photo numéro 3

Verbes	Noms	Adjectifs ou autres expressions
bouger son rouleau	les clients *(m)*	jeune
vérifier le prix	un(e) employé(e)	brun(e)
emballer	un caissier/une caissière	concentré(e)
travailler	un tee-shirt	occupé(e)
ramasser	une vente	
avoir les cheveux longs	un étalage	
avoir une frange	un présentoir	
chercher	la caisse	
	des marchandises *(f)*	

Quelle est la forme de chaque verbe mentionné dans le commentaire?

C. A vos plumes! En vous basant sur ce que vous avez observé et entendu, écrivez un paragraphe de 50 mots sur une des photos qui précèdent.

1. Formulez une phrase d'introduction ou d'ouverture.
2. Consultez les notes que vous avez prises pour développer vos idées.
3. Ecrivez une phrase imaginative en guise de conclusion.

Sur la photo N°...

_____

_____

_____

_____

_____

_____

_____

_____

_____

_____

_____

_____

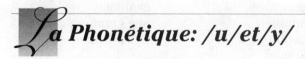

La Phonétique: /u/et/y/

Dans cette section, nous allons distinguer entre deux sons arrondis en français.

Le son /u/

D. Concentrez-vous sur le son /u/. En écoutant votre cassette sur la phonétique, encerclez les lettres qui indiquent le son /u/.

nous	un boulot	couper	un journal
vous	un loup	un jouet	une cartouche
sous	souvent	un mouvement	un bouton
tout, tous	pousser	un fournisseur	le coût
beaucoup	nouveau	un groupe	ouvrir
ouvert	un outil	un coup	la souris
mou	un bout	un pourcentage	le disque souple
jaloux	douter	une touche	
pourvoir	rigoureux	le courrier	
courageux	le cou	un jour	

> ➤ This sound is exactly the equivalent of the **oo** in the English word *moo.*

Le son /u/ est une voyelle presque fermée. Pour former ce son, arrondissez les lèvres, reculez la langue très en arrière tout en mettant la pointe de la langue en bas et gardez la bouche un peu ouverte.

Maintenant, écoutez ce segment sur votre cassette et répétez les termes qui précèdent.

E. Quelques phrases! Lisez les phrases suivantes à haute voix. La combinaison de lettres «**ou**» donne le son /u/ en français. Maintenant, imitez la voix enregistrée sur votre cassette.

- Je me suis abonnée à un nouveau journal.
- Est-ce que Jean-Loup est allé voir s'il y a du courrier?
- J'ai commandé une nouvelle cartouche pour mon imprimante laser. Ça coûte beaucoup moins cher de l'acheter par correspondance et c'est plus simple: il suffit de remplir un bon de commande sur Minitel et quelques jours après, on reçoit un paquet par la Poste.
- Faites comme vous voulez, de toutes façons, vous pourrez changer ce que vous voudrez.

Le son /y/

F. Concentrez-vous sur le son /y/. En écoutant la phonétique sur votre cassette encerclez les lettres qui indiquent le son /y/.

> ➤ This sound is also rounded, but the jaw is held in a tighter position.

du	dur	**avoir** se prononce
dû	tendu	/y/. C'est une
su	calculer	exception
tu	une brochure	phonétique.)
lu	un bureau	allumer
plusieurs	perdu	évaluer
la fusion	annuler	une communication
un fusible	la diffusion	une attitude
une étude	annuel	annuler
exécuté	immuable	exclusivement
continu	suffisamment	le but
immuable	discuter	une candidature
la diffusion	un chef de bureau	une lettre de
diminuer	une puce	motivation
rémunérer	numéroter	manuscrite
un curriculum (pas la	eu (le participe	absolument
dernière voyelle)	passé du verbe	

Le son /y/ est une voyelle presque fermée. Pour former ce son, arrondissez un peu les lèvres, poussez la langue très en avant sur la pointe des dents du bas, et gardez la bouche un peu ouverte. Les bords de la langue doivent être bien relevés. Cette voyelle est une combinaison du son /i/et/u/, c'est-à dire que c'est une voyelle fermée mais avec les lèvres poussées en avant et arrondies en même temps.

Commencez par répéter: /i/ /u/ /i/ /u/ /i/ /u/ /i/ /u/ /i/ /u/ /i/ /u/ /i/ /u/ /i/ /u/ /i/ /u/ /i/ /u/ /i/ /u/ /i/ /u/ /i/.

Maintenant répétez les termes de la liste précédente à voix haute.

G. Quelques phrases! Lisez les phrases suivantes à haute voix. La lettre **u** donne le son /y/ en français. Maintenant, imitez la voix enregistrée sur votre cassette.

- J'ai téléphoné à l'agence pour leur demander de m'envoyer une brochure.
- Les résultats de cette étude de marché ont dû vous étonner. Avez-vous vu les calculs et les graphiques qui montrent la diminution des revenus venant exclusivement des distributeurs automatiques?
- Est-ce que tu as lu l'article du **Point** sur la fusion des deux géants de la publicité?
- L'entretien d'embauche constitue une étape importante dans le processus de recrutement.

> **REMARQUE:** Quand la voyelle **u** est prononcée, elle donne le son /y/ en français sauf quand elle est nasalisée.

Maintenant, écoutez la voix enregistrée sur votre cassette et imitez-la.

H. Distinction entre les deux sons / u / et / y /. Imitez la prononciation donnée par la voix sur votre cassette.

vous	vu
tout	tu
pour	pur
bout	bu
nous	nu
doux	du
roue	rue
joue	jus
sous	su
sourd	sur

I. Quelques phrases! En lisant les phrases suivantes, faites l'effort de bien articuler pour distinguer /u/ de /y/. Maintenant, imitez la voix sur votre cassette.

- Vous avez tout vu?
- Nous avons trouvé du travail.
- Tu as bu tout le jus de pamplemousse.
- Surtout, ne fumez pas dans la cour.
- Il a toujours su qu'elle habitait au douze de la rue Gustave Courbet avant de déménager au cent douze de la rue Durouchoux.
- Tu as couru sous la pluie pour nous annoncer la bonne nouvelle.
- Nous avons perdu un rapport que nous avions écrit parce que l'ordinateur ne pouvait plus lire notre disque souple et que nous n'avions pas de double.
- Voulez-vous distribuer le courrier?
- Nous avons été pris au dépourvu.

Points grammaticaux:

les verbes

➤ In this section of your *HSG*, we are going to study the three main past tenses in French.

Verbes réguliers et irréguliers au passé. Le **passé** indique que le fait dont on parle a eu lieu avant le moment de la parole.

- Hier, **nous avons ouvert** un compte.
- La semaine dernière, **il a eu** quelques problèmes d'ordinateur.
- Il y a trois ans, **elle a dû** chercher un emploi.
- Autrefois, **on choisissait** l'entreprise dans laquelle **on voulait** travailler.
- **Vous avez été** formidable pendant l'entretien!
- **Nous avions** déjà **téléphoné** plusieurs fois avant d'y aller.

L'IMPARFAIT

➤ Translate these sentences with your study partner, making note of specific adverbial expressions associated with a given tense.

L'imparfait exprime un fait qui était **en train de se passer** (mais n'était pas encore achevé) au moment du passé auquel la personne qui parle se reporte; le plus souvent, ce fait était en train de se dérouler au moment où un autre fait s'est produit. En anglais, l'imparfait se traduit par le passé progressif (*was/were + -ing form of verb*):

- **Elle retirait** de l'argent au guichet quand l'alarme a sonné.
- **Nous saisissions** un texte lorsqu'il y a eu une coupure de courant. Heureusement, nous **travaillions** sur portable et nos batteries étaient chargées.

L'imparfait exprime aussi **l'habitude.** Ceci se traduit par *used to* ou *would (in a past sense)* en anglais.

- Tous les vendredis, **il vérifiait** le solde de son compte par Minitel.
- Tous les mois, le 3, **toutes nos factures étaient** automatiquement **réglées** par ordinateur à la banque.
- Le lundi, **nous commencions** toujours par répondre au courrier et aux nombreux messages téléphoniques.
- **Je travaillais** régulièrement sur ordinateur.

LE PASSE COMPOSE

➤ This tense refers to a main event completed in the past or an action or state finished within a specified time or block of time in the past. There are often three different translations of this tense possible in English.

Le passé composé, par contre, exprime **un fait passé relativement au moment présent.**

- **On a constaté** que le compte a rapporté 4,5% l'année dernière, soit plus que le taux d'inflation.
- **Vous avez sauvegardé** votre fichier avant d'éteindre votre ordinateur.
- **Il a répondu** au téléphone et a expliqué comment le client pouvait augmenter ses économies tout en conservant la disponibilité de son argent.
- **Elle a transféré** 200 F sur son compte.

LE PLUS-QUE-PARFAIT

Le plus-que-parfait exprime **un fait passé relativement à un moment du passé.** Ceci se traduit par *had* + le participe passé en anglais.

- Quand la directrice est arrivée, **nous avions** déjà **consulté** les dossiers.
- Vous avez lu le contrat que **la banque avait rédigé.**
- **Elles avaient effectué** leurs versements avant de recevoir la lettre de la banque.
- **Elle avait** déjà **éteint** l'ordinateur quand nous sommes arrivés

➤ The **passé composé** in the last sentence on p. 90 could be translated into English as: She transferred, has transferred, or did transfer 200 F into her account.

➤ We had already consulted, the bank had drafted, they had made, she had turned off.

Activités générales

En vous inspirant de ce que vous avez déjà étudié sur les sujets en question, complétez les phrases suivantes en utilisant les verbes indiqués entre parenthèses. S'il y a un radical irrégulier ou un participe passé que vous ne connaissez pas, essayez de le deviner. N'oubliez pas de vérifier vos réponses à la fin du module.

J. La banque

IMPARFAIT

Nous sommes maintenant en l'an 2026. Expliquez ce qu'était une carte Mozaïc autrefois et ce qu'on pouvait faire avec.

1. Tu _____ (pouvoir) faire toutes les opérations que tu _____ (vouloir) sans passer par le guichet.
2. Cependant, tu _____ (devoir) la payer 100 F.
3. Combien _____ (valoir) elle?
4. Cette carte te _____ (permettre) de retirer de l'argent liquide.
5. Lorsque tu _____ (demander) ton solde, la machine te _____ (communiquer) les six dernières opérations qui avaient été effectuées.
6. Puisque tu ne _____ (aller) pas au guichet, tu _____ (économiser) beaucoup de temps.
7. Toutes les banques _____ (proposer) un service similaire.

➤ As a quick review of banking and money, computing and computer science, complete Ex. J–M. Verify your answers to see if you have any trouble spots to work on.

➤ Keep thinking of the English equivalent "used to" while completing this exercise.

➤ Note the use of the **plus-que-parfait** here: *which had been made.*

PASSE COMPOSE

Qu'avez-vous fait pour ouvrir votre premier compte en banque?

1. J'_____ (devoir) fournir un certificat de domicile. Ils m'_____ (expliquer) qu'il fallait seulement une quittance de loyer ou une facture d'EDF ou de GDF.
2. J'_____ (montrer) ma carte d'identité.
3. On m'_____ (demander) de verser un minimum d'argent.

➤ Imagine a young French woman telling what she had to do to open her first bank account.

4. J'_____ (répondre) à des questions pour qu'ils puissent remplir leurs formulaires.

5. J'_____ (choisir) le type de chéquier que je désirais.

6. Ils m'_____ (proposer) d'avoir une carte bancaire.

7. J'_____ (prendre) la décision de ne pas en prendre une.

8. J'_____ (remercier) l'employé de banque et je lui _____ (dire) «au revoir et bonne journée».

PLUS-QUE-PARFAIT

Et par rapport à un événement déjà au passé...

1. J'_____ déjà _____ (ouvrir) mon compte avant la fin de mes études.

2. Ils_____ (vouloir) établir un Plan Epargne Logement avant d'acheter leur nouvelle maison.

3. Nous_____ (utiliser) les guichets automatiques de notre banque mille fois avant le vol maudit.

4. Tu n'_____ jamais _____ (avoir) de Carte Bleue avant?

5. Elle_____ (retirer) tout son argent de la banque avant de fermer son compte courant et l'_____ (faire) transférer sur un compte-épargne.

K. L'ordinateur

IMPARFAIT

1. J'_____ (avoir) beaucoup de travail à faire hier soir.

2. Ce rapport _____ (être) vraiment très long à lire et à résumer.

3. Sans leur ordinateur, ils _____ (être) perdus.

4. Le professeur d'informatique de l'année dernière _____ (être) vraiment sympa.

PASSE COMPOSE

1. Comme j'avais un rapport de stage à rendre, je me _____ (se servir) de mon ordinateur.

2. Je l'_____ (allumer) grâce au bouton en haut à droite sur le clavier.

3. Avec ma souris, j'_____ (cliquer) sur le fichier «rapport» et puis sur le document «stage 96».

4. J'_____ (choisir) le traitement de texte *Word* car je le trouvais performant.

5. Sur l'écran, le titre _____ (apparaître) car je l'avais déjà tapé la dernière fois.

6. J'_____ (commencer) à taper l'introduction et la première partie.

> ➤ Après avoir corrigé vos réponses, relisez les phrases précédentes à haute voix comme s'il s'agissait d'un paragraphe.

> ➤ Keep the word "had" + past participle in mind for each of these examples.

> ➤ Keep in mind that each of these sentences entails a description.

> ➤ Notice how each of the blanks indicates a completed block in time or an answer to the question "And then what happened?"

7. Ensuite pour agrandir le titre de mon rapport, j'_____ (définir) une zone avec ma souris et j'_____ (changer) les points des caractères.

8. J'_____ (taper) la deuxième partie et la conclusion et j'_____ (vérifier) l'orthographe grâce au menu «outils» et à l'option «orthographe».

9. Pour que ce soit clair, je _____ (se décider) à mettre quelques mots en gras et en italique. Pour cela, j'_____ (sélectionner) les mots les plus importants.

10. Ensuite j'_____ (imprimer) mon mémoire sur mon imprimante laser toute neuve.

11. Comme les marges étaient trop petites, je _____ (aller) dans le menu «édition» et dans l'option «marge» et j'_____ (sélectionner) des marges supérieures et _____ (essayer) plusieurs possibilités.

12. J'_____ (réimprimer) mon mémoire et cette fois-ci, il était parfait!

PLUS-QUE-PARFAIT

1. Je n'_____ jamais _____ (réussir) à utiliser correctement mon tableur avant que tu me montres comment m'en servir et me permettes de pratiquer devant toi.

2. Comme il _____ (comprendre) avant tous les autres élèves comment fonctionnait le nouveau logiciel, il a dû le leur expliquer durant la classe.

3. Parce que j'étais sortie le soir précédent, je n'_____ pas _____ (pouvoir) arriver à l'heure au cours d'informatique le matin suivant.

> ➤ **J'étais sortie** is also in the **plus-que-parfait.**

> ➤ Now let's review some of the terminology associated with timeless tellers while targeting the three most common tenses associated with the past.

L. Le distributeur automatique de billets

IMPARFAIT

1. Il y _____ (avoir) beaucoup de gens qui _____ (faire) déjà la queue quand je suis arrivée devant le distributeur.

2. Le distributeur n'_____ (avoir) plus de billets quand j'y suis allée samedi soir.

3. Nous _____ (aller) chercher de l'argent au distributeur lorsque nous nous sommes rencontrés.

4. La banque _____ (installer) une nouvelle machine quand je suis passée devant en voiture.

PASSE COMPOSE

1. Comme je n'avais plus d'argent liquide et que je devais payer le restaurant, je _____ (aller) au distributeur du quartier pour retirer de l'argent.

2. Mais il y avait du monde au distributeur, alors
   j'_____ (faire) la queue.

3. J'_____ (mettre) ma carte bancaire dans
   la fente.

4. J'_____ (composer) mon code secret à
   quatre chiffres et j'_____ (appuyer) sur la
   touche «validation».

5. J'_____ (choisir) la somme d'argent que je
   désirais et j'_____ (avoir) le choix entre
   100, 200, 300, 500 et 600 francs.

6. J'_____ (préférer) ne prendre que
   300 francs.

7. Le distributeur m'_____ (demander) si je
   voulais un ticket.

8. J'_____ (appuyer) sur la touche «oui»
   pour en obtenir un.

9. Le distributeur m'_____ (indiquer)
   ensuite de retirer la carte de la fente et d'attendre les billets.

10. Donc, j'_____ (retirer) ma carte, et
    j'_____ (prendre) mes billets.

11. Avant que le distributeur ne me donne les billets, il
    _____ (imprimer) le ticket.

12. Toute cette opération n'_____ (durer) que
    deux minutes!

> ➤ Après avoir corrigé vos réponses, écrivez un paragraphe à la deuxième personne du pluriel (vous) en adaptant les phrases qui précèdent.

PLUS-QUE-PARFAIT

1. Nous n'_____ jamais _____ (voir) autant de monde
   devant le distributeur que ce soir là!

2. Parce qu'elle _____ (perdre) sa carte
   bancaire, elle a dû faire une déclaration de perte auprès de sa
   banque.

Pour déclencher le mécanisme
d'ouverture d'une porte qui permet
d'avoir accès à un D.A.B., il faut
glisser sa carte dans la fente.

3. J'ai fait la connaissance de Marie hier devant le distributeur, mais je l'_____ déjà _____ (voir) avant au café.

M. Verbes à l'indicatif, à l'interrogatif, à l'impératif et au subjonctif: révision générale sur l'argent, les finances et l'informatique.

➤ After checking your answers, try translating each of these sentences with your study partner.

1. Quand Sabine _____ (commencer: futur) à travailler, elle _____ (demander: futur) un chéquier.

2. En général, les clients _____ (utiliser: présent) le Minitel pour avoir accès à leur compte.

3. Est-ce que tu _____ (comprendre: présent) comment les virements automatiques _____ (fonctionner: présent)?

4. Hier, Madame Bruneau _____ (apprendre: passé composé) comment se servir d'un nouveau traitement de texte.

5. Après avoir lu les brochures, _____ (choisir: impératif) le type de service qui vous convient.

6. Quand elle _____ (être) jeune, à la fin du mois, elle _____ (passer: imparfait) à la banque pour déposer son salaire. Maintenant, son entreprise _____ (virer: présent) automatiquement son salaire sur son compte.

7. Nous _____ (faire: futur) nos comptes demain soir.

8. Comme vous _____ (être: présent) un bon client, la banque consent à vous prêter de l'argent.

9. Il faut absolument qu'elle _____ (aller: subjonctif) à la conférence multimédia pour voir ce qui _____ (être: présent) nouveau dans le domaine de la télévision interactive.

10. Si tu _____ (aller: présent) au Crédit Lyonnais, tu _____ (avoir: futur) le choix entre la carte de retrait lion 7/7 ou bien la Carte Bleue Visa.

11. Est-ce que vous _____ (faire: passé composé) un virement sur mon compte vendredi dernier, comme convenu?

12. _____ (aller: impératif) à la Poste et _____ (faire: impératif) une demande de procuration; comme cela, vous _____ (pouvoir: futur) utiliser le compte de Martine.

13. On _____ (avoir: imparfait) un compte-joint à la B.N.P.

14. Nous _____ (faire: imparfait) régulièrement appel à notre comptable.

*A*ctivités générales

Révision des verbes réguliers et irréguliers dans les contextes du monde du travail et des entreprises françaises.

➤ In Ex. N–P, you will be looking at the subjects of the workplace and finding a job from several different points of view.

➤ Quiz your study partner on why the **imparfait** is used in each of these examples.

N. La journée d'une secrétaire

IMPARFAIT

1. Elle _____ (venir) au bureau très tôt le matin mais elle ne le fait plus.

2. Elle _____ (être) la secrétaire personnelle du directeur et _____ (avoir) donc un poste de secrétaire de direction.

3. Elle _____ (savoir) tout ce qui _____ (concerner) l'organisation de l'entreprise et _____ (rester) en contact direct avec les filiales.

4. Elle _____ (pouvoir) aussi donner des directives aux autres personnes travaillant avec elle.

5. Elle _____ (trouver) son travail passionnant.

6. Elle ne se _____ (servir) que de son ordinateur, du fax et de la photocopieuse.

7. Elle _____ (être) indispensable à l'entreprise car elle _____ (connaître) le fonctionnement de tous les services.

8. De plus elle _____ (être) trilingue.

Une employée d'un cabinet immobilier parle au téléphone.

➤ After having completed this exercise and corrected your answers, read a sentence aloud to your study partner. Then ask the question: **Et puis, qu'est-ce qui est arrivé?** (And then what happened?). Feel free to be very demanding using the statement **Même avant ça!** (Even before that!)

PASSE COMPOSE

1. La secrétaire _____ (arriver) à neuf heures ce matin et elle s'_____ (asseoir) à son bureau.

2. Elle _____ (allumer) son ordinateur et elle _____ (commencer) par taper une note de service. Ensuite, elle en _____ (faire) cent copies.

3. Elle _____ (regarder) l'agenda de son patron pour se rappeler les rendez-vous du jour et elle _____ (répondre) à quelques coups de téléphone.

4. Un employé de bureau lui _____ (apporter) un rapport qu'elle _____ (lire) et elle en _____ (faire) une synthèse pour la réunion de quinze heures.

5. Son patron _____ (venir) à neuf heures et demie et lui _____ (demander) de passer dans son bureau.

6. Il lui _____ (dicter) une lettre et lui _____ (dire) d'en envoyer une copie à tous ses associés.

7. Puis, elle lui _____ (rappeler) ses rendez-vous et elle lui _____ (amener) les dossiers qu'il devait traiter.

8. Elle _____ (mettre) à jour quelques bilans sur son ordinateur et elle les _____ (traduire) en allemand.

9. Elle _____ (partir) déjeuner à midi et elle _____ (revenir) à une heure.

10. Elle _____ (passer) le début de l'après-midi à lire les rapports des filiales pour pouvoir les présenter rapidement à la réunion.

11. Elle _____ (assister) à la réunion où elle _____ également _____ (prendre) des notes.

12. Ensuite, elle _____ (retranscrire) ses notes sur ordinateur et elle les _____ (apporter) à son directeur.

13. Elle _____ (terminer) sa journée en rangeant tous les papiers qui traînaient et elle _____ (fermer) le bureau.

PLUS-QUE-PARFAIT

1. Elle _____ tout de suite _____ (comprendre) comment fonctionnait notre entreprise.

2. Elle _____ (trouver) cet emploi il y a cinq ans.

3. Elle _____ (pouvoir) traduire tous les documents commerciaux en anglais et en allemand en deux heures.

4. Cette secrétaire _____ (faire) une école de secrétariat privée.

5. Elle nous _____ (aider) à recruter d'autres secrétaires.

6. Elle _____ toujours _____ (avoir) de bons directeurs.

7. Nous n'_____ jamais _____ (avoir) de secrétaire aussi compétente.

O. Le matériel de bureau

IMPARFAIT

1. Autrefois, les secrétaires _____ (avoir) une machine à écrire sur leur bureau. Maintenant, elles ont également un ordinateur.

2. Sur le bureau de la secrétaire, il y _____ (avoir) aussi un téléphone, une agrafeuse, des stylos et un calendrier.

3. On _____ (pouvoir) trouver dans ses tiroirs un bloc-note, des trombones et du ruban adhésif (du scotch).

4. Elle _____ (ranger) toujours ses dossiers dans des classeurs.

5. La secrétaire _____ (trier) le courrier du jour et le _____ (mettre) sur le bureau de son directeur.

6. Elle _____ (pouvoir) également mettre dans ses tiroirs le papier à en-tête de l'entreprise, des enveloppes et des timbres.

7. Elle _____ (préférer) avoir le fax et la photocopieuse sur un bureau juste à côté du sien.

8. La secrétaire _____ (placer) toujours son agenda ouvert en face d'elle.

La réceptionniste d'un cabinet immobilier photocopie un document.

Une secrétaire pèse une lettre avant de la timbrer et de l'envoyer.

La réception d'une télécopie.

PASSE COMPOSE

1. Ce matin, la secrétaire _____ (ranger) le nouveau bilan comptable dans le tiroir du milieu du classeur.

2. Il y _____ (avoir) pendant longtemps un dictionnaire sur l'étagère.

3. Elle _____ (mettre) son téléphone à sa droite, à côté de son ordinateur.

4. Il _____ (déposer) tout le courrier interne dans un casier.

5. Il _____ (recevoir) un nouveau poste téléphonique hier.

6. Elles n'_____ pas _____ (pouvoir) mettre tous les dossiers dans les classeurs, alors elles les _____ (empiler) sur les coins de leur bureau.

7. Hier, la secrétaire _____ (commander) des agrafeuses, des taille-crayons et des stylos à encre et à bille.

PLUS-QUE-PARFAIT

1. Elle _____ (oublier) de ranger ses dossiers avant de partir hier soir.

2. La nouvelle secrétaire _____ pas _____ (savoir) où ranger le papier à en-tête de l'entreprise.

3. Les secrétaires _____ (mettre) leurs dossiers sur le bureau de la secrétaire de direction.

4. Comme elle _____ (utiliser) tous ses trombones, elle est allée en chercher dans le bureau d'à côté.

5. Elle _____ (se procurer) un fax plus moderne quand je suis revenue de vacances.

6. Le secrétaire personnel du directeur _____ (devoir) rester après la réunion du comité de direction pour taper le compte-rendu.

7. Elle _____ toujours _____ (vouloir) avoir un taille-crayon automatique.

P. Chercher et trouver un emploi

IMPARFAIT

1. Il _____ (falloir) tout d'abord que je rédige un curriculum vitae sur ordinateur ou que je le tape sur machine à écrire.

2. Je _____ (devoir) aussi rédiger des lettres de motivation manuscrites pour accompagner mes CV.

3. J'_____ (aller) à l'ANPE où je _____ (vouloir) vérifier les adresses des entreprises de ma région quand j'ai rencontré notre directrice de stage de réinsertion professionnelle.

4. Je _____ (recevoir) surtout des réponses négatives de la part des entreprises.

5. Nous _____ (lire) toujours toutes les annonces dans les journaux.

6. Elle _____ (savoir) que la meilleure façon de trouver un emploi, c'_____ (être) de décrocher un stage dans une entreprise.

7. Je _____ (contacter) toutes les relations de mes parents et je leur _____ (demander) s'ils _____ (savoir) quelles _____ (être) les entreprises qui _____ (embaucher).

PASSE COMPOSE

1. J'_____ (envoyer) des CV à beaucoup de banques françaises et étrangères.

2. L'année dernière, toutes les grandes entreprises _____ (recevoir) davantage de candidatures spontanées.

3. Je _____ (s'abonner) à la revue de l'APEC, c'est-à-dire l'Agence Pour l'Emploi des Cadres, pour pouvoir consulter les annonces.

4. Il _____ (s'incrire) dans une agence d'intérim le mois dernier parce qu'il ne trouvait pas de travail.

5. J'_____ (recevoir) beaucoup de réponses négatives avant d'obtenir une réponse positive de Bull.

6. L'entreprise Bull m'_____ (proposer) de passer un entretien. Pendant cet entretien, le directeur des Ressources humaines m'_____ (poser) beaucoup de questions sur mes études, mes expériences antérieures et ma personnalité.

7. Le directeur m'_____ (sembler) s'intéresser également à mes activités extra-curriculaires.

8. Il m'_____ (dire) que je recevrais une réponse dans deux semaines.

9. Effectivement deux semaines après, j'_____ (recevoir) une réponse positive et j'_____ (être) embauché comme programmeur informatique.

```
BALEIGE Lucienne
✉ 15 boulevard Maréchal Lyautey
56100 LORIENT

☎ 97 37 25 95

┌─────────────────────────────────────────────┐
│  ⇨  20 ANS D'EXPERIENCE DANS LA VENTE          │
└─────────────────────────────────────────────┘
```

FORMATION

	BEPC Enseignement général
1994	Formation comptabilité et Gestion Entreprise
1995	Formation Bureautique (WORD 2 - EXCEL 4 sous windows)

EXPERIENCE PROFESSIONNELLE

15 ans	**VENTE PAR CORRESPONDANCE**
	☞ *Conseillère téléphone, Opératrice de saisie*
	◆ Accueil client
	◆ Prise et suivi de commande
	◆ Préparation et enregistrement de dossiers crédits
	◆ Vente additionnelle

2 ans, 5 mois	**GRANDE DISTRIBUTION MOBILIER ELECTRO MENAGER**
	☞ *Employée libre service, Caissière*

10 mois	**CONFISERIE**
	☞ *Vendeuse*

1 an	**NOUVELLES GALERIES**
	☞ *Vendeuse rayon jouets*

3 ans	**GRANDE DISTRIBUTION ALIMENTAIRE**
	☞ *Gondolière*
	◆ Accueil et renseignement client vente
	◆ Détermination des besoins
	◆ Inventaire
	◆ Tenue de caisse

QUALITES ➜ Active, efficace, aime prendre des responsabilités.

CENTRE D'INTERET

Littérature russe - Mots croisés - Passion pour les voyages -
Pays visités : Egypte - Thaïlande

---

10. Nous _____ (signer) un contrat à durée
indéfinie le mois d'après.

PLUS-QUE-PARFAIT

1. Après mes études, comme je n'_____ pas _____
(recevoir) de proposition, je me suis inscrite à l'ANPE.

2. Avant de recevoir la proposition d'embauche de Rhône-Poulenc,
je _____ (se renseigner) sur les concours
administratifs.

3. C'est parce que j'_____ (faire) un stage
dans leur entreprise qu'ils m'ont gardée.

4. L'idée de travailler pour un grand groupe industriel
m'_____ toujours _____ (motiver).

5. Si on me l'_____ (proposer), j'aurais été
contente de partir travailler à l'étranger.

6. Nous n'_____ (recevoir) aucune proposition d'emploi par l'intermédiaire de notre école d'ingénieur.

7. Cela aurait été une catastrophe si tu _____ (perdre) ton emploi à cinquante ans.

> ➤ Note the usage of **si** + **plus-que-parfait** with the other clause in the past conditional in examples 5 and 7.

AVIS DE CHANGEMENT DE SITUATION

≈ ≈ ≈ ≈

La déclaration de situation mensuelle ne remplace pas l'avis de changement de situation. Un exemplaire de cet avis vous a été remis lors de votre inscription comme demandeur d'emploi, ou était joint à votre document d'actualisation mensuelle du mois dernier. Si vous n'en disposez plus, demandez le à votre Agence Locale pour l'Emploi.

Cet avis de changement de situation doit toujours être immédiatement transmis à votre ANPE lorsque vous vous trouvez notamment dans l'une des situations suivantes :

♦ reprise d'emploi,
♦ arrêt maladie,
♦ congé maternité,
♦ entrée en formation.

Différents formulaires de l'A.N.P.E.

Mme, Mlle, M. NOM : ....
Prénom : ....

Ce mois-ci, avez-vous travaillé ?
☐ OUI, du .... au ....
Salaires bruts .... francs
Heures travaillées dans le mois ☐☐☐ heures
☐ NON, je n'ai pas travaillé ce mois-ci •

Ce mois-ci, avez-vous été en stage ?
☐ OUI, du .... au ....
☐ NON

Ce mois-ci, vous avez été en arrêt maladie ?
☐ OUI, du .... au ....
☐ NON
Ce mois-ci, avez-vous été en congé maternité ?
☐ OUI, depuis le ....
☐ NON

Percevez-vous une retraite ?
☐ OUI, depuis le ....
☐ NON
Percevez-vous une pension d'invalidité de 2° ou 3° catégorie ?
☐ OUI, depuis le ....
☐ NON

Êtes-vous toujours à la recherche d'un emploi ?
☐ OUI
☐ NON, depuis le → JOUR MOIS ANNÉE ☐☐☐☐☐☐
Pour quel motif ? ☐ Reprise du travail ☐ Retraite
☐ Service national ☐ Autre

En cas de changement indiquez,
votre nouvelle adresse :
rue : ....
....
code postal : ....
ville : ....
nouveau n° de téléphone ....
En cas de changement de nom, indiquez votre
nouveau nom et le motif (mariage, divorce...)

CERTIFIÉ EXACT
Le ....
Signature obligatoire

Détachez soigneusement ce document suivant les pointillés

COMMENT DÉCLARER VOTRE SITUATION MENSUELLE ?

Avec la DÉCLARATION DE SITUATION MENSUELLE ci-contre :
1 Inscrivez votre nom et votre prénom.
2 Répondez **à chaque question** en noircissant ■ les cases correspondant à votre situation et inscrivez les renseignements demandés en respectant les zones prévues.

Exemples : *Si vous avez travaillé :*
● *Noircissez* ■ *la case OUI* .... ■ OUI,
● *Déclarez la ou les périodes d'activité en les groupant (du premier au dernier jour),* ■ OUI, du **010695** au **140695**
● *Indiquez le total des salaires bruts,*
● *Précisez le total des heures travaillées* .... Heures travaillées dans le mois ☐0☐3☐9 heures

Si vous n'êtes plus à la recherche d'un emploi ; ■ NON, depuis le → JOUR MOIS ANNÉE ☐2☐3☐0☐6☐9☐5

3 Datez, signez la carte et retournez-la à la date et à l'adresse indiquées au dos.
Toute carte non signée ne sera pas prise en compte.
Si vous souhaitez préserver la confidentialité des informations figurant sur cette carte, vous pouvez la mettre sous enveloppe, sans la **plier.**

IMPORTANT

1 En l'absence de réponse de votre part vous cessez d'être inscrit comme demandeur d'emploi.
2 L'absence de déclaration d'un travail au cours d'un mois entraîne :
   ● le remboursement de la totalité des allocations perçues,
   ● la réduction d'autant de la durée d'indemnisation,
   ● la non prise en compte de ce travail pour l'ouverture d'une nouvelle période d'indemnisation.
3 Votre déclaration peut être contrôlée à tout moment. Toute fausse déclaration est passible d'une amende de 25 000 F **(articles L 361.2 et L 365.1 du Code du Travail).**
4 Les informations collectées sur ce document sont soumises au droit d'accès et de rectification prévu par la loi n° 78-17 du 6 janvier 1978 relative aux fichiers, à l'informatique et aux libertés.
5 Si au cours du prochain mois, vous n'êtes plus à la recherche d'un emploi, signalez-le immédiatement à votre Agence pour l'Emploi, à l'aide de l'AVIS DE CHANGEMENT DE SITUATION qui vous a été remis lors de votre inscription ou, par tout autre moyen (courrier...).

INFORMATIONS SUR L'AVIS DE PAIEMENT

L'AVIS DE PAIEMENT joint, tient lieu d'attestation de la part de l'ASSEDIC. Vous devez le conserver et le présenter en cas de besoin à des organismes tels que :
   ● Allocations Familiales
   ● Sécurité Sociale
   ● Mutualité Agricole
   ● Aide Sociale

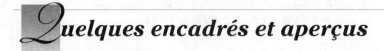
Quelques encadrés et aperçus

Vous venez de réviser plusieurs verbes réguliers et irréguliers au passé (à l'imparfait, au passé composé et au plus-que-parfait) dans les contextes de la banque, de l'informatique, de l'argent et des finances, du monde du travail et des entreprises françaises. Dans cette section, vous allez étudier en détail une quinzaine de verbes irréguliers sous forme d'encadrés et aperçus. Donnez les formes qui manquent et essayez de comprendre le sens de chaque phrase.

ECRIRE

PRESENT: INDICATIF OU INTERROGATIF

J'**écris** dix lettres de demande d'emploi par jour en espérant recevoir plusieurs réponses positives d'ici le mois prochain.

Tu _____ trop mal. La secrétaire ne va jamais pouvoir te taper ça. Je te conseille d'écrire ton CV toi-même directement sur ordinateur.

Arnaud n'_____ jamais à ses anciens employeurs ce qui est peut-être une erreur car ils pourraient sans doute l'aider dans le futur quand il cherchera un emploi.

Est-ce qu'Hélène **écrit** toujours des romans? Si c'est le cas, elle a suffisamment de talent pour devenir écrivain professionnel et vivre de sa plume.

En France, on **écrit** toujours ses lettres de motivation à la main.

Nous **écrivons** à l'ANPE pour qu'elle nous aide à trouver un travail.

Vous _____ avec tellement de facilité que la rédaction d'une lettre de motivation ne vous prend pas plus d'une demi-heure.

En France, les postulants **écrivent** rarement une lettre de remerciement après avoir passé un entretien d'embauche.

Si les sociétés que j'ai contactées ne m'_____ pas, je vais les relancer par téléphone.

Allons un peu plus loin...

PRESENT: IMPERATIF

_____ à l'association des anciens élèves de ton école tout de suite pour leur faire part de ta promotion!

Ecrivons les numéros de téléphone de tous ces Directeurs du personnel dans notre carnet d'adresses pour que nous les retrouvions facilement.

_____ toujours une lettre de motivation à la main. Les employeurs tiennent à examiner votre graphisme.

Il faut absolument que nous _____ les adresses à la machine. Ça fait plus sérieux.

Aperçus

Jetez un coup d'œil sur les aperçus suivants et complétez les traductions. Faites bien attention au passé mais la traduction ciblera quelquefois d'autres parties de la phrase également.

Le futur. Il **écrira** à un chasseur de têtes pour attirer son attention sur son cas.

He _____ to a headhunter in order to draw attention to his case.

L'imparfait. Autrefois, les secrétaires **écrivaient** presque tout à la main, mais aujourd'hui les traitements de texte les aident énormément.

In the old days, secretaries used to _____ almost everything _____ hand, but today word processors help (them) enormously (tremendously).

Le conditionnel. Elles **écriraient** à leur ancien patron si elles pensaient que ça pourrait être utile.

They _____ to their old (former) _____ if they thought that it might help (literally, be useful).

Le passé composé. Il **a écrit** une lettre pour accepter l'offre d'emploi de l'Aérospatiale.

He _____ a letter to accept _____ from (of) Aérospatiale.

Le plus-que-parfait. **Avait**-elle **écrit** à ce laboratoire avant de savoir qu'il cherchait une nouvelle laborantine?

Had she written to that laboratory before she knew that they were _____ for a new lab assistant?

Q. Phrases à recomposer. Après avoir étudié les aperçus qui précèdent, ajoutez les prépositions et autres éléments nécessaires pour former une bonne phrase complète. Concentrez-vous surtout sur le temps et le mode des verbes. Gardez l'ordre des mots qui est proposé. Cherchez des mots-clés (*key words*) qui pourraient vous aider à déterminer le temps ou le mode des verbes.

> **MODELE:** il/écrire/ancien/directrice/si/il croyait/que/cela pourrait l'aider
> *Il écrirait à son ancienne directrice s'il croyait que cela pourrait l'aider.*

1. je/écrire (passé composé)/lettre/pour/accepter/offre d'emploi/société Legrand.

_____

_____

2. ?/écrire (présent)/vous/lettre de motivation/main/ou/machine/?

_____

_____

3. (inversion) il/écrire (plus-que-parfait)/ce/entreprise/avant de savoir/que/elle cherchait/nouveau/chef de département/?

_____

_____

4. il faut absolument que/vous/écrire/adresses/à la machine. Cela/faire/plus/net/plus/professionnel/.

_____

_____

5. !/écrire/l'association des anciens élèves de votre école/tout de suite/pour leur faire part de/promotion!

_____

_____

6. elles/écrire (futur)/chasseur de têtes/pour/attirer son attention sur/cas/.

_____

_____

Quelques exemples de signatures de Français.

VENIR ET TENIR
(DEVENIR, REVENIR, OBTENIR, RETENIR)

PRESENT: INDICATIF OU INTERROGATIF

Je **viens** de passer un entretien pour un stage cet été.

Tu es incroyable, tu **obtiens** toujours le type de poste que tu veux!

Le Directeur des Ressources humaines de l'entreprise à laquelle j'ai écrit **vient** de m'annoncer que ma candidature avait retenu leur attention.

Elle ne _____ jamais aux réunions d'information sur les entreprises et elle a bien tort!

On n'_____ un emploi que lorsqu'on se donne la peine d'en chercher un.

Nous **venons** d'apprendre que tu étais embauché(e) chez Michelin, félicitations!

Vous **obtenez** bien peu de rendez-vous proportionnellement au nombre de candidatures spontanées que vous avez envoyées.

Tous les gens que je connais _____ un emploi par relations (par piston). Je les envie car je ne connais personne qui est haut placé.

Ne **viennent**-elles pas de décrocher toute les deux un emploi à L'Oréal?

Allons un peu plus loin...

PRESENT: IMPERATIF

_____ donc avec moi à la présentation de M. Chambert, tu auras l'occasion de voir les postes qu'ils proposent.

Venons-en au fait: avez-vous votre baccalauréat ou non?

Obtenez les numéros de téléphone des Directeurs du personnel, et les portes des entreprises s'ouvriront.

PRESENT: SUBJONCTIF

Il faut absolument que j'_____ un emploi chez Chanel, car j'ai toujours rêvé de travailler dans cette maison.

Aperçus

Jetez un coup d'œil sur les aperçus suivants et complétez les traductions. Faites bien attention au passé mais la traduction ciblera quelquefois d'autres parties de la phrase également.

Le futur. Le président de Rhône-Poulenc **tiendra** mercredi prochain une conférence sur le recrutement des jeunes cadres dans notre école.

The _____ of Rhône-Poulenc will give a lecture in our school next _____ on the _____ of young middle or high-level managers or directors.

L'imparfait. Il **venait** juste de signer son contrat aux Galeries Lafayette lorsque Mme Vionnet l'a contacté pour lui annoncer que sa candidature avait été retenue.

He had just _____ with Les Galeries Lafayette when Mrs. Vionnet contacted him to let him know that he had got the job.

Le conditionnel. Si je rédigeais des lettres de motivation plus personnalisées, j'**obtiendrais** peut-être plus d'entretiens d'embauche.

If I wrote (literally, edited) more personalized cover letters, I _____ probably get more job _____.

Le passé composé. Le chef d'entreprise **a tenu** à nous réunir tous pour nous expliquer les modalités de recrutement de son entreprise.

The head of industry _____ getting us all together to explain (to us) the recruitment methods of his corporation.

Elle **est venue** à la réunion mais elle avait oublié son agenda.

She came to the meeting but she had _____ her daytimer.

Le plus-que-parfait. La Directrice du Département des Ressources humaines de notre Ecole **a donné** une conférence sur «le CV gagnant».

The Director of the Human Resources Department of our school _____ a conference (or _____ a lecture) on "the winning CV."

> ➤ **Venir** (devenir, revenir) se conjugue avec le verbe **être** comme auxiliaire.

R. Phrases à recomposer. Ajoutez les prépositions et autres éléments nécessaires pour former une bonne phrase complète. Concentrez-vous surtout sur le temps et le mode des verbes. Gardez l'ordre des mots qui est proposé. Cherchez des mots-clés (*key words*) qui pourraient vous aider à déterminer le temps ou le mode des verbes.

1. je/ne... pas savoir/ce que/il/devenir (passé composé). Il/accepter (passé composé)/poste/à Ciba-Geigy/à Zurich/1990/puis/on ne s'est pas revus/.

   _____

   _____

2. je/aller/Chambre de Commerce/et/ Marie-Pierre/venir/avec moi. Nous/vouloir/se renseigner sur/cours (pluriel ici) du soir/offert/à la rentrée/.

   _____

3. !/venir/immédiatement! Je/recevoir (passé composé)/lettre d'embauche/Rhône-Poulenc/et/je/vouloir/vous la montrer!

_____

_____

4. elle lui a montré/lettre de licenciement/et/il/ne... pas en revenir (passé composé)/.

_____

_____

5. tu/venir/accepter/poste/à Carrefour/quand/ Continent t'a fait/offre/que/tu/ne... pas pouvoir/refuser/.

_____

_____

6. nous/déjà/revenir (plus-que-parfait)/de vacances/quand/mon père/décider (passé composé)/changer de travail.

_____

_____

7. elle/devenir/de plus en plus/inquiet/quand/elle/enfin/recevoir (passé composé)/appel de Michelin.

_____

_____

_____

S. Phrases à recomposer. Ajoutez les prépositions et autres éléments nécessaires pour former une bonne phrase complète. Concentrez-vous surtout sur le temps et le mode des verbes. Gardez l'ordre des mots qui est proposé. Cherchez des mots-clés qui pourraient vous aider à déterminer le temps ou le mode des verbes.

1. tu/voir/femme/qui/tenir/dossier/dans la main droite/là-bas? Ce/être/Suzanne Blanchet, le Directeur général des industries Cascades/boîte/québécois/.

_____

_____

_____

2. il/tenir (passé composé)/recruter/malgré/hésitations de son associée/.

_____

_____

_____

3. je/croire/que/tu/obtenir/plus facilement/emploi/si/tu suivais cet atelier de réinsertion professionnelle/.

_____

_____

_____

4. !/ne... pas oublier/en quoi consistaient/vos responsabilités/ pendant/stage/Etats-Unis,/cela/retenir (futur) leur attention!

_____

5. pendant que/ils/obtenir/informations/que/nous avions demandées,/je/téléphoner (passé composé)/pour/voir/si/je/avoir/ message de l'entreprise/qui m'a fait passer un entretien il y a deux semaines/.

_____

6. !/retenir/bien/ce/numéro de téléphone,/ce/être/celui de l'ANPE!

_____

7. ?/tu (inversion)/retenir/chambre d'hôtel/pour/vendredi soir? Je/penser/que/il serait préférable/que/tu/rester/à Paris/après ton entretien/car/tu seras fatigué.

_____

ESPERER, PREFERER, COMMENCER, EPELER

LE PRESENT: INDICATIF OU INTERROGATIF

J'**espère** que ton entretien de demain va bien se passer et que tu donneras le meilleur de toi-même.

Est-ce que tu **préfères** que je te dise la réponse tout de suite ou est-ce que tu préfères l'entendre en arrivant.

Comme il a un nom compliqué, Patrick **épelle** toujours son nom de famille lorsqu'il se présente à un entretien d'embauche.

Elle _____ peut-être m'avoir avec ses questions déroutantes, mais je suis décidé(e) à réussir cet entretien!

Durant un entretien, on **préfère** toujours se voir poser des questions sur son expérience professionnelle plutôt que des questions personnelles.

D'après ce que vous nous dites, nous **commençons** à croire que vous êtes le candidat idéal mais pouvez-vous nous parler aussi de vos points faibles?

Vous n'**épelez** jamais votre nom lorsque vous vous présentez au téléphone! Comment voulez-vous que les secrétaires ne fassent pas de faute?

Contrairement à ce que les gens pensent, les personnes qui vous font passer les entretiens _____ toujours que vous donnerez le meilleur de vous-même.

Les séances d'entretien d'embauche _____ la plupart du temps par une présentation de l'examinateur et de l'examiné(e).

Allons un peu plus loin...

PRESENT: IMPERATIF

_____ donc à préparer ton entretien en recherchant des données sur l'entreprise qui t'a convoqué(e).

Commençons, si vous le voulez bien, par des questions d'ordre général. _____ votre nom, je vous prie.

PRESENT: SUBJONCTIF

Avant que vous ne **commenciez** à me parler de vos expériences professionnelles, j'aimerais que vous vous présentiez de façon originale.

---

*A*perçus

Jetez un coup d'œil sur les aperçus suivants et complétez les traductions. Faites bien attention au passé mais la traduction ciblera quelquefois d'autres parties de la phrase également.

Le futur. Le jury **préférera** sûrement me voir avec une cravate unie et sans fioritures (sans décoration).

The board (committee) will surely _____ to see me with a plain, solid-colored tie.

L'imparfait. J'**espérais** fortement trouver un emploi dans une entreprise internationale, et ça a marché!

I was strongly _____ a job in an international _____ , and it worked!

Le conditionnel. S'il avait le choix, Marc **préférerait** ne pas faire de tests de personnalité.

If he had the choice, Mark _____ not taking any personality tests.

Le passé composé. Sandrine **a** déjà **commencé** à préparer son entretien d'embauche qu'elle ne passera pourtant que la semaine prochaine.

Sandrine has already _____ her job interview that she will not have, however, until next week.

Le plus-que-parfait. Nous **avions** pourtant **épelé** maintes et maintes fois notre nom au téléphone, mais ils ne l'ont quand même pas écrit correctement!

We had repeatedly spelled _____ , however, they still didn't write it correctly!

T. Phrases à recomposer. Ajoutez les prépositions et autres éléments nécessaires pour former une bonne phrase complète. Concentrez-vous surtout sur le temps et le mode des verbes. Gardez l'ordre des mots qui est proposé. Cherchez des mots-clés qui pourraient vous aider à déterminer le temps ou le mode des verbes.

1. !/épeler/nom,/Madame, s'il vous plaît! Cela/m'aidera à/retrouver/votre/dossier/.

   _____

   _____

   _____

2. nous/espérer (imparfait)/trouver/poste de nos rêves/mais/nous/ savoir/que/notre/chances de/obtenir/quelque chose/être/minces/.

   _____

   _____

   _____

3. ?/préférer (inversion)/elle/travailler/Paris/ou/province?

   _____

   _____

   _____

4. nous/préférer (conditionnel)/changer d'emploi/mais/la conjoncture économique étant ce qu'elle est/nous/se contenter de/ce que nous/avoir/maintenant/.

   _____

   _____

   _____

5. il/épeler/son nom et son prénom,/puis/elle a rempli/dossier/ devant/lui/.

   _____

   _____

   _____

6. je/espérer (plus-que-parfait)/obtenir/réponse de Peugeot/avant/ fêtes de fin d'année/mais/je n'ai reçu leur lettre que/15 janvier/.

   _____

   _____

   _____

7. nom/société/pour laquelle/elle/travailler/être Filipacchi Medias/ alors/il faut toujours que/elle/le/épeler/parce que/orthographe/ ne... pas être/évident/.

   _____

   _____

   _____

DECOUVRIR, COUVRIR, OUVRIR, OFFRIR
PRESENT: INDICATIF OU INTERROGATIF

J'**ouvre** le dossier recrutement pour trouver l'adresse du candidat qui m'a téléphoné hier.

_____ -tu des conseils dans le domaine des assurances?

Le nouveau PDG **découvre** la complexité de l'entreprise qu'il va diriger.

Est-ce que ta banque te **couvre** si tu fais un chèque à découvert?

On _____ 5% de réduction aux clients qui paient comptant.

Nous _____ une boutique-conseils pour les gens qui veulent se recycler.

Est-ce que vous **offrez** des primes *(incentives)* aux représentants qui dépassent l'objectif de l'année?

Les Khalifa **découvrent** les joies d'Internet en famille.

Les laborantines **couvrent** les boîtes de Pétri remplies de moisissures *(molds)* pour qu'elles ne soient pas contaminées.

Allons un peu plus loin...

PRESENT: IMPERATIF

Découvre et analyse tes propres points forts ainsi que tes points faibles avant d'aller à l'entretien... pas pendant.

Ouvrons la lettre tout de suite. Je veux savoir s'il a été embauché ou non.

_____ un nouvel ordinateur à votre secrétaire. Cela l'aidera énormément.

PRESENT: SUBJONCTIF

Il faut absolument que tu me **couvres** si je fais une faute!

 **perçus**

Jetez un coup d'œil sur les aperçus suivants et complétez les traductions. Faites bien attention au passé mais la traduction ciblera quelquefois d'autres parties de la phrase également.

Le futur. Si vous faites une autre erreur, est-ce que votre directrice la **couvrira** encore?

If you make another mistake, will your director _____ *(for you) again?*

L'imparfait. Si tu **ouvrais** ton propre compte en banque, tu pourrais plus facilement prendre des décisions.

If you _____ *your own* _____ , *you could make decisions more* _____ .

Le conditionnel. Nous **couvririons** cette somme d'argent, s'il nous avait repayés la dernière fois.

We would _____ *that sum of money if he had repayed us the* _____ .

Le passé composé. Elles **ont découvert** que Monoprix n'embauche plus.

They discovered that Monoprix is _____ .

Le plus-que-parfait. S'ils m'**avaient offert** ce poste, je l'aurais accepté tout de suite.

If they _____ *me that job, I would have accepted it right away.*

U. Phrases à recomposer. Après avoir étudié les aperçus qui précèdent, ajoutez les prépositions et autres éléments nécessaires pour former une bonne phrase complète. Concentrez-vous surtout sur le temps et le mode des verbes. Gardez l'ordre des mots qui est proposé. Cherchez des mots-clés qui pourraient vous aider à déterminer le temps ou le mode des verbes.

1. !/offrir/lui/ordinateur/pour/anniversaire,/cela l'aidera à/faire son CV/par exemple/.

   _____

   _____

2. ils/découvrir/que/le Castorama de Tours/embaucher/ce/moment/.

   _____

   _____

3. autrefois/l'Education Nationale/offrir/conditions de travail/ vraiment avantageux,/maintenant/salaires de départ *(starting salaries)*/être/si bas/que/cela en est décourageant/.

   _____

   _____

4. je/ouvrir (conditionnel) bien/nouveau/compte/banque/en mon nom/mais si/Paul/accepter/offre d'emploi de Total,/nous allons déménager/six mois,/alors cela n'en vaut pas le coup/.

   _____

   _____

5. nous/penser/que nous étions couverts/par notre assurance maladie/mais/lorsque/je/perdre/emploi/je me suis rendu compte/que/nous/avoir/besoin de/assurance/complémentaire/.

_____

_____

_____

6. il faut absolument/que/tu/découvrir/ton jeu/car/tu ne peux pas faire croire à trois entreprises/que/tu vas accepter leur offre d'emploi. Il faut que/tu/se décider/et que/tu/jouer/cartes sur table/.

_____

_____

_____

7. si/elle/faire/erreur/je/être sûre/que/son patron/la/couvrir (futur)/encore une fois/.

_____

_____

_____

CONNAITRE

PRESENT: INDICATIF OU INTERROGATIF

Je te **connais** suffisamment pour savoir que tu n'auras pas de problème pour trouver un emploi.

Est-ce que tu **connais** Madame Pernoux? Elle est chef du personnel à Géant Casino.

Monsieur Nicolas _____ des méthodes de recrutement du personnel informatisées qui, paraît-il, se révèlent être efficaces.

Je te présenterai ma cousine. Elle **connaît** tous les tuyaux pour intéresser les recruteurs potentiels.

On ne **connaît** pas suffisamment le directeur du personnel et on ne sait pas s'il va changer la politique *(policy)* de recrutement de l'entreprise.

Nous **connaissons** quelqu'un qui correspond exactement au profil que vous recherchez.

Je suis à la recherche d'un emploi. _____-vous par hasard des entreprises qui recrutent du personnel en ce moment?

Les recruteurs donnent toujours l'impression qu'ils _____ tout de votre vie dès les premières minutes de l'entretien.

Si, jusqu'à présent toutes les entreprises t'ont refusé un emploi, c'est qu'elles ne te **connaissent** pas aussi bien que je te **connais**.

Allons un peu plus loin...

PRESENT: IMPERATIF

Connais-toi toi-même et tu verras que tu réussiras tous tes entretiens.

Connaissons mieux notre entreprise, et nous pourrons ainsi trouver les gens qui correspondent vraiment à nos besoins.

_____ vos défauts et vos qualités, ainsi vous n'aurez pas à réfléchir lorsque les recruteurs vous poseront la question classique: «Quels sont vos points forts et vos points faibles?»

PRESENT: SUBJONCTIF

Avant de mener un entretien, il est nécessaire que vous **connaissiez** précisément le type de personne dont vous avez besoin pour le poste.

Quelques exemples de petites annonces dans un journal régional.

Aperçus

Jetez un coup d'œil sur les aperçus suivants et complétez les traductions. Faites bien attention au passé mais la traduction ciblera quelquefois d'autres parties de la phrase également.

Le futur. Je ne **connaîtrai** le résultat de mon entretien qu'à la fin du mois car ils doivent interviewer les autres candidats avant de prendre leur décision.

I will only know the _____ at the end of the month because (for) they have _____ the other _____ before _____ their decision.

L'imparfait. Le gérant de Mammouth ne **connaissait** rien aux méthodes de recrutement du personnel avant d'aller aux sessions de formation.

The manager of Mammouth didn't _____ about the methods of personnel recruitment before going to the training sessions.

Le conditionnel. Si tu étudiais la graphologie, tu **connaîtrais** les traits de personnalité qui correspondent à ce type d'écriture.

If you studied (were to study) graphology, you _____ the personality traits which (that) correspond to this/that type of writing.

Le passé composé. Mathilde **a connu** bien des échecs professionnels, mais depuis qu'elle a été embauchée au service du personnel de l'hôpital, elle se sent plus sûre d'elle-même.

Mathilda has known many _____ failures, but since she was _____ by personnel services at the hospital, she feels more self-assured.

Le plus-que-parfait. Ces employés **avaient** tous **connu** le chômage avant d'être embauchés par Air France.

Those/these employees had all known _____ before being hired by Air France.

V. Phrases à recomposer. Ajoutez les prépositions et autres éléments nécessaires pour former une bonne phrase complète. Concentrez-vous surtout sur le temps et le mode des verbes. Gardez l'ordre des mots qui est proposé. Cherchez des mots-clés qui pourraient vous aider à déterminer le temps ou le mode des verbes.

1. ?/tu (inversion)/connaître (passé composé)/directrice/maison Grange? Ce/être/femme/exceptionnel./C'est elle qui m'avait aidée à/trouver/travail/au début de ma carrière!

_____

_____

2. ?/connaître (inversion)/vous/nom/nouveau/PDG d'Air France?

_____

_____

3. nous/reconnaître (plus-que-parfait)/importance/de l'ANPE/dès sa création/en 1967/.

_____

_____

4. ils/vous reconnaître (futur)/tout de suite/si/vous/tenir/magazine L'Expansion/à la main droite/.

_____

_____

5. !/reconnaître/que/ton père/t'a beaucoup aidé(e)/dans ta carrière!

_____

_____

6. il faut que/vous/connaître vraiment bien/marché européen/pour/ avoir une chance/dans/ce/entreprise. Elle/n'embauche que des gens qui/avoir/entre 5 et 7 ans/expérience.

_____

_____

7. elle/connaître (futur)/tout/frustrations des demandeurs d'emploi/mais/elle/finir bien/par/trouver/quelque chose/car/elle est très/fort/et/elle/savoir/ce qu'elle veut.

_____

_____

ETRE

PRESENT: INDICATIF OU INTERROGATIF

Je **suis** heureux de vous annoncer que vous faites désormais partie de notre équipe de vente.

_____ -tu prêt(e) à passer tous les tests de personnalité et les entretiens avec les différents départements de cette entreprise pour être embauché(e)?

Mon frère **est** incroyablement doué *(gifted)* pour son âge: à 25 ans, il est déjà à la tête du Département Marketing de Décathlon.

Bertrand **est** toujours très ponctuel car il veut se faire bien voir par ses employeurs.

La plupart du temps on n' _____ pas au courant des pratiques utilisées par les entreprises pour le recrutement de leur personnel.

Nous _____ aux anges (*on cloud nine*) depuis que nous avons appris que notre fille a obtenu le poste qu'elle convoitait (désirait avidement) depuis si longtemps.

Vous _____ exactement la personne qu'il nous faut pour le poste que nous avons créé.

Patricia et Chantal **sont** toutes les deux au service du personnel chez Elf Aquitaine, et elles en sont très fières!

Les salles de réunion _____ toujours pleines à craquer lorsque le Directeur des Ressources humaines annonce la liste des nouvelles recrues (des nouveaux membres de la société).

Allons un peu plus loin...

PRESENT: IMPERATIF

_____ plus sûr(e) de toi, et tu verras que tu feras sensation durant ton entretien.

Soyons francs: vous n'avez pas la carrure pour ce poste de directeur.

_____ réaliste(s), vous avez exactement les capacités requises pour ce genre d'emploi.

PRESENT: SUBJONCTIF

Il est indispensable que vous **soyez** muni(e)(s) d'un visa pour travailler dans nos succursales aux Etats-Unis, mais nous pouvons vous aider à en obtenir un pour un séjour temporaire.

Aperçus

Jetez un coup d'œil sur les aperçus suivants et complétez les traductions. Faites bien attention au passé mais la traduction ciblera quelquefois d'autres parties de la phrase également.

Le futur. Plus tard, je **serai** PDG de ma propre entreprise.

Later I will be the _____ of my own company.

L'imparfait. Tu **étais** très efficace lorsque tu travaillais au bureau du recrutement d'Air Inter avant de prendre ta retraite.

You _____ very efficient when you worked at the recruitment office of Air Inter before retiring.

Le conditionnel. Nous **serions** plus à l'aise pour vous faire passer cet entretien si nous nous installions dans la salle de réunion.

*We would _____ more _____ if we were to conduct this
interview in the meeting or conference room (literally, if we were to install
ourselves in the meeting room to make you do this interview).*

Le passé composé. Frédéric **a été** formidable pendant l'entretien: il a
su mettre en avant son expérience et toutes ses qualités.

*Frédéric was wonderful during _____. He managed to
highlight his _____ and _____ his qualities.*

Le plus-que-parfait. Moi, j'aime bien Marie. Je me souviens que la
dernière fois que je l'ai vue, elle m'a tout de suite demandé de mes
nouvelles et l'avant dernière fois elle **avait été** suffisamment aimable
pour m'accompagner à mon entretien parce que j'étais très nerveux.

*I like Marie. I remember the last time that I _____ she
asked me right away what was new and the second-to-the-last time she had
been nice enough to take me to my interview because I was
_____.*

W. Phrases à recomposer. Ajoutez les prépositions et autres éléments
nécessaires pour former une bonne phrase complète. Concentrez-vous
surtout sur le temps et le mode des verbes. Gardez l'ordre des mots qui
est proposé. Cherchez des mots-clés qui pourraient vous aider à
déterminer le temps ou le mode des verbes.

1. ?/être/vous/prête à/aller vivre/étranger/si/votre entreprise vous
   proposait/emploi/intéressant?

   _____

   _____

2. elles/être (passé composé)/extrêmement surpris/que/je ne trouve
   pas/travail/dans les deux mois/qui/suivre (passé composé)/
   obtention/mon diplôme/.

   _____

   _____

3. ?/tu/être/inscrit *(registered)*/l'ANPE?

   _____

   _____

4. il est nécessaire que/ils/être/ouvert/à la possibilité de/emploi/à
   temps partiel/pour/commencer/.

   _____

   _____

5. ? (intonation seulement)/tu/être (futur)/ANPE/dès/ouverture/leur/
bureaux?

_____

_____

6. quand/je/arriver (passé composé)/elle/être/ordinateur/en train
de/refaire/CV/.

_____

_____

7. !/être/très prudent(e)! si/tu/donner/démission,/tu/risquer/rester/
sans emploi/pendant des mois!

_____

_____

POUVOIR

PRESENT: INDICATIF OU INTERROGATIF

Je ne _____ jamais évaluer objectivement mes performances
lorsque je sors d'un entretien d'embauche.

Tu **peux** faire appel à tes relations personnelles si tu ne trouves
personne pour cet emploi.

Stéphane ne **peut** pas passer son entretien aujourd'hui comme prévu
car il a attrappé une mauvaise grippe.

Marylène **peut** obtenir cet emploi si elle le veut vraiment.

On ne _____ pas toujours avoir ce qu'on veut, ce qui est
valable également en matière d'emploi.

Nous ne _____ pas recruter quelqu'un qui ne convienne pas
parfaitement à nos critères de sélection.

Est-ce que vous **pouvez** vous présenter à votre entretien d'embauche
une demi-heure plus tôt car le candidat qui vous précédait ne peut
pas venir.

Les Morot **peuvent** s'inscrire sur la liste des bénévoles _(volunteers)_.

Laëtitia et Elodie _____ postuler pour ce poste en marketing
car elles ont toutes les deux la formation qui convient.

Allons un peu plus loin...

PRESENT: IMPERATIF

L'impératif n'existe pas pour ce verbe.

PRESENT: SUBJONCTIF

Puisse cet entretien bien marcher et aboutir à l'emploi espéré.

Aperçus

Jetez un coup d'œil sur les aperçus suivants et complétez les traductions. Faites bien attention au passé mais la traduction ciblera quelquefois d'autres parties de la phrase également.

Le futur. Nous **pourrons** bientôt sélectionner les candidats sur la base de leur CV, de leur lettre de motivation et de leur entretien.

We'll soon be able to _____ based upon their CV, (their) cover letter and (their) interview.

L'imparfait. De mon temps, les jeunes sur le marché de l'emploi **pouvaient** choisir l'entreprise dans laquelle ils désiraient faire carrière. Aujourd'hui ce sont les entreprises qui les choisissent.

In my day, young people in the job market were _____ to choose the company they wanted to work for. Today it's the companies that _____.

> ➤ Literally, in which they wanted to make a career.

Monsieur,

je vous écris pour solliciter un stage dans votre cabinet de traduction. Je suis à Paris pendant au moins six mois pour pouvoir envisager de faire un stage.

Je viens de finir la "Licenciatura de Derecho" à l'Université Complutense de Madrid, ce qui correspondrait à une Maîtrise en Droit. Ma langue maternelle est le français, si bien j'ai fait mes études universitaires en espagnol. J'ai obtenu le diplôme du Proficiency de l'Université de Michigan en langue anglaise, ce qui veut dire que j'écris et parle couramment le français, l'espagnol et l'anglais.

J'ai toujours été intéressée par les langues ce qui m'incline vers la traduction juridique. C'est pour cela que je m'adresse à vous pour vous demander la possibilité de faire un stage, si cela était possible, dans votre cabinet.

En attendant votre réponse que j'espère favorable, je vous prie d'agréer, monsieur, mes salutations les meilleures.

B. Olmos

Lettre de motivation pour une demande de stage.

Le conditionnel. Si tu étais plus dynamique, tu **pourrais** décrocher davantage d'entretiens et améliorer ainsi tes chances de trouver un emploi.

If you were more dynamic, you would be able to get (land; literally, unhook) more _____ and thus better your chances of _____.

Le passé composé. J'ai pu évaluer vos connaissances et votre expérience dans le monde du travail pendant cette entrevue.

I managed to _____ your knowledge and your _____ in the workplace during this _____.

Le plus-que-parfait. Comme elles avaient des contacts dans cette boîte, elles **avaient pu** avoir des pistes et obtenir un entretien.

Since they had _____ in that company, they had managed to get leads and secure an interview.

X. Phrases à recomposer. Ajoutez les prépositions et autres éléments nécessaires pour former une bonne phrase complète. Concentrez-vous surtout sur le temps et le mode des verbes. Gardez l'ordre des mots qui est proposé. Cherchez des mots-clés qui pourraient vous aider à déterminer le temps ou le mode des verbes.

1. ? (intonation seulement)/tu/pouvoir/me donner/exemplaire de ton CV? J'aimerais/voir/comment/tu l'as présenté/.

   _____
   _____
   _____

2. ?/pouvoir (conditionnel)/vous/m'envoyer/liste des entreprises de la région/spécialisé dans l'agro-alimentaire, s'il vous plaît/?

   _____
   _____
   _____

3. nous/pouvoir/recommencer/recruter/dans quelques mois/si/tout/aller/bien/.

   _____
   _____
   _____

4. il est essentiel/que/elle/pouvoir/compter/sur votre aide/pendant sa recherche d'emploi/car/il est certain/que/elle/traverser (futur)/périodes/difficile/.

   _____
   _____
   _____

5. elles/pouvoir (plus-que-parfait)/faxer/CV/et/lettre de motivation/
avant/date limite/.

_____

_____

6. ?/pouvoir/vous/acheter/journal/en rentrant? Il faut que/nous/
regarder/offres d'emploi/ce soir/.

_____

_____

7. si/je/pouvoir/trouver/emploi/Paris,/je n'aurais pas besoin/
déménager/.

_____

_____

Gérard LE ROUZIC
195, Rue de la Résistance
56700 HENNEBONT
☎ : 97.36.14.74   **2 enfants**
                                   Permis B

OBJECTIFS

Déterminé, j'aspire à m'exprimer complètement dans un domaine d'activité choisi : Agent
Administratif

FORMATION

BEP Agent Administratif
Module d'Actualisation au C.R.E.F.A.C. de Lorient
Stages en Entreprise

EXPERIENCES PROFESSIONNELLES

1973-1993   S.B.F.M. Lorient (Fonderie)

✳ **Evolution de carrière**

- OS 1
- OS 2
- Agent spécialisé de Contrôle
- Agent Professionnel 1ère catégorie
- Agent Professionnel 2ème catégorie
- Agent Professionnel 3ème catégorie
- Employée Administratif :
    - Traitement de Texte (utilisation de l'informatique EXCEL sous
    WINDOWS)
    - Tirage, reliure de documents internes
    - Courrier, suivi de dossiers

✳ Je me suis totalement impliqué dans cette nouvelle orientation de carrière et me suis attaché
a apporter rigueur, méthode et efficacité.

DIVERS

- Découverte des milieux naturels
- Pêche en mer
- Jeux de société

Un kiosque sur la place de la Bourse à Paris, en face de l'Agence France Presse.

Encadré supplémentaire: les Noms

Le genre des noms. Comme vous l'avez déjà appris à la page 41, il y a deux genres en français. D'une part, vous pouvez étudier les règles qui vous aideront à déterminer si un substantif est masculin ou féminin. D'autre part, lorsque vous étudiez votre vocabulaire ou tout simplement quand vous lisez, faites un effort pour associer les substantifs avec l'article qui les accompagne car cela facilitera l'apprentissage.

Y. A la recherche des noms. Lisez les phrases suivantes à haute voix et encerclez les noms. Notez si chaque substantif est masculin ou féminin. Maintenant, imitez la voix sur votre cassette en faisant attention surtout aux sens que nous avons étudiés en **Phonétique.**

1. Je connais une jeune architecte qui est au chômage. Comme elle a étudié également l'informatique et que cela l'intéresse, elle pense se recycler.

2. On a trouvé le testament de l'instituteur chez lui, dans un tiroir d'un meuble du salon.

3. L'or et l'argent sont des métaux plus précieux que le fer et le cuivre.

4. Elle a une famille vraiment intéressante: elle-même est architecte, son frère ingénieur, sa mère médecin généraliste, et son père est juge.

5. Quelles langues parles-tu en plus de l'allemand, l'anglais, l'espagnol et l'italien?

_____

6. J'ai un emploi du temps très chargé cette année: le lundi, le mercredi et le vendredi, j'enseigne trois cours mais à partir de l'année prochaine cela ira un peu mieux et j'espère travailler un peu moins.

_____

_____

7. En présence de ma nouvelle directrice, je ne me sens pas très à l'aise.

_____

8. En France, on donne une poignée de main quand on dit bonjour et quand on dit au revoir à quelqu'un.

_____

9. Je prendrai une douzaine d'escargots de Bourgogne, pour commencer.

_____

10. Paul est une personne extrêmement compétente.

_____

11. Nous prenons un risque en voulant être à tout prix originaux.

_____

Maintenant, choisissez cinq des noms que vous avez sélectionnés et utilisez-les dans des phrases complètes.

_____

_____

_____

_____

_____

_____

_____

Z. Récapitulons. Après avoir étudié les règles générales aux pages 41–42 et 77–78 et après avoir révisé votre vocabulaire des Modules I, II et III, complétez les phrases suivantes par la forme de l'article indéfini (un, une ou des) qui convient.

1. N'oublions pas d'aller à la banque pour demander _____ renseignements.

2. Il ne savait pas si c'était _____ CCP ou _____ compte en banque qu'il allait ouvrir.

3. _____ facture de téléphone, c'est _____ papier de la compagnie de téléphone qui indique combien on doit payer.

4. Il faut appuyer sur _____ bouton puis attendre _____ petit signal pour pousser la porte.

5. La banque nous a consenti _____ prêt.

6. A quoi sert _____ carte bancaire?

7. Le titulaire d'une carte n'est pas _____ personne qui a un titre mais la personne à qui la carte appartient.

8. Lorsqu'on paie _____ certaine somme pour pouvoir habiter _____ appartement ou _____ maison, on paie _____ loyer.

9. _____ abonné est _____ personne qui a _____ téléphone installé en son nom.

10. Autrefois, les messages d' _____ répondeur étaient enregistrés sur _____ cassette.

11. Savez-vous vous servir d' _____ ordinateur?

12. Il faut que tu donnes _____ titre à chaque document et tu peux aussi créer _____ nouveau dossier pour les mettre.

13. Nous avons parlé d' _____ solution adaptée aux besoins _____ entreprises de moins de dix personnes.

14. Si les banques n'étaient pas automatisées, les employés feraient _____ travail très différent.

15. Lorsqu'on paie _____ somme fixe tous les mois pour _____ certain service, on paie _____ abonnement.

16. Son ordinateur est infesté par _____ virus.

17. _____ bogue meurtrière veut dire _____ bug qui a des conséquences dangereuses.

18. Quand _____ entreprise offre _____ emplois, qu'elle engage du personnel, on dit qu'elle embauche.

19. _____ des améliorations proposées par Cyril était _____ présentation classique de son CV à elle.

20. _____ femme enceinte a droit à six semaines de congés payés avant l'accouchement de son premier ou deuxième enfant et dix semaines après la naissance de l'enfant.

21. Quand j'ai _____ choix, je peux opter pour le plan A ou le plan B.

22. Lorsqu'on envoie _____ curriculum vitae, on peut joindre _____ photo mais ce n'est pas obligatoire; c'est facultatif.

23. Elle avait été serveuse dans _____ hôtel-restaurant en Angleterre.

24. _____ de mes activités extraprofessionnelles est la natation.

25. _____ atout est _____ point fort supplémentaire, _____ avantage, quelque chose qui distingue _____ candidat et joue en sa faveur.

Noms collectifs. Un nom collectif désigne un ensemble, un groupe, une collection d'êtres ou d'objets:

une foule

un tas

un groupe

la clientèle

Un nom individuel indique un individu, un object particulier:

> un jardin
>
> un habit
>
> une pierre

De nouveau, ces noms s'accordent en nombre et en genre avec les adjectifs qui les modifient.

AA. A la recherche d'autres noms! Lisez les phrases suivantes à haute voix et encerclez les noms. Notez le genre de chaque substantif.

1. Sur mon bureau, il y a un tas de papiers que je devrais jeter et d'autres que je devrais ranger.

_____

2. Cette vétérinaire a une clientèle particulière et très ciblée car elle se spécialise en chats.

_____

3. En France, il y a plus de 25 groupes qui ont un chiffre d'affaires supérieur à 50 milliards de francs.

_____

4. Dans la foule, elle a reconnu son collègue qui, lui aussi, attendait le métro.

_____

> ➤ Ask your study partner to critique your pronunciation for you.

Noms propres. Un nom propre individualise l'être, l'objet ou la catégorie qu'il désigne. Il s'applique à un seul être ou à un seul object ou à une catégorie d'êtres ou d'objets pris en particulier. Les noms propres prennent toujours une lettre majuscule. Il s'agit des noms de famille, de peuples, de dynasties ou des noms géographiques désignant des pays, des villes, des fleuves, des montagnes, etc.

> Paris
>
> Rouen
>
> Aix-en-Provence
>
> Tours
>
> Lyon
>
> Villon
>
> Molière
>
> Hugo
>
> Proust
>
> La Provence
>
> La Touraine
>
> Le Québec
>
> L'Ile de France
>
> L'Anglais (une personne)

BB. A la recherche d'autres noms! Lisez les phrases suivantes à haute voix et encerclez les noms. Notez le genre de chaque substantif.

1. Paris est la capitale de la France mais c'est également une petite ville dans l'état du Texas.

_____

2. Victor Hugo est un auteur romantique qui a écrit de nombreux poèmes, quelques longs romans, et des pièces de théâtre.

_____

3. La Provence me fait penser au soleil, à la lavande, aux cigales et aux romans de Marcel Pagnol.

_____

4. Le Québec se bat pour rester francophone.

_____

Maintenant, écrivez une définition provisoire pour chacun des noms propres qui précèdent.

> **MODELE:** Le Québec   _Le Québec est une province francophone canadienne qui se trouve à l'est du Canada._

Paris_____

La France _____

Le Texas_____

Victor Hugo _____

La Provence_____

Marcel Pagnol _____

Quelques grands quotidiens français.

➤ Note the names of a few famous French newspapers. Each is a proper noun. Try pronouncing the titles with your study partner.

Encadré supplémentaire:

Les adjectifs

Le genre des adjectifs. Comme nous l'avons déjà vu à la page 79, les adjectifs doivent s'accorder en genre et en nombre avec le nom qu'ils modifient. La plupart du temps, il faut ajouter un **e** à la forme masculine de l'adjectif pour obtenir le féminin. Quand un adjectif se termine déjà par un **e,** il ne change pas au féminin.

CC. Faites l'accord. Indiquez la forme féminine de chacun des adjectifs suivants.

1. Si un ordinateur est performant, une imprimante laser est _____ aussi.

2. Si un choix est évident, une réponse est _____ aussi.

3. Si un logiciel est convivial, une machine est _____ aussi.

4. Si un calendrier est joli, une affiche est _____ aussi.

5. Si Marc est fort en informatique, Isabelle est _____ en informatique aussi.

6. Si un moniteur est lourd, une unité centrale est _____ aussi.

7. Si le fichier est bleu, la chemise est peut-être _____ aussi.

8. Si un procédé est compliqué, une méthode est _____ aussi.

9. Ce bâtiment est vraiment moderne. Et cette architecture? Elle est vraiment _____ aussi.

Adjectifs qui se terminent en -il, -el ou -eil et en -x. Regardons deux catégories d'adjectifs qui exigent un petit changement avant de prendre le **e** à la **forme féminine.**

il/el/eil → ille/elle/eille (on ajoute un **l** avant de mettre le **e** final):

gentil	gentille
formel	formelle
personnel	personnelle
tel	telle
pareil	pareille
superficiel	superficielle
mutuel	mutuelle
concurrentiel	concurrentielle

essentiel	essentielle
conceptuel	conceptuelle
annuel	annuelle

x → **-se** (pour ceux qui se terminent en **-x**, on laisse tomber le **x** et on ajoute **-se**)

sérieux	sérieuse
courageux	courageuse
curieux	curieuse
ennuyeux	ennuyeuse
heureux	heureuse
merveilleux	merveilleuse
méticuleux	méticuleuse
fastidieux	fastidieuse

DD. Au pluriel, qu'est-ce qui se passe? Vous expliquez à votre petit frère ce que c'est qu'un adjectif. Tout en parlant, vous l'aidez à encercler les adjectifs qui sont au pluriel dans le paragraphe qui suit.

Ils ont tous les deux les cheveux bruns et raides, de beaux yeux noirs et de grandes oreilles. Ils ne sont pas maigres, mais ils ne sont pas minces non plus. Ils sont tous les deux affectueux et absolument pas jaloux. Ils ont leur propre manière de penser et leur propre style, donc ils sont originaux.

Quelles lettres indiquent en général le pluriel? _____

_____

REMARQUE: Et si... Si un adjectif masculin se termine par la lettre **x** au singulier, qu'est-ce qui se passe au pluriel?

1. Il est studieux — Ils sont _____.

2. Il est jaloux — Ils sont _____.

3. Il est roux — Ils sont _____.

4. Il est doux — Ils sont _____.

5. Il est consciencieux — Ils sont _____.

MAIS: **elles** sont **studieuses, jalouses, rousses, douces,** et **consciencieuses.**

Comme nous venons de le voir, la plupart des adjectifs prennent un **s** au pluriel. Ceux qui se terminent déjà par un **s** ou un **x** au singulier ne changent pas au pluriel à la forme masculine.

- Cet ordinateur est vraiment gros. Ces ordinateurs sont vraiment **gros.**

- Cet employé est incroyablement heureux. Ces employés sont incroyablement **heureux.**
- Ce bureau est merveilleux! Ces bureaux sont **merveilleux!**

Nous avons déjà appris que les adjectifs qui se terminent en **-al** se terminent en **-aux** au pluriel. Mentionnons aussi ceux que se terminent en **-eau** qui prennent un **-x** au pluriel:

- Ce portable est beau. Ces portables sont **beaux.**
- Ce logiciel est nouveau. Ces logiciels sont **nouveaux.**
- Quel beau château! Quels **beaux** châteaux!
- C'est un frère jumeau. Ce sont des frères **jumeaux.**

Les adjectifs invariables. Les adjectifs composés (adjectif + nom ou adjectif + adjectif) ne changent jamais leur forme. Notez les couleurs suivantes:

bleu marine	châtain clair
bleu clair	vert pomme
bleu foncé	jaune citron
bleu vert	jaune paille
bleu horizon	rouge vif

- Notre PDG porte toujours des costumes *bleu marine.*
- Leurs collègues préfèrent des vêtements *bleu clair* ou *bleu horizon* pour aller avec leur chemise.
- Sa nouvelle voiture est *rouge vif* et celle de son fils est *jaune citron.* Ils doivent aimer les couleurs vives! Quand ils arrivent à l'agence, tout le monde les remarque.

Certains adjectifs sont aussi des noms ou substantifs:

argent	or
cerise	orange
châtain	poivre et sel
k(h)aki	turquoise
marron	

- Le directeur général dont je parle a les cheveux *poivre et sel.*
- Elle ne porte plus d'espadrilles *orange* qu'elle trouve maintenant trop voyantes.
- Même le papier peint et le fauteuil de son bureau sont *turquoise.*

> ➤ Mauve, pourpre, rose sont acceptés aussi comme adjectifs variables, c'est-à-dire qu'ils peuvent prendre un **s** au pluriel.

Certaines expressions fixes bon marché (meilleur marché), chic, rococo y compris des expressions d'origine étrangère comme «cool», «black», «super» sont invariables aussi.

- Elle est vraiment *chic* ta robe. J'adore!
- Les plafonds de la banque sont *rococo.*
- C'est une musique vraiment cool.
- Marguerite est fière d'être *black.*
- Mes voisins sont *super.* Ils sont toujours prêts à rendre service.

Exercices de synthèse

EE. A vos plumes! Après avoir révisé les dialogues, lectures et points de repère du Module III dans votre manuel, ainsi que les points grammaticaux, les encadrés et les aperçus, écrivez un paragraphe sur au moins un des sujets suivants. Utilisez les expressions indiquées comme point de départ.

> ➤ *Insérez le titre du dialogue que vous aurez choisi. (1)

> ➤ *Insérez le titre de la lecture que vous aurez choisie. (2)

> ➤ *Insérez le titre (les entreprises françaises, les chiffres parlent, etc.) la section que vous allez commenter. (3)

1. Dans le dialogue intitulé...,*il s'agit de...

2. Le texte...,*que nous avons lu parlait de...

3. D'après la section...*des Points de repère,...

_____

_____

_____

_____

_____

_____

_____

_____

_____

_____

_____

Echange

FF. Prise de notes. Après voir écouté la section **Echange** du Module III, réécoutez-la et notez les mots qui vous paraissent les plus importants.

Verbes	Noms	Adjectifs, adverbes ou autres expressions
_____	_____	_____
_____	_____	_____
_____	_____	_____
_____	_____	_____
_____	_____	_____
_____	_____	_____

GG. Synthèse. Après avoir consulté la liste des mots-clés qui précède, écrivez en une phrase ou deux un résumé de ce que vous avez entendu.

_____

_____

_____

_____

_____

Dans le Module IV du Guide d'étude, nous allons cibler
surtout les noms.

Les entreprises Françaises

Dans le *Module IV* du *Guide d'étude* nous allons étudier les noms, réviser quelques verbes irréguliers présentés sous forme d'encadrés supplémentaires et faire la traduction de plusieurs termes des aperçus en nous concentrant surtout sur le contexte des entreprises françaises.

➤ Nouns will be the emphasis of Module IV. The verb frames and flashes review irregular verbs and adjectives in the context of French companies.

Photos et descriptions

A. Pré-écoute. Avant d'écouter votre cassette, faites les exercices suivants.

1. Regardez les photos de la page 135. Qu'est-ce que vous voyez?

_____

_____

_____

_____

_____

_____

_____

_____

2. Qu'est-ce que les photos suggèrent comme actions ou états?

_____

_____

_____

_____

_____

_____

_____

_____

_____

▲ Deux employés de la compagnie Omnium Maritime Armoricain
sur le port de Lorient.

▲ Un magasin de vêtements pour enfants.

▲ Le chef comptable d'une entreprise, à son bureau.

B. Compréhension orale/aurale. Ecoutez deux ou trois fois le premier segment de ce Module sur votre cassette-audio afin de pouvoir encercler les mots ou expressions que vous reconnaissez.

Photo numéro 1

Verbes	*Noms*	*Adjectifs et autres expressions*
taper	une chaise	occupé(e)
travailler	une carte d'Europe	tourné(e)
tourner le dos	l'Espagne *(f)*	coupé(e)
sourire	la France	entassé(e)
se concentrer	l'Italie *(f)*	lumineux (euse)
être concentré(e)	la Grande Bretagne	de bonne humeur
baisser	l'Allemagne *(f)*	accroché(e)
	une photo	vide
	un dossier	à droite
	un rouleau de papier	à gauche
	une carte du monde	en face de
	un bureau	devant
	une barbe	derrière
		le long de
		sur
		en hauteur
		au fond de

➤ List all verbs you hear along with their subjects. Which tense or mood do they represent?

Quelle est la forme de chaque verbe mentionné dans le commentaire?

_____

_____

Quels sont les noms utilisés au singulier que vous avez entendus?

_____

_____

Photo numéro 2

Verbes	*Noms*	*Adjectifs et autres expressions*
être debout	un enfant	petit(e)
parler	une robe	court(e)
(se)garer	un tee-shirt	éclairé(e)
ouvrir	un vêtement	décoré(e)
éclairer	des manches *(f)*	patiemment
attendre	un fabricant	correctement
vendre	un magasin	devant
décorer	une vitrine	dans
stationner	l'étalage *(m)*	devant
	une voiture	derrière
	l'été *(m)*	en été
	la vente au détail	en haut
	la vente en gros	en bas

Quelle est la forme de chaque verbe utilisé dans le commentaire?

_____

_____

Quels noms utilisés au singulier avez-vous remarqués?

_____

_____

Photo numéro 3

Verbes	Noms	Adjectifs et autres expressions
regarder	une chemise	court(e)
fixer	des lunettes *(f)*	éteint(e)
se mettre à	des cheveux *(m)*	allumé(e)
lever	un fauteuil	ouvert(e)
s'installer	un ordinateur	fermé(e)
poser	un téléphone	noir(e)
attendre	une plante	blanc/blanche
	une fenêtre	rangé(e)
	un radiateur	caché(e)
	des documents *(m)*	fixement
	un sous-main	sévèrement
	un demi-cercle	au dessus de
	du cuir	de côté
	des feuilles *(f)* de papier *(m)*	franchement

Quelle est la forme de chaque verbe utilisé dans le commentaire?

_____

Quels noms utilisés au singulier avez-vous compris?

_____

_____

C. A vos plumes! En vous basant sur ce que vous avez entendu, écrivez un paragraphe de 50 mots sur une des photos qui précèdent.

1. Formulez une phrase d'introduction ou d'ouverture.

2. Consultez les notes que vous avez prises pour développer vos idées.

3. Ecrivez une phrase imaginative en guise de conclusion.

Sur la photo N°... _____

_____

_____

_____

_____

_____

_____

_____

_____

COIFFURE

10, AVENUE BORRIGLIONE
06000 NICE   TÉL. 93.52.44.57

La Phonétique: /ø/ et /œ/

Dans cette section du Module IV, nous allons distinguer entre les deux phonèmes /ø/ et /œ/.

➤ We will work on these two sounds very intently since there is no English equivalent for either one.

La voyelle /ø/. Pour le son /ø/, la bouche est presque fermée et les lèvres sont arrondies avec la langue gardée bien en avant.

➤ Keep your lips rounded and protruded slightly as you make this sound.

D. Concentrez-vous sur le son /ø/. Essayez de prononcer les mots et expressions suivants.

méticuleux	fabuleux	ce monsieur	précieux
fastidieux	affreux	ces messieurs	nombreux
merveilleux	il pleut	respectueux	
consciencieux	des œufs	un lieu	
soucieux	il peut	une agrafeuse	
rigoureux	elle veut	le milieu	
heureux	sérieux	onéreux	

Maintenant, écoutez ce segment sur votre cassette et répétez plusieurs fois la liste des termes qui précèdent.

Administrateur de Biens

Achats - Ventes - Locations

Cabinet
Claude Gréhaigne

Conseil-Expert Immobilier

Licencié en Droit

Immobilier

26, rue du Couèdic
B.P. 437
56104 Lorient cedex
Fax 97 64 45 10
Tél. 97 21 13 85
Tél. 97 21 12 88 (copropriétés)

S.A. au Capital de 250 000 francs   Cartes professionnelles n° 11 et n° 18   Caisse de Garantie de l'Immobilier F.NA.IM
R.C.S. Lorient B 866 500 143   délivrées par la Préfecture du Morbihan   89, rue la Boétie 75008 Paris

Fichier-Minitel
36-15 FNAIM
✳ GREHAIGNE

La voyelle /œ/. La voyelle /œ/ se forme la bouche ouverte et les lèvres arrondies, tout en gardant la langue bien en avant comme pour le phonème précédent.

E. Concentrez-vous sur le son /œ/. Ecoutez la voix enregistrée sur votre cassette et imitez le son qui correspond à cette voyelle. Essayez les mots et les expressions suivants.

> ➤ This sound is very similar to /ø/ but the lips are kept more open.

leur moteur	le directeur	un auteur
ils veulent	une demeure	innovateur
elles peuvent	un consommateur	un créditeur
un travailleur	un inspecteur	un formateur
un employeur	un distributeur	un connaisseur
un négociateur	automatique de	la valeur
un organisateur	billets	un ascenseur
un œuf	râleur (fam.)	un plongeur
un interlocuteur	un expéditeur	un porteur
des heures	un receveur	un classeur
un chercheur	un trieur	antérieurement
un ingénieur	un opérateur	ultérieurement
un moniteur	un rédacteur	un auditeur
un instructeur	un éditeur	une sœur
un pêcheur	un lecteur	un exportateur
un chasseur de têtes	un flâneur	un importateur
un sénateur	la taxe à la valeur	un acheteur
un demandeur	ajoutée	un chômeur
d'emploi	un contrôleur	un entrepreneur
un animateur	un vendeur	un **intra**preneur
un ordinateur	un inquisiteur	des secteurs
un instituteur	révélateur	prometteurs
un tableur	un commissaire-	un employé
un fournisseur	priseur	producteur
le secteur	un entraîneur	

Maintenant, écoutez ce segment sur votre cassette et répétez les termes qui précèdent.

F. Distinction entre les deux sons /ø/ et /œ/. Essayez de juxtaposer /ø/ et /œ/.

/ø/	/œ/
il peut	ils peuvent
elle veut	elle veulent
les cheveux	le cœur
Il veut être à jeun.	Ils veulent être jeunes.
des bœufs	un bœuf
des œufs	un œuf
ceux	seul(e), seuil
deux	deuil
nœud	neuf
eux	heure
deux yeux	un œil
il pleut	il pleure

G. Quelques phrases! En lisant les phrases suivantes à haute voix, faites l'effort de bien articuler pour distinguer /ø/de/œ/. Après les avoir prononcées vous-même, imitez la voix enregistrée sur votre cassette.

1. La réunion commencera à neuf heures dix. Elle veut arriver à neuf heures neuf... et pas une minute plus tôt!

2. Toi, tu t'y connais tellement bien en ordinateurs, si tu veux, tu peux te faire du beurre (fam., tu peux gagner beaucoup d'argent).

3. Eux, ils ont subi deux deuils de suite: leur sœur de Saint-Brieux et leur belle-sœur de Honfleur.

4. Ils ne peuvent pas défaire ces neuf nœuds. Cela fait deux heures qu'ils y travaillent.

5. Il ne veut pas être veuf.

6. Les chauffeurs du dimanche sont souvent de mauvais conducteurs car ils ont peu d'expérience et peu d'heures de conduite.

H. Les jumeaux à nouveau? Considérons de nouveau la sœur et le frère qui se ressemblent en tous points. Il s'agit d'un contexte incroyable: comment est-ce qu'une même personne pourrait être coiffeuse, receveuse, cascadeuse, etc.? Mais entrez dans le jeu et faites attention à la distinction entre /ø/et/œ/:

> ➤ If you don't recognize a word, look it up in your French-French dictionary.

/ø/	/œ/
1. Elle est travailleuse.	Il est travailleur.
2. Elle est chanteuse.	Il est chanteur.
3. Elle est coiffeuse.	Il est coiffeur.
4. Elle est cascadeuse.	Il est cascadeur.
5. Elle est receveuse de Poste.	Il est receveur de Poste.
6. Elle est chômeuse.	Il est chômeur.
7. Elle est patineuse.	Il est patineur.
8. Elle est bricoleuse.	Il est bricoleur.
9. Elle n'est pas tapageuse *(fam)*.	Il n'est pas tapageur.
10. Elle est patineuse professionnelle.	Il est patineur professionnel.

I. Quelques phrases à lire! En lisant les phrases suivantes, faites l'effort de bien articuler pour distinguer /ø/de/œ/. Encerclez les lettres qui donnent chaque son et mettez le signe phonétique correspondant au dessus de chaque cercle.

1. La directrice apprécie les employés rigoureux, sérieux, consciencieux, astucieux et courageux mais elle a horreur des flatteurs et des menteurs.

2. Le chômeur est soucieux pour son avenir.

3. Le directeur veut que tous ses employés sachent tirer parti de leur ordinateur.

4. Les interlocuteurs doivent être très méticuleux dans le choix de leurs mots.

5. Le vendeur veut savoir exactement combien de tableurs il a vendus au cours des dernières vingt-quatre heures.

6. Les consommateurs sont heureux depuis qu'ils ont accès à des distributeurs automatiques 24 heures sur 24.

 Maintenant, tout en regardant la transcription phonétique que vous avez faite pour les phrases qui précèdent, écoutez ce dernier segment sur votre cassette en faisant attention à la prononciation des deux phonèmes ainsi qu'à l'intonation des phrases.

Points grammaticaux: les noms

Le pluriel des noms. En français, il y a deux nombres: le singulier et le pluriel. Quand il désigne plusieurs êtres ou objets ou plusieurs groupes ou ensembles d'êtres ou d'objets, le nom en question est mis au pluriel. En général, on forme le pluriel des noms ou substantifs en ajoutant un **-s** à la forme du singulier.

une banque	des banques
un compte	des comptes
un relevé bancaire	des relevés bancaires
un placement	des placements
un ordinateur	des ordinateurs
un traitement de texte	des traitements de texte
une imprimante	des imprimantes
une entreprise	des entreprises

Si un nom se termine déjà en **-s, -x** ou **-z,** il ne change pas au pluriel.

une voix	des voix
un nez	des nez
un héros	des héros
un choix	des choix

Les noms en **-al** se terminent en **-aux** au pluriel.

un journal	des journaux
un terminal	des terminaux

EXCEPTIONS:

un bal	des bals
un carnaval	des carnavals
un festival	des festivals

Les noms en **-au, -eau** et **eu** prennent un **-x** au pluriel.

un tuyau	des tuyaux
un bureau	des bureaux
un manteau	des manteaux

un tableau	des tableaux
un cheveu	des cheveux
un feu	des feux
un couteau	des couteaux

EXCEPTION:

un pneu	des pneus

Certains noms en **-ail** prennent un **-s** au pluriel.

un éventail	des éventails
un détail	des détails
un chandail	des chandails

Cependant d'autres changent **-ail** en **-aux.**

le corail	les coraux
le travail	les travaux
le vitrail	les vitraux

Certains noms en **-ou** prennent un **-s** au pluriel.

un clou	des clous
un sou	des sous
un trou	des trous

Mais les cinq noms suivants, eux, prennent un **-x.**

un bijou	des bijoux
un caillou	des cailloux
un chou	des choux
un genou	des genoux
un hibou	des hiboux

Les noms suivants ont un pluriel exceptionnel.

un œil	des yeux
le ciel	les cieux
un jeune homme	des jeunes gens

J. Quelques phrases! Lisez les phrases suivantes à haute voix. Encerclez tous les noms. Si un nom est au singulier, mettez-le au pluriel et vice versa.

1. Vous avez oublié de préciser certains détails.
2. Quand Jeanne a commencé, elle n'avait pas un sou et maintenant elle est la propriétaire de plusieurs journaux.
3. Il y a des trous dans mon chandail.
4. Les bureaux de la direction se trouvent au deuxième étage.
5. Les pneus Michelin sont vendus dans le monde entier.
6. Vous avez oublié de préciser tous les détails qui concernent cette vente.

$\mathscr{A}$ctivités générales

En vous inspirant de ce que vous avez déjà étudié sur les sujets en question, complétez les phrases suivantes en utilisant les noms de la liste proposée en marge. N'oubliez pas de vérifier vos réponses à la fin du module.

➤ Using the list in the margin as a point of departure, fill in the blanks with the appropriate form of the noun in question. You may have to change the article preceeding each noun and make the necessary agreement.

➤ In Ex K–X, you are going to examine many different facets of French companies.

Travailler dans une société française. Voici la première journée de travail de M. Pierre Durant dans une PME (petites et moyennes entreprises). Comme vous allez le découvrir, il est un peu naïf et beaucoup trop curieux.

K. Le parking

1. Pour son premier jour de travail, Pierre a voulu garer sa _____ dans le parking de _____ mais le gardien à l'entrée lui a dit qu'il ne pouvait pas y aller car il n'avait pas de _____. Il était déçu car après tout il faisait déjà partie du _____.

2. Alors il a fait demi-tour et il est allé se garer dans le parking réservé aux _____.

3. Pour se rendre dans l' _____ où se trouve l' _____, Pierre a traversé le parking du personnel.

4. Il a vu toutes _____ de voitures mais aussi des _____ et près de l'entrepôt adjacent à l'immeuble, il a aperçu des _____ qui déchargeaient leurs marchandises.

5. Cependant, malgré toutes ces activités, il a remarqué avec plaisir qu'il y avait très peu de _____ dehors et il s'est dit que c'était un _____ tranquille et agréable.

6. Il se sentait de bonne _____ et il avait bien envie de commencer cette première _____ de travail.

L. La secrétaire

1. Pierre est monté au premier étage, où se trouvent les bureaux de la _____ car il avait d'abord _____ avec le directeur général.

2. Mais avant d'entrer dans son _____, il s'est annoncé à la _____.

3. Il a remarqué que sur son bureau, il y avait un téléphone avec un _____ qu'elle devait sans doute utiliser lorsqu'elle partait manger le midi ou le soir.

4. Sur ce _____, il y avait des _____ pour mettre les gens en attente ou pour joindre le standard.

5. Il a vu son _____ qui était allumé et un _____ qui était en train de sortir de l'imprimante.

6. Il y avait bien sûr des _____ et des _____ qu'elle pouvait utiliser pour regrouper

une carte de parking

un visiteur

un camion de livraison

l'humeur *(f)*

un endroit

une voiture

une journée

une camionnette

un bruit

un immeuble

le personnel

une entreprise (2)

une sorte

un rendez-vous

la production

une machine à écrire

une touche

un fax

un répondeur

un classeur

une page

un ordinateur

la direction

une femme

un bureau

un téléphone

une agrafe

un trombone

un document

des ciseaux *(m)*

le service

une ligne

un(e) secrétaire

différents papiers, des _____ pour qu'elle puisse découper des notes de _____.

7. A côté de son bureau, il y avait son _____ qui était en train d'envoyer un rapport de plusieurs _____ et une _____ électrique.

8. En face d'elle, elle avait un grand _____ qu'elle utilisait pour classer tous les papiers et les documents de son _____.

9. Elle a appelé le directeur général par sa _____ directe et a annoncé l'arrivée de Monsieur Pierre Durant.

10. Une autre personne du département _____ est entrée à ce moment-là dans le bureau et a demandé à s'entretenir avec le directeur. Un employé est passé apporter le courrier.

11. Il a pensé que c'était une _____ très occupée et qui avait peut-être trop de travail.

un canapé

un restaurant

une porte

une table

un dossier

un vase

une peinture

une couleur

le Président-
directeur général

M. Le directeur général

1. Le directeur général a ouvert la _____ et lui a demandé d'entrer dans son _____.

2. Pierre a regardé autour de lui et il a vu deux _____ sur le mur ainsi qu'un panneau avec plusieurs courbes de _____ différentes.

3. Il y avait dans la pièce une _____ basse avec des fleurs dans un _____ et un _____ à deux places en cuir.

4. Mais surtout, il a remarqué le grand bureau du directeur. Il y avait dessus un petit _____ portable et quelques _____ ouverts.

L'employé responsable du pont-bascule. Un camion peut peser jusqu'à 50 tonnes.

Un camion sur le pont-bascule. Le camion arrive à vide. Il se fait peser avant d'aller charger. Il sera repesé après s'être fait charger.

5. Son téléphone avait trois _____: une ligne extérieure, une ligne directe avec le _____ et une autre avec sa secrétaire.

6. Le directeur général a demandé à Pierre de s'asseoir (il y avait deux beaux _____ en cuir) et lui a rappelé les objectifs qu'il devait atteindre dans l'année.

7. Ensuite, le directeur général lui a proposé de lui faire visiter la cafétéria, le _____ de l'entreprise, le département des _____ et la salle de _____.

N. La cafétéria

1. Pour se rendre à la cafétéria, ils ont pris le bel _____ central de l'immeuble pour descendre au _____.

2. Cet escalier était en _____ vert, très large et imposant.

3. Sur les marches, un _____ persan accentuait l'élégance de l'entrée.

4. En chemin, le directeur lui a expliqué qu'il n'y avait qu'une seule vraie _____ et qu'à l' _____ de la direction, il n'y avait que les cafetières des _____.

5. Au rez-de-chaussée, ils ont pris le _____ principal qui longeait tous les départements.

6. Ils ont rencontré beaucoup de _____ qui saluaient le directeur. Ils pouvaient entendre le bruit des _____ et des _____ qui se parlaient entre eux dans les bureaux.

les Relations publiques *(f)*

un bureau

un ordinateur

une ligne

un fauteuil

une conférence

un distributeur automatique

une banquette

une boisson

une cafétéria

une machine à café

un escalier

un étage

une zone

le marbre

un groupe

le rez-de-chaussée

un ordinateur

La boulangerie-pâtisserie Le Goff à Lorient.

une table

un tapis

un(e) secrétaire

une personne

un couloir

des gens *(m)*

la collaboration

un groupe

un article

un département

des ciseaux *(m)*

une entreprise

la mise en page

une photocopieuse

la presse

une salle

un bureau (2)

un(e) assistant(e)

un journal

un dossier

une maquette

7. Au bout du couloir se trouvait la cafétéria. Elle était divisée en deux _____: fumeurs et non-fumeurs.

8. Il y avait dans chaque pièce des _____, des machines pour les _____ chaudes et d'autres pour les boissons froides.

9. On pouvait ensuite y trouver des _____ avec des _____ pour que tout le monde puisse s'asseoir.

10. Quant aux employés, ils étaient tous en petits _____ et semblaient discuter de leur travail.

O. Le Département des Relations publiques

1. Ensuite, le directeur général a montré à Pierre le _____ dans lequel il allait travailler et qui était situé juste à côté de la cafétéria.

2. Ce département se composait d'une grande _____ avec une dizaine de petits bureaux et du _____ du directeur du département.

3. Le directeur général a d'abord présenté Pierre à une personne qui était en train de découper des _____ de presse.

4. Son bureau était recouvert de _____, de magazines divers et de quatre paires de _____.

5. Tout près de son bureau se trouvait la _____ qu'elle utilisait pour réaliser ses _____.

6. Pierre a ensuite rencontré la secrétaire du directeur, puis un _____ de trois personnes qui travaillaient sur la _____, c'est-à-dire le modèle de la mise en page, du prochain journal de l' _____.

7. Ils travaillaient sur ordinateur la _____ des photos venant du _____.

8. Sur les murs, Pierre pouvait voir toutes les _____ des journaux de l'entreprise de l'année en cours.

9. Puis le directeur du _____ est sorti de son bureau et les a accueillis.

10. La pièce était décorée de _____ très simple. Elle était moderne et agréable. Sur le bureau, il y avait un rapport intitulé: «_____ du C.A. 1997.»

11. Le directeur du département a demandé à Pierre si l'endroit lui plaisait. Pierre était son nouvel _____, mais il devait aussi travailler en étroite _____ avec la _____ locale et régionale pour projeter une meilleure image de la société.

un scanner

l'évolution (f)

une couverture

la façon

un service (2)

P. Le restaurant de l'entreprise

1. Le directeur général et Pierre ont ensuite pris l' _____ pour se rendre au deuxième et dernier étage de l' _____, là où se trouvait le restaurant de l'entreprise.

2. L'ascenseur était très large et très chic. Pierre a regardé par terre et il a vu que la _____ était de la même couleur que le tapis persan de l' _____.

3. On pouvait trouver les _____ de l'ascenseur pour choisir l'étage voulu, de chaque côté des portes. Quant aux parois, elles étaient en _____ laqué.

4. Quand ils sont arrivés au restaurant, Pierre a remarqué qu'il était divisé en deux _____, séparées seulement par des paravents.

5. A gauche, il y avait environ une cinquantaine de petites _____ avec un self-service où le _____ prenait un _____, des _____ et se servait à manger.

6. A droite, il n'y avait qu'une dizaine de tables, avec des _____ blanches et les couverts avaient déjà été mis.

7. Sur chaque table se trouvait un petit _____ avec quelques fleurs en soie.

8. Le directeur général a expliqué à Pierre que la _____ de droite était reservée aux membres de la _____ qui étaient servis par des _____.

un serveur

un bouton

un couvert

un immeuble

une partie

la direction

un vase

un ascenseur

une moquette

une table

un escalier

le personnel

le bois

un plateau

une nappe

Q. La salle de conférence

1. Avant de présenter Pierre au Président-directeur général, le _____ l'a emmené voir la salle de conférence au premier _____.

2. Cette salle se trouvait tout au bout du _____, entre le bureau du directeur général et celui du _____.

3. C'était une _____ assez étroite mais très longue. Il y avait seulement une _____ au milieu qui faisait presque toute la _____ de la pièce.

la longueur

le matériel

un étage

un bar

une table

un rétroprojecteur

le Directeur général

la publicité

Monsieur Le Goff dans sa boulangerie-pâtisserie.

une publicité

une salle

un couloir

une conférence

le Président-
directeur général

un magnétoscope

une glace

une peinture

une conférence

un lavabo

un avantage

une opportunité

une recrue

un Minitel

un verre

l'aise (f)

une moquette

un canapé

un ascenseur

une tapisserie

une entreprise

une pièce

un stylo

4. Au fond de cette pièce, il y avait un placard ouvert où Pierre a vu une télévision et un _____.

5. Le directeur lui a dit qu'il y avait aussi un _____ et qu'une secrétaire le remplissait chaque fois avec du Coca-Cola et toutes sortes d'alcools lorsqu'il y avait une grande _____.

6. Sur les murs, il y avait une immense _____ de l'entreprise et un écran avec à côté un _____.

7. Pierre a pensé que cette salle avait tout le _____ nécessaire pour y tenir des réunions.

R. Le Président-directeur général

1. A la fin de sa visite, Pierre a eu l' _____ de rencontrer le Président-directeur général.

2. Celui-ci était content de voir Pierre car il aimait bien rencontrer les nouvelles _____.

3. Evidemment, son bureau était le plus chic de tous ceux qu'il avait vus. C'était un grand bureau avec une _____ épaisse et beige et un tapis qui recouvrait au moins la moitié de la _____.

4. Il y avait bien sûr son bureau qui était certainement un meuble de grande valeur très ancien et qui avait des _____ dorées.

5. Dessus, Pierre a vu un grand _____ téléphonique, un _____, un _____, un _____ en cuir, c'est-à-dire le support sur lequel on place le papier où l'on écrit, et bien sûr quelques _____ qui étaient éparpillées.

6. Derrière le bureau, il y avait une _____ très ancienne.

7. En regardant autour de lui, Pierre a remarqué le joli _____ à deux places, avec trois petits _____ confortables et une table basse.

8. A côté de ce canapé se trouvait un _____ avec des carafes en _____, un seau à _____ et un petit _____.

9. Voyant que Pierre regardait autour de lui, le Président-directeur général lui a dit qu'il était nécessaire d'avoir tout ce luxe car cela mettait à l' _____ les gens importants qu'il recevait pour négocier des _____.

10. Ensuite, Pierre s'est retourné et a vu une porte. Le Président lui a dit que c'était ses toilettes privées. Il lui a ouvert la porte et Pierre a remarqué que non seulement il y avait les toilettes, un _____ et des _____ ou des miroirs mais aussi des _____ blanches et des produits comme du papier hygiénique, une bouteille de Monsieur Propre et de l'eau de Javel.

11. Le Président-directeur général a souri de voir Pierre si curieux et lui a dit qu'ils seraient amenés à se voir souvent au cours des _____ mensuelles organisées pour tous les directeurs et leurs assistants.

12. Ils se sont tous les trois dit au revoir et Pierre a repris l' _____ pour retourner au rez-de-chaussée.

13. En partant, il s'est dit que même si c'etait une petite _____, elle avait tous les _____ des grandes compagnies.

du champagne

un bar

un contrat

l'hygiène *(f)*

un poste

un fauteuil

un visiophone

un sous-main

une serviette

un frigidaire (un réfrigérateur)

une chemise

une poignée

Quittons M. Durant pour aller avec Mlle Martin chez Renault où elle veut étudier les conditions de travail des employés.

S. Dans une usine Renault

1. Dans le cadre de son _____ sur les mesures de _____, Mlle Martin s'est rendue dans une usine Renault.

2. L'usine était immense. A l'intérieur, elle pouvait voir quelques _____ à l'étage, mais le plus impressionnant était la _____ d'assemblage.

3. Au début de la chaîne, les _____ surveillaient les robots qui montaient les pièces de _____.

4. De temps en temps, ils regardaient sur les _____ le bon déroulement des opérations.

5. Elle s'est approchée de la chaîne pour constater que les _____ de sécurité étaient respectées.

6. Ensuite, elle a continué à avancer pour voir les robots assembler les _____, les essuie-glaces et les phares.

7. Pour s'approcher de la _____ où les voitures étaient peintes, elle a dû enfiler une _____. Là encore, elle a remarqué que tout était fait de manière consciencieuse.

8. Enfin, elle a suivi les voitures qui étaient acheminées vers la chaîne où les _____ montaient les _____ et où les employés vérifiaient que tous les _____ électroniques fonctionnaient.

une enquête

une mesure

un circuit

un ordinateur

une conclusion

une chaîne

un wagon

la sécurité

une zone

un robot

un ouvrier

un siège

un bureau

une combinaison

le pare-brise

la carrosserie

9. Elle s'est dirigée vers la sortie de l'usine et a constaté que les voitures étaient déposées mécaniquement dans des _____ en toute sécurité.

10. Ayant récolté assez de données pour rédiger son rapport, quelques heures plus tard elle a demandé à voir le directeur de l'usine pour lui faire part de ses premières _____ et elle est partie.

Voici M. Dupont qui travaille chez Peugeot. Accompagnons-le pendant sa longue journée.

un livre

une salle

un après-midi

une production

une publicité

un(e) documentaliste

la presse

le marketing

une évolution

un salon

une photocopieuse

une bibliothèque

un document

une voiture

T. La salle d'étude

1. Monsieur Dupont, directeur-adjoint du département Publicité chez Peugeot, s'est rendu cet _____ à la salle d'étude pour consulter tous les magazines automobiles européens du mois.

2. Il a dû faire ce travail lui-même car son assistant était en vacances. Cette recherche était très importante pour lui car elle lui permettait de se tenir au courant des dernières _____ technologiques de ses concurrents mais aussi des moyens publicitaires utilisés dans la _____ spécialisée.

3. Comme chaque fois qu'il s'y rendait, Monsieur Dupont s'est arrêté bavarder cinq minutes avec la _____.

4. Celle-ci lui a dit qu'en plus de tous les magazines, elle avait reçu la brochure du prochain _____ mondial de l'automobile de Genève et qu'elle avait commandé plusieurs _____ sur des nouveaux logiciels.

5. Il est entré dans la _____ qui était organisée de façon très simple : au milieu de la pièce, il y avait une quinzaine de tables et une _____ qui permettait de ramener une copie des _____ dans les bureaux.

6. Tout autour des tables se trouvait une grande _____.

7. Les livres, les magazines, brochures et les rapports étaient classés par constructeurs, et pour chaque constructeur, il y avait plusieurs sujets : la publicité, la _____ annuelle, les prototypes, les moteurs et le _____.

8. Il s'est dirigé vers l'un des ordinateurs pour consulter la base de données afin de trouver des magazines sur les _____ électriques.

9. Après les avoir feuilletés, il a photocopié quelques _____ et il est reparti à son bureau.

un escalier

une piste

la nuit

un(e) collègue

une carte

une journée

U. La salle de sport

1. Après sa longue _____ de travail, Monsieur Dupont a eu envie de faire un peu d' _____ à la salle de sport pour se détendre.

2. En arrivant devant la salle, il a montré sa _____ de membre au _____ et il est allé se changer dans les _____.

3. Il a couru pendant une demi-heure sur la _____ intérieure qui faisait le tour de la salle.

4. Puis il s'est reposé dix minutes pour reprendre son _____ en regardant quelques personnes faire des exercices abdominaux.

5. Ensuite, il est allé rejoindre ses collègues aux appareils de musculation. Un de ses _____ utilisait un _____ d'appartement, un deuxième utilisait les poids et altères et le troisième utilisait l' _____ qui s'appelle aussi un «stepper».

6. Alors il a pris les _____ et il s'est entraîné pendant un quart d'heure.

7. Enfin, après une pause de quelques _____, il a pratiqué son sport favori : l'aérobic.

8. Toutes les personnes présentes dans la salle de sports se sont rassemblées sur le tapis de gymnastique derrière le _____ pour la séance bi-hebdomadaire.

9. Après le cours, il est allé boire un verre d' _____ car il était mort de soif.

10. Puis, il est allé se rhabiller et il s'est rendu compte qu'il se sentait bien mais qu'il était vraiment fatigué et qu'une bonne _____ lui ferait le plus grand bien.

une minute

un exercice

un vélo

un moniteur

un professeur

un vestiaire

un souffle

une rame

de l'eau *(f)*

Maintenant visitons la salle d'informatique chez Michelin à Clermont-Ferrand.

V. La salle d'informatique

1. La salle d'informatique du siège social de Michelin est à elle toute seule un vrai département. Elle est divisée en trois zones, séparées par des _____ vitrées, et donne l'impression d'être dans un seul et unique endroit isolé.

2. Dans l'une des zones, des _____ en Dessin Assisté par Ordinateur (DAO) conçoivent de nouveaux modèles de _____.

3. Grâce à leurs logiciels, ils peuvent simuler sur ordinateur les _____ de l'aquaplanning ou la _____ des pneus sur la neige fraîche.

4. La pièce voisine sert à tous les directeurs de département qui désirent faire des _____ : avec le matériel performant mis à leur disposition, c'est-à-dire les écrans de _____ et les téléphones perfectionnés, ils peuvent tenir une vraie _____ avec toutes les personnes équipées des mêmes _____.

5. Enfin, la troisième partie de la salle est consacrée aux ordinateurs centraux qui reçoivent des _____ venant des filiales et des _____ Michelin du monde entier.

6. Ces données sont ensuite traitées pour être diffusées vers les ordinateurs terminaux de tous les départements concernés comme les _____ comptabilité, ventes ou financier.

une réaction

une baie

un service

un ingénieur

une vidéoconférence

un pneu

un poste de télévision

un téléviseur

une donnée

un effet

une conversation

une usine

une installation

Allons maintenant avec Mme Dricourt qui va déposer son enfant à la garderie.

une chaise

un puzzle

une entreprise

l'éveil (m)

une poupée

un dortoir

un livre

une garderie

un mois

une maison

un jeu

le plastique

un bureau

un mur

W. La garderie chez Rhône-Poulenc

1. Madame Dricourt, la secrétaire de direction du département Gestion (Management Department) aime bien son travail, non seulement parce qu'il est intéresant mais aussi parce que son _____, Rhône-Poulenc, a récemment ouvert une _____ qui lui permet de laisser son petit garçon d'un an toute la journée jusqu'à ce qu'elle ait fini son travail.

2. La garderie est située dans le parc entourant l'entreprise, dans une petite _____, spécialement aménagée pour les enfants.

3. A l'intérieur, il y a un grand _____ avec une trentaine de petits lits, une cantine, une salle à manger mais surtout, il y a une grande salle de _____ où les enfants s'amusent.

4. Chaque fois que Mme Dricourt entre dans cette salle, elle voit des petites maisons miniatures, des petites _____ et des petites tables pour que les enfants puissent dessiner ou écrire et cela la fait sourire.

5. Souvent, les enfants laissent traîner par terre des morceaux de _____ et des figures géométriques en _____.

6. Quand elle jette un coup d'œil dans les petites maisons, elle y voit souvent les _____ des petites filles ou des petites voitures.

7. Sur les _____ de la salle de jeux, il y a un dessin de chaque enfant avec son prénom dessus.

8. Les étagères sont remplies de _____ d'histoires, de jeux et de cahiers.

9. Bien sûr, il y a les _____ des deux puéricultrices qui s'occupent des enfants de plus d'un an.

10. Il y a aussi deux autres puéricultrices qui s'occupent des enfants de six _____ à un an.

11. Leur travail consiste à les surveiller pendant qu'ils dorment; quand ils se réveillent, elles s'amusent avec eux dans des petits parcs avec des jeux d' _____ elles leur apprennent quelques chansons.

Pour ce qui est de la hiérarchie d'une entreprise, considérons les choses suivantes.

un département

la Rédaction

l'Administration (f)

un poste

les Ventes (f)

un(e) journaliste

un nom

X. L'organigramme. Reconstituez l'organigramme d'un journal d'après les renseignements suivants.

1. Tout en haut de l'organigramme se trouve le _____ de la personne qui dirige et préside la compagnie.

2. Juste en dessous d'elle, se trouve la personne qui dirige aussi la compagnie mais qui coordonne les opérations et donne les directives aux directeurs/directrices de chaque _____.

3. L'organigramme se compose des quatre départements suivants   la Publicité
avec, bien sûr, un directeur ou une directrice à leur tête:

    a. Le premier département rassemble deux rédacteurs en chef, six
      _____ et deux photographes; il s'agit du
      département de la _____.

    b. Le deuxième département s'occupe de vendre les numéros en
      proposant des abonnements ou à travers leurs réseaux de
      librairies et de bibliothèques. Il est composé de cinq attachés
      commerciaux. Il s'agit du département des
      _____.

    c. La mission du troisième département est de promouvoir le
      journal et de trouver des entreprises susceptibles de payer un
      espace publicitaire. Il est composé de trois publicistes. Il s'agit
      du département _____.

    d. Le quatrième département s'occupe de toutes les tâches
      administratives, du personnel et des relations extérieures. Il est
      composé de son directeur et de trois secrétaires, de la
      directrice déléguée au personnel et du directeur délégué aux
      relations extérieures. Il s'agit du département de l'
      _____.

Quelques encadrés et aperçus supplémentaires de verbes irréguliers.

➤ Although the verbs **créer** and **étudier** are not irregular, their spelling presents some difficulties. Guess by context which verb is appropriate in each of the following examples.

Vous venez de réviser beaucoup de noms qui avaient affaire avec les entreprises françaises et le monde du travail. Maintenant, vous allez étudier en détail quelques verbes irréguliers sous forme d'encadrés et aperçus. Donnez les formes qui manquent et essayez de comprendre le sens de chaque phrase.

CREER/ETUDIER/VOIR
PRESENT: INDICATIF OU INTERROGATIF

Je ne **vois** pas vraiment comment cette entreprise est organisée, pourriez-vous me montrer l'organigramme?

Si tu veux créer une société, tu **étudies** d'abord le marché pour essayer de trouver une niche ou un créneau.

Patricia **étudie** régulièrement la concurrence pour que son entreprise reste première sur son marché.

Gérard **crée** sa propre entreprise mais il ne sait pas encore comment il pourra lancer son produit sur le marché. A mon avis, il met la charrue devant les bœufs.

On ne _____ pas une entreprise sans avoir une idée précise de ce qu'on veut faire, une excellente connaissance du marché et un appui financier important.

Nous **étudions** l'organisation des sociétés, c'est-à-dire les différents départements qui les composent.

Vous **voyez** qu'il est assez difficile de définir précisément une entreprise; il est nécessaire de connaître ses produits ou services, son organisation, sa philosophie et son marché.

Les Chevalier **créent** une autre succursale à Rennes parce qu'ils veulent s'implanter également en Bretagne.

Les grandes entreprises _____ des groupes de travail pour générer des idées pour le développement de nouveaux produits.

La façade d'un magasin.

Allons un peu plus loin...

PRESENT: IMPERATIF

Charlotte, si tu as une idée géniale et que tu y crois, **crée** ta propre entreprise!

_____ un nouveau département qui sera chargé du recrutement des jeunes stagiaires.

Créez un nouveau produit, nous devons diversifier nos activités!

_____ bien les résultats des sondages avant de lancer la nouvelle campagne publicitaire.

Etudions de plus près l'offre de partenariat qu'Orangina nous a faite.

Etudiez le droit commercial et vous verrez que vous comprendrez mieux le fonctionnement des entreprises.

Vois combien il est difficile de gérer une entreprise quand on n'a pas suffisamment d'expérience professionnelle.

Voyons, soyez raisonnables, vous n'avez pas les fonds nécessaires pour monter une nouvelle usine!

_____ votre conseiller financier avant de prendre la décision d'investir.

PRESENT: SUBJONCTIF

Avant que tu ne **crées** ta propre entreprise, je te conseille d'acquérir une bonne dizaine d'années d'expérience professionnelle dans ton domaine de spécialisation.

Il faut que vous **étudiiez** assidûment (régulièrement) la politique générale de l'entreprise afin de comprendre les différents mécanismes qui la régissent (gouvernent, dirigent).

Il est absolument nécessaire que nous **voyions** exactement comment ils emballent les pains congelés.

*A*perçus

Jetez un coup d'œil sur les aperçus suivants et complétez les traductions. Si la traduction d'un verbe est déjà faite, remarquez l'équivalent en anglais et finissez le reste de la phrase. Les verbes indiqués en caractères gras représentent le temps ou le mode indiqué pour l'aperçu en question.

> ➤ Take particular note of the verb forms in bold, then complete each translation.

Le futur. La société Elf Aquitaine a annoncé qu'elle **créera** un nouveau département Recherche et Développement en juin prochain pour sa nouvelle antenne (petite succursale) dans le nord de la France.

Elf Acquitaine announced (has announced) that it will create a new Research and Development _____ next _____ for its new sub-branch (agency) _____ of France.

Je soumettrai votre proposition à mes supérieurs hiérarchiques, et soyez assurée qu'ils l'**étudieront** avec la plus grande attention.

I will submit your _____ to my hierarchical _____ , and be assured that they will study it with the greatest _____ (very carefully).

Tu **verras** qu'en y mettant de la bonne volonté, en faisant de ton mieux, tu arriveras bien à t'entendre avec les autres membres de ton équipe.

You will see that by putting forth good _____, by doing your _____ , you will end up getting along with the other members of your _____.

L'imparfait. Dans les années 1980, les entreprises **créaient** beaucoup de *joint ventures*.

In the eighties, companies were creating a lot of _____.

Il y a encore quelques années, dans les écoles de commerce, on n'**étudiait** pas l'aspect "Ressources humaines" des entreprises dans les cours de gestion.

Just a few years ago, in business _____ , one didn't used to study the Human Resources aspect of _____ in _____ courses.

Nous ne **voyions** pas l'intérêt d'une telle collaboration, vues les conditions du marché à cette époque-là.

We weren't seeing the advantage of such a _____, given the _____ of the _____ at that time.

Le conditionnel. Si vous faisiez des études de marché plus approfondies, ça nous **créerait** moins de problèmes.

If you were to do more in-depth market _____ , it would create fewer _____ for us.

Si nous n'étions pas leader sur notre marché, nous **étudierions** mieux la concurrence.

If we were not the top (first) in our market or field, we would study the _____ better.

Si le Directeur de Marketing d'EuroDisney prenait un peu plus de recul, il y **verrait** plus clair dans cette affaire.

If EuroDisney's Head of _____ were to step back a little, he would see more clearly in this matter.

Le passé composé. L'ANPE **a été créée** afin d'aider les chômeurs dans leur recherche pour trouver un emploi.

The ANPE was created in order to help the _____ in their quest to find a _____.

La Région Auvergne **a étudié** diverses possibilités pour l'implantation du télétravail.

The Auvergne Region studied (has studied) different (various) _____ on the setting up of _____.

➤ «Créée» est le participe passé du verbe créer. Il fonctionne ici comme adjectif—le verbe **être** est conjugué au passé composé. Cette tournure donne la voix passive.

Est-ce que tu **as vu** la formidable explosion des branches technico-commerciales ces dernières années?

Did you see the wonderful explosion of the technical-commercial branches in the last few _____?

Le plus-que-parfait. Cette entreprise **avait créé** plusieurs filiales à l'étranger, mais elle a dû les fermer à cause de la crise économique de ces dernières années.

That company had created several _____ abroad, but it had to close them because of the economic _____ of these last few years.

Nous **avions étudié** longuement les avantages et les inconvénients liés au fusionnement de ces deux sociétés.

We had studied at length the _____ and _____ linked to the merging of those two _____.

Aviez-vous **vu** le Responsable des Ressources Humaines avant d'être embauchées?

Had you seen the _____ of Human _____ before being hired?

Y. Phrases à recomposer. Après avoir étudié les encadrés et aperçus qui précèdent, ajoutez les prépositions et autres éléments nécessaires pour former une bonne phrase complète. Concentrez-vous surtout sur le temps et le mode des verbes. Gardez l'ordre des mots qui est proposé.

1. vous/étudier (futur)/ce/dossier/pour demain, s'il vous plaît.
Nous/en discuter/à la réunion de 9 heures/avec Mme Blanchot/.

   _____

   _____

2. nous/étudier/leur proposition/lorsque/ils/appeler/pour vérifier que/nous avions bien reçu/leur/courrier/.

   _____

   _____

3. vous/voir/bien/ce que/directrice dira/mais/je crois/que/elle tiendra compte de/votre/conseils/.

   _____

   _____

4. nous/voir (imparfait)/régulièrement/délégué du syndicat/pendant/trois semaines/qui/ont précédé/grève/.

   _____

   _____

5. si/tu/changer (imparfait) de méthode de travail,/tu/voir/tout de suite/net/amélioration de/ton/résultats/.

   _____

   _____

6. ? (inversion)/elle/voir/psychologue de l'entreprise/comme/elle le souhaitait?

_____

_____

7. ils/voir (plus-que-parfait)/annonce/dans/journal/et/(ils) y avaient répondu/immédiatement/car/l'offre d'emploi correspondait/exactement à/leur/profil/.

_____

_____

8. ? (inversion)/étudier/ils/notre/demande de fonds/immédiatement/ si/nous/leur faisions parvenir/dossier/par télécopie/aujourd'hui même?

_____

_____

9. elle/créer (passé composé)/formule/sur mesure/adaptée aux besoins de/notre/clientèle/.

_____

_____

10. je/créer (plus-que-parfait) nouveau/créneau/dans le domaine de/service à domicile/.

_____

_____

BOIRE / MANGER

PRESENT: INDICATIF OU INTERROGATIF

J'ai tellement de travail en fin de semaine que je ne déjeune pas. La plupart du temps, je **mange** un sandwich devant mon ordinateur ou je **bois** un Yoplaît.

Est-ce que tu _____ toujours autant de café quand tu as un gros dossier à étudier?

Il est très ambitieux et **mange** tout le monde (sens figuré) sur son passage pour réussir.

Vincent ne falsifierait jamais ses factures... il ne **boit** pas de cette eau-là!

Tu peux être aimable avec tes employés, ça ne **mange** pas de pain...

Nous **mangeons** de la manière la plus équilibrée et la plus saine possible, afin de nous sentir bien et d'être plus productifs.

_____ -vous souvent au restaurant avec vos clients lorsqu'un contrat important est en jeu (quand il est question d'un contrat important ou quand un contrat important est en cause)?

> ➤ Is there another use of figurative language in this verb frame?

Les cadres d'entreprises étrangères tiennent compte des différences culturelles afin de plaire à leurs partenaires commerciaux: ainsi, ils _____ du *sake* lors de dîners d'affaires avec des Japonais.

Nos employés ne **boivent** pas d'alcool lorsqu'ils sont de service parce qu'on peut faire appel à eux tout moment.

Des clients font la queue à la caisse d'un hypermarché.

Allons un peu plus loin...

PRESENT: IMPERATIF

_____ ton café, et cesse de discuter mes ordres!

Levons notre coupe de champagne, **buvons** pour fêter ce nouveau contrat!

Buvez un verre de plus, et vous ne serez plus en mesure de travailler...

Ne **mange** pas tant lors des cocktails, cela ne fait pas très distingué!

_____ pour reprendre des forces et pour oublier l'échec de ce partenariat.

Mangez donc avec nous, il est toujours plus agréable de discuter autour d'une table.

PRESENT: SUBJONCTIF

Quand tu iras négocier ce contrat à Moscou, n'oublie pas qu'il faudra que tu **boives** ton verre de vodka cul-sec!

J'ai dit au VRP (voyageur représentant placier): «Il serait préférable que vous **mangiez** un morceau avec nous avant de continuer votre tournée.» Et il a accepté.

 *perçus*

Jetez un coup d'œil sur les aperçus suivants et complétez les traductions. Si la traduction d'un verbe est déjà faite, remarquez l'équivalent en anglais et finissez le reste de la phrase. Les verbes indiqués en caractères gras représentent le temps ou le mode indiqué pour l'aperçu en question.

Le futur. Dans le monde des affaires, il ne faut jamais dire "Fontaine, je ne **boirai** pas de ton eau!".

> ➤ Literally: "Fountain, I will not drink of your water."

In the _____ world, one must never say "That will never happen to me!".

Allez voir le Directeur à ce sujet, il ne vous **mangera** pas!

Go (to) see the _____ about that matter, he won't eat you!

L'imparfait. J'ai remarqué que lorsque vous faisiez votre discours devant le personnel de cette entreprise, tout le monde **buvait** vos paroles.

I noticed that when you were giving your _____ in front of the _____ of that company, everyone was drinking in your _____.

Toutes ces activités lui **mangeaient** tout son temps, c'est pour ça qu'il a décidé d'engager un nouvel assistant.

All those _____ were eating up all his _____, that's why he decided to get a new _____.

Le conditionnel (passé). Souvent, en France, on appelle une personne par son nom de famille uniquement, même quand on s'adresse directement à elle. Il peut y avoir une connotation de tendresse ou de mépris selon le contexte. Cela ne veut rien dire en soi.

Si Jameron ne s'était pas ressaisi à la dernière minute, son entreprise **aurait bu** la tasse à l'heure qu'il est (aurait connu de graves difficultés) comme beaucoup d'autres PME.

> ➤ Literally: would have drunk the cup at the time it is.

If Jameron had not had enough at the last _____, his company would have known serious _____ like many other small and middle-sized companies.

Si vous suiviez scrupuleusement le budget qui vous est assigné, vous ne **mangeriez** pas autant d'argent pour ce projet.

If you follow (were to follow) the _____ that is assigned to you scrupulously, you would not eat up as much _____ for that _____.

Le passé composé. Nous **avons** tous **bu** à la santé de Mme Martin pour fêter son départ à la retraite.

All of us drank to the _____ of Mrs. Martin to celebrate her leaving on retirement.

Dans les années 1980, beaucoup de grosses entreprises **ont mangé** les petites.

In the 1980's, many big _____ ate up the little ones.

Le plus-que-parfait. Je n'**avais** jamais **bu** autant de champagne et mangé autant de caviar russe que lorsque mon entreprise a fêté ses 50 ans d'existence.

I had never drunk as much _____ and eaten as much Russian _____ as when my company celebrated its 50 _____ of existence.

Les médias ont toujours dit que la nouvelle directrice **avait mangé** de la vache enragée étant plus jeune. Cela ne m'étonnerait pas. Sinon comment expliquer sa persévérance et son intransigeance.

The _____ always said that the new director had gone through some difficult periods (lit., had eaten some rabid cow) when she was younger. That would not astonish me. How else would one explain her _____ and intransigence.

Z. Phrases à recomposer. Après avoir étudié les encadrés et aperçus qui précèdent, ajoutez les prépositions et autres éléments nécessaires pour former une bonne phrase complète. Concentrez-vous surtout sur le temps et le mode des verbes. Gardez l'ordre des mots qui est proposé.

1. !/venir/nous voir/dimanche/et/nous/boire/votre succès. Nous/être/si content/que/Dassault ait renouvelé/votre/contrat/.

   _____

   _____

2. le midi/elle/manger/rapidement/sandwich/et ne prenait même pas/temps/aller/cafétéria/quand/il fallait/que/elle/terminer/ projet/.

   _____

   _____

3. je/boire/eau/et non du vin/à midi/si/j'avais/autant/travail à faire/que/toi/cet après-midi/.

   _____

   _____

4. tu/voir,/tu/manger (passé composé)/vache enragée/pendant tes premières années/agence/mais/regarder/(!)/maintenant/où/tu/ arriver (passé composé)/.

   _____

   _____

5. nous/boire (plus-que-parfait)/deux apéritifs/avant/déjeuner/et/ étions complètement/incapable/de se concentrer sur/ce que/ représentant/dire (imparfait)/.

   _____

   _____

Les verbes «de la maison d'être» se conjuguent en général avec l'auxiliaire **être** au passé—sauf quand il y a un complément d'objet direct qui rend le verbe transitif.

venir

devenir

revenir

arriver

entrer

rentrer

monter

descendre

tomber

partir

sortir

aller

rester

naître

mourir

retourner

passer

➤ Consult the index for the pages of specific verb frames.

LES VERBES "DE LA MAISON D'ETRE"
PRESENT: INDICATIF OU INTERROGATIF

Depuis que je travaille, j'**arrive** toujours à l'heure à mes rendez-vous professionnels.

Restes-tu travailler tard dans ton bureau lorsque tu as un dossier important à traiter ou préfères-tu le ramener à la maison?

Sandrine **monte** à Paris plusieurs fois par mois pour rencontrer ses fournisseurs.

Luc **tombe** toujours de haut lorqu'on lui demande de modifier un de ses rapports car il est persuadé que son travail est d'une qualité irréprochable.

On **arrive** toujours à ce qu'on veut quand on fait les efforts nécessaires.

Nous **rentrons** des données sur ordinateur afin que ce dernier calcule automatiquement des ratios financiers sur notre entreprise.

Vous ne **passez** jamais inaperçu lors des réunions de travail avec votre cravate multicolore.

Les jours **passent** tellement plus vite lorsqu'on travaille dur!

Mes assistants ne **retournent** jamais au bureau le week-end.

ATTENTION: Les verbes **venir (revenir, devenir)**, **partir**, **sortir**, **naître** et **mourir** sont irréguliers au présent. Si vous ne vous souvenez pas de leurs formes, étudiez-les!

Allons un peu plus loin...

PRESENT: IMPERATIF

Passe-moi le dossier Limagrain, j'en ai besoin pour préparer ma réunion de 11 heures.

Restons un peu plus longtemps à ce cocktail, cela pourrait nous donner l'occasion de mieux faire connaître notre entreprise.

_____ au septième étage par l'ascenseur, Madame la Présidente, je vous rejoins dans un instant.

PRESENT: SUBJONCTIF

Il va falloir que je **passe** en revue toutes les données que nous avons rassemblées pour pouvoir proposer une nouvelle stratégie à notre entreprise.

Aperçus

Jetez un coup d'œil sur les aperçus suivants et complétez les traductions. Si la traduction d'un verbe est déjà faite, remarquez l'équivalent en anglais et finissez le reste de la phrase. Les verbes indiqués en caractères gras représentent le temps ou le mode indiqué pour l'aperçu en question.

Le futur. Je **passerai** t'apporter les documents dont tu as besoin ce soir pour que tu puisses les parcourir avant ta réunion.

I'll stop by to drop off the documents you need _____ so that you'll be able to go over them before your _____.

L'imparfait. Je me rappelle qu'il y a encore quelques années nous n'**arrivions** pas encore à travailler efficacement en équipe.

I remember that a few _____ ago we didn't manage to (weren't managing to) work efficiently as a team (on the team).

Le conditionnel. Si tu savais comment venir à bout de ce problème, tu **monterais** à Paris tout de suite, n'est-ce pas?

If you knew how to have this _____ over and done with, you would come up (go) to Paris immediately, right?

Le passé composé. Je viens d'apprendre qu'une de mes amies passionnée de cinéma **a** enfin **monté** sa propre société de production. Est-ce que tu sais que ses bureaux sont au dixième étage de la Tour Montparnasse? Hier, comme je passais par là, je **suis monté(e)** la voir.

La devanture d'une petite librairie au centre de Paris.
Remarquez le jeu de mots avec Mona Lisa.

I just learned that one of my friends (who's) crazy about film finally started her own production _____. Do you know that her _____ are on the tenth _____ of the Montparnasse Tower. Yesterday as I was passing by, I went up to see her.

> **ATTENTION:** Les verbes "de la maison d'être" se conjuguent avec l'auxiliaire **avoir** quand ils ont un complément d'objet direct.
>
> - J'ai passé l'aspirateur.
>
> - Il a sorti des livres de la bibliothèque.
>
> - Elle a monté l'escalier.
>
> - Nous avons passé trois mois en France.

Laure **est rentrée** tard hier soir, elle avait beaucoup de boulot à finir pour sa patronne.

Laura got home late last night (evening), she had a lot of _____ to finish for her _____.

Mais tu **es tombé(e)** sur la tête: si tu vends tes actions Eurotunnel maintenant, tu vas perdre beaucoup d'argent. Il faut les voir comme un investissement à long terme.

But are you crazy? (literally: you fell on your head): if you sell your Eurotunnel _____ now, you are going to lose a lot of money.

Le plus-que-parfait. Si je n'étais pas retourné(e) à Paris depuis notre dernière réunion générale, nous **aurions passé** beaucoup de temps sur ce dossier et c'est pour ça que nous avons été déçus par votre manque de réaction lors de sa présentation.

If I had not returned to Paris since the (our) last general _____ , we would have spent a lot of _____ on this _____ and it's because of that that we were disappointed by your lack of _____ when he made his/her presentation (literally: at the time of his/her presentation).

AA. Phrases à recomposer. Après avoir étudié les encadrés et aperçus qui précèdent, ajoutez les prépositions et autres éléments nécessaires pour former une bonne phrase complète. Concentrez-vous surtout sur le temps et le mode des verbes. Gardez l'ordre des mots qui est proposé.

1. si/je/avoir/encore/papier à en-tête,/je/sortir (conditionnel)/ce/lettre/à l'imprimante/pour que/Madame Davoux/signer/tout de suite/.

_____

_____

2. le responsable/descendre (passé composé)/fiches/que/je/devoir/consulter/avant/réunion/.

_____

_____

3. ? (inversion)/Rester (futur)/vous/dans/ce/fonction de/coordinatrice?

_____

_____

4. elle/mourir (imparfait)/d'envie/dire/ses amies/que/elle/obtenir (plus-que-parfait)/poste/Tahiti/.

_____

_____

5. ils/ passer (plus-que-parfait)/bureau/pour/finir/quelque/comptes/samedi matin/avant de/aller/piscine/.

_____

_____

SOUFFRIR/SE SENTIR/CRAINDRE
PRESENT: INDICATIF OU INTERROGATIF

Je **me sens** mieux depuis que je ne suis plus au chômage.

Ne **crains**-tu pas que ce conflit social ne dégénère et nous fasse perdre beaucoup d'argent?

Patrick **se sent** vraiment très seul depuis qu'il a perdu son emploi.

La Directrice du Personnel **souffre** le martyre à chaque fois qu'elle se voit dans l'obligation de dégraisser (réduire) les effectifs.

On _____ souvent du manque de communication au sein d'une entreprise.

La situation est tellement difficile pour les employés que nous **craignons** vraiment qu'ils ne se mettent en grève avant la fin de la semaine.

Ne **vous sentez**-vous pas parfois impuissant(e)(s) et découragé(e)(s) devant l'injustice du chômage?

Les utilisateurs des transports en commun **craignent** toujours une grève qui les obligerait à se lever plusieurs heures plus tôt pour pouvoir se rendre sur leur lieu de travail.

Bien que nous soyons à la fin du XXe siècle, les femmes, quelles que soient leurs qualifications, **souffrent** encore de discrimination qui les empêche d'accéder aux postes les plus élevés au sein d'une entreprise.

➤ Based on the forms represented here, see if you can reconstitute the present tense forms for each of these verbs.

PRESENT: IMPERATIF

Ne **souffre** pas tant pour des choses qui n'en valent pas la peine: ne pas trouver d'emploi après deux semaines de recherche seulement n'est pas dramatique!

_____ en silence, jusqu'à ce qu'on nous offre l'opportunité de nous exprimer. La grève ne résoudra pas tous les problèmes.

Ne _____ pas tant de rester sous les ordres d'un supérieur qui vous harcèle, donnez votre démission.

Sens-toi* plus sûre de toi. Tu as le profil idéal pour ce poste.

Sentons-nous* heureux des résultats de ce trimestre; il n'y a vraiment aucune raison de nous plaindre.

Sentez-vous* libéré(e)(s), cette entreprise nc répondait vraiment pas à vos attentes.

Crains M. Fourrier, il est beaucoup moins indulgent que ce qu'on pourrait croire.

Craignons les orages: les circuits électriques de notre entreprise pourraient en souffrir!

Ne _____ pas de dire ce que vous pensez, c'est la seule manière de venir à bout des conflits.

> ➤ *Attention: Le verbe* **se sentir** *est rarement utilisé à l'impératif.*

PRESENT: SUBJONCTIF

Je connais ton directeur. C'est un véritable bourreau. Il aime que ses employés **souffrent** et s'épuisent à la tâche. Il est évident qu'il veut que tu **souffres** et que tu t'épuises au travail aussi.

Pour que tu **te sentes** mieux, il faudrait que tu suives des cours sur les techniques de l'entretien.

Quoique tu **craignes,** sache que tes angoisses ne sont pas fondées: ton entretien se passera bien.

perçus

Jetez un coup d'œil sur les aperçus suivants et complétez les traductions. Si la traduction d'un verbe est déjà faite, remarquez l'équivalent en anglais et finissez le reste de la phrasc. Les verbes indiqués en caractères gras représentent le temps ou le mode indiqué pour l'aperçu en question.

Le futur. Je **souffrirai** beaucoup si on m'apprend que mon travail ne satisfait pas mes employeurs.

I will suffer a great deal if they let me know that my _____ does not satisfy my _____.

Tu **te sentiras** beaucoup mieux après une semaine de congés.

You will feel a lot better after a _____.

Il semble optimiste de penser que dans quelques années les Français ne **craindront** plus le chômage.

It seems optimistic to think that in a few _____ the _____ will no longer fear _____.

L'imparfait. L'entreprise **souffrait** de graves difficultés financières; c'est pour cela qu'elle a préféré déposer son bilan.

The _____ was suffering great financial _____ ; it's for that (reason) that it preferred to declare bankruptcy.

Nous ne **nous sentions** pas prêts à initier une nouvelle grève car nous savions pertinemment que cela ne servirait à rien.

We weren't feeling ready to initiate a new _____ for we knew full well (or for a fact) that that wouldn't accomplish anything.

Guillaume **craignait** beaucoup son supérieur hiérarchique.

Guillaume greatly feared his _____.

Le conditionnel. Si tu voyais le chômage comme un fléau à court terme, tu ne **souffrirais** pas tant.

If you saw (were to see) _____ as a short-term scourge, you would not suffer as much.

Nous nous **sentirions** beaucoup mieux si nous étions sûrs de pouvoir garder notre poste.

We would feel a lot better if we were sure of being able to keep our _____.

Si l'information était mieux diffusée au sein de cette entreprise, les employés ne **craindraient** pas de perdre leur emploi.

If _____ were better disseminated within that _____ , the _____ would not fear losing their _____.

Le passé composé. Anne-Claude **a** beaucoup **souffert** lorsqu'on lui a appris qu'elle était touchée par une vague de licenciements économiques.

Anne-Claude suffered a lot when they let her know that she had been touched by a wave of economic _____.

Je **me suis senti(e)** cent fois mieux après avoir quitté cette maudite entreprise.

I felt a hundred times better after having left that blasted _____.

François **a** beaucoup **craint** pour son poste lorsque le nouveau directeur a réorganisé le service Marketing de Rhône-Poulenc.

François feared greatly for his _____ when the new _____ reorganized the Marketing _____ of Rhône-Poulenc.

Le plus-que-parfait. N'était-ce pas parce que tu **avais** trop souvent **souffert** des grèves à Paris que tu avais décidé de postuler (poser ta candidature, chercher un travail) en province?

Wasn't it because you had too often put up with _____ in Paris that you had decided to apply for or put in for a job outside of Paris?

Nous ne **nous étions** jamais **sentis** aussi bien que lorsque nous avons finalement trouvé ce nouvel emploi.

We had never felt as good as when we finally found this/that new _____.

Thierry et Arthur **avaient** longtemps **craint** que tu ne leur caches la vérité au sujet de ta situation professionnelle, et que tu sois en fait au chômage.

Thierry and Arthur had long feared that you were hiding the truth about your professional _____ from them, and that you were in fact out of _____.

BB. Phrases à recomposer. Après avoir étudié les encadrés et aperçus qui précèdent, ajoutez les prépositions et autres éléments nécessaires pour former une bonne phrase complète. Concentrez-vous surtout sur le temps et le mode des verbes. Gardez l'ordre des mots qui est proposé.

1. ?/se sentir/vous/capable de/assumer/responsabilité de tout le service Comptabilité/pendant/absence/patron?

   _____

   _____

2. ils/craindre (plus-que-parfait)/restructuration/entreprise/qui/ supprimer (conditionnel passé)/leur/poste/.

   _____

   _____

3. nous/se sentir (passé composé)/complètement/dépassé/lorsque/ notre/boîte/s'informatiser/.

   _____

   _____

4. je/craindre (conditionnel)/mon/patron/si/je/être/toi/car/il/avoir/ réputation de/être/sans pitié/avec/son/employés/.

   _____

   _____

5. elle/souffrir de (imparfait)/ne pas avoir été sélectionnée parmi les finalistes/parce que/elle/vouloir/vraiment/travailler/Peugeot.

   _____

   _____

DEVOIR

PRESENT: INDICATIF OU INTERROGATIF

Je _____ à présent chercher un nouvel emploi, car mon poste actuel ne répond pas à mon attente.

Tu ne **dois** pas t'inquiéter, avec l'aide de l'ANPE, tu vas bien finir par trouver un emploi correspondant à tes capacités.

Eric **doit** passer déposer plusieurs CV demain pour que nous puissions l'aider dans sa recherche d'emploi.

Aurélie ne _____ surtout pas douter de ses capacités: c'est quelqu'un de très doué et elle trouvera un emploi plus facilement que ceux de sa promotion (les gens qui ont commencé et ont fini leurs études en même temps qu'elle).

On _____ toujours garder son sang froid devant ses employés.

On **doit** respect et obéissance à son supérieur hiérarchique.

Nous ne **devons** jamais sous-estimer l'importance des syndicats.

Vous _____ toujours garder à l'esprit que toutes les décisions que vous prenez ont une implication directe sur le personnel.

Les chefs d'entreprise _____ prendre en compte les avantages fiscaux liés à l'embauche de jeunes diplômés.

Les secrétaires **doivent** trop souvent accepter de passer inaperçues alors que leur travail est essentiel au succès de leur entreprise.

Soldes au Bazar de l'hôtel de Ville, un grand magasin parisien.

Allons un peu plus loin...

Ce verbe n'a pas d'impératif.

Il est impossible qu'il **doive** tant d'argent au comité des fêtes.

Aperçus

Jetez un coup d'œil sur les aperçus suivants et complétez les traductions. Si la traduction d'un verbe est déjà faite, remarquez l'équivalent en anglais et finissez le reste de la phrase. Les verbes indiqués en caractères gras représentent le temps ou le mode indiqué pour l'aperçu en question.

> se faire à = s'habituer à, s'adapter à

Le futur. Tu **devras** bien un jour ou l'autre te faire aux réglementations de ton entreprise.

One _____ or another, you'll well have to get used to the rules and regulations of your _____.

L'imparfait. Je **devais** pas mal d'argent à mes parents car ils avaient financé mon stage aux Etats-Unis.

I used to owe my _____ pretty much _____ because (for) they had financed my co-op or internship in the _____.

Le conditionnel. Nous **devrions** envoyer notre CV et notre lettre de motivation chez Merlin Gerin puisqu'ils ont déjà pris bon nombre de stagiaires de notre école.

We should send our CV and _____ to Merlin Gerin because they have already taken a good number of co-ops (trainees) from our school.

Le passé composé. J'**ai dû** faire du porte-à-porte auprès d'une dizaine d'entreprises avant de me voir accorder un entretien d'embauche.

I had to go door-to-door with ten or so companies before being granted a _____.

Le plus-que-parfait. Si j'avais su que tu **avais dû** faire dix heures de train pour passer cet entretien d'embauche, je t'aurais suggéré de le faire par téléphone.

If I had known that you had had to do ten _____ train in order to do this job interview, I would have suggested to you to do it by _____.

CC. Phrases à recomposer. Après avoir étudié les encadrés et aperçus qui précèdent, ajoutez les prépositions et autres éléments nécessaires pour former une bonne phrase complète. Concentrez-vous surtout sur le temps et le mode des verbes. Gardez l'ordre des mots qui est proposé.

Un pâtissier au travail.

1. elle/devoir (futur)/envoyer/lettre d'acceptation/le plus tôt possible/.

_____

_____

2. ils/devoir (conditionnel)/s'inscrire à/syndicat/si/ils/vouloir/jouer/rôle/actif/dans leur entreprise/.

_____

_____

3. Nous/devoir (passé composé)/se lever/de très bonne heure/pour/arriver/bureau/à neuf heures/malgré/grève.

_____

_____

4. Tu/devoir/toujours/garder à l'esprit/plusieurs des règles d'or/créateur:

_____

_____

DORMIR/S'ENDORMIR
PRESENT: INDICATIF OU INTERROGATIF

Je ne **dors** plus depuis que mon entreprise a annoncé qu'elle allait licencier.

Mon pauvre, tu _____ debout, tu devrais arrêter de travailler cinq minutes et prendre un café bien tassé (fort).

Aurélien n'en **dort** plus depuis qu'il sait que son entretien avec l'entreprise qu'il visait n'a pas marché.

Géraldine ne _____ pas sur ses lauriers: non contente d'avoir décroché un entretien à TF 1, elle n'arrête pas pour autant ses recherches d'emploi auprès d'autres entreprises.

On ne **dort** jamais aussi bien que lorsqu'on laisse tous ses soucis professionnels au travail.

Nous n'avancerons pas beaucoup dans notre projet si nous **dormons** plus de cinq heures par nuit.

Vous _____ sur votre travail, ceci est mon dernier avertissement!

Penses-tu que les agriculteurs rentrent chez eux cette nuit ou **dorment** devant la Préfecture pour manifester leur mécontentement?

Elles _____ toujours dans le train malgré le bruit.

Allons un peu plus loin...

PRESENT: IMPÉRATIF

Ne **t'endors** pas sur tes lauriers.

Dormons dans l'avion pour arriver reposés.

_____ au minimum huit heures par nuit pour pouvoir récupérer.

PRESENT: SUBJONCTIF

Si je lui donne une trop grosse augmentation de salaire, j'ai peur qu'il ne **s'endorme** sur ses lauriers.

➤ With your study partner think of at least seven more pieces of advice to give them.

DD. Quelques ordres! Imaginez que vous conseillez quelques jeunes qui veulent se lancer et créer leur propre entreprise. Mettez les phrases suivantes à l'impératif.

1. fonder/entreprise sur/savoir-faire
2. minimiser/risques
3. spécialiser/activité
4. savoir/s'entourer/et/s'informer
5. faire appel à/compétences/autres
6. bien choisir/associés
7. éviter/investissements/improductif

Aperçus

Jetez un coup d'œil sur les aperçus suivants et complétez les traductions. Si la traduction d'un verbe est déjà faite, remarquez l'équivalent en anglais et finissez le reste de la phrase. Les verbes indiqués en caractères gras représentent le temps ou le mode indiqué pour l'aperçu en question.

Le futur. Tu **dormiras** mieux une fois que tu auras fini tous tes entretiens d'embauche.

You'll sleep better once you have (will have) finished all your _____.

L'imparfait. J'ai toujours su qu'un homme d'affaires brillant **dormait** (sommeillait) en toi.

I always knew that a brilliant _____ was sleeping (was lying dormant) in you.

Le conditionnel. Si tu te confiais à ta patronne et lui parlais des vrais problèmes qui te travaillent, tu cesserais de faire des cauchemars et tu **dormirais** bien mieux.

Une marchande de légumes sur un marché.

If you were to confide in your _____ and to talk to him about the real problems that are bothering you, you would stop (cease) having nightmares and you would sleep much better.

Le passé composé. Vite, réveillez-vous, vous **avez dormi** comme des souches.

_____ *quick, you slept like rocks (literally: stumps).*

Le plus-que-parfait. Nous **avions** tellement bien **dormi** la veille que nous étions en pleine forme et que notre entretien s'est formidablement bien passé.

We had slept so well the night before that we were in great _____ and our interview went fantastically well.

EE. Phrases à recomposer. Après avoir étudié les encadrés et aperçus qui précèdent, ajoutez les prépositions et autres éléments nécessaires pour former une bonne phrase complète. Concentrez-vous surtout sur le temps et le mode des verbes. Gardez l'ordre des mots qui est proposé.

1. je/s'endormir (imparfait)/sur/ce/dossier/quand/patron/me
téléphoner (passé composé)/pour/me convoquer/dans/bureau/.

_____

_____

2. il/dormir (passé composé)/dans le train/qui/l'emmenait/Paris/
où/il/devoir (imparfait)/rencontrer/Directeur des Ressources
Humaines de Prisunic/.

_____

_____

> dormir comme des souches = profondément; sans donner aucun signe de vie; inerte(s), immobile(s)

Les soldes à la Samaritaine, à Paris.

3. mon/ancien/patronne/me dire/toujours (même maintenant quand je la vois)/que/il faut/se méfier de/eau qui dort!

_____

_____

4. je/rester (futur)/jusqu'à ce que/je/finir/ce/travail/et/je/dormir (futur)/bureau/si nécessaire/.

_____

_____

5. tu/ne pas assez dormir (plus-que-parfait)/ce/nuit-là/et/ce/être/ pourquoi/tu/ne pas avoir (imparfait)/les idées/clair/lors de/ton/ entretien d'embauche/.

_____

_____

---

*E*ncadré supplémentaire: *les adjectifs*

Comme nous l'avons déjà vu à la page 79, les adjectifs doivent s'accorder en nombre et en genre avec le nom qu'ils modifient. Pour obtenir la forme féminine, il faut ajouter un **-e** à la forme masculine de la plupart des adjectifs. Il y a des exceptions cependant comme nous l'avons constaté aux pages 129–131 où nous avons étudié quelques exemples d'adjectifs se terminant en **-il, -el** et **-eil** → **-lle** et ceux en **x** →

se. Voici maintenant quelques catégories supplémentaires:

f→ve	portative, attentive, active, destructive, neuve, sportive, vive, créative, agressive, abusive, compétitive
ong→ongue	longue
en→enne	parisienne, ancienne, moyenne
er→ère	chère, dernière, entière, étrangère, légère, première
on→onne	bonne, bretonne
eux→euse	flatteuse, menteuse, moqueuse
eur→rice	conservatrice, créatrice, protectrice, productrice, animatrice, motrice
eur→re	antérieure, intérieure, extérieure, inférieure, supérieure, meilleure, majeure, mineure
et→ète et	discrète, indiscrète, complète, concrète, inquiète, secrète
et→ette	muette, nette
s→sse	basse, épaisse, grasse, lasse, grosse
c→che	franche, blanche (*Exceptions:* grecque, publique)

FF. Récapitulons! Les phrases suivantes vont vous faire réviser les thèmes des entreprises françaises, des demandes et offres d'emploi, de l'informatique et de la banque, de la Poste et des télécommunications. Lisez-les et faites accorder les adjectifs indiqués entre parenthèses.

1. Ils ont acheté un nouvel ordinateur _____ (portatif).

2. La directrice de la publicité est toujours très _____ (attentif) lors des réunions.

3. Mes collègues sont incroyablement _____ (actif) aux J.O. (Jeux Olympiques).

4. Le manque de communication entre les membres d'une équipe peut être vraiment _____ (destructeur).

5. Cette agence de publicité est très _____ (compétitif).

6. Quelle _____ (long) journée!

7. La _____ (nouveau) directrice lui a donné une très _____ (bon) évaluation.

8. C'est une entreprise de taille _____ (moyen).

9. Ce logiciel tout _____ (entier) a été détruit par l'orage.

10. Notre directeur général est la _____ (premier) personne que je vois chaque matin. Il doit arriver avant 7h!

11. Passez de très _____ (bon) vacances! Je vous reverrai après Noël.

12. Son assistante fait toujours des remarques très _____ (flatteur), mais elle ne ment jamais.

13. Elle est vraiment _____ (conservateur) et _____ (traditionnel) dans sa vie personnelle, mais au travail elle est très _____ (imaginatif) et _____ (créateur).

14. Les fournisseurs des agences de publicité _____ (parisien) doivent être un peu _____ (agressif) et très _____ (compétitif) s'ils veulent réussir.

Un assortiment de
pains traditionnels

15. Oui, je crois que c'est la _____ (meilleur) solution
à ce problème d'acheminement des marchandises pendant la
grève.

16. Elles sont très _____ (discret). N'importe quelle
chose reste _____ (secret) et le demeurera grâce
à l'engagement *(commitment)* qu'elles ont pris vis-à-vis de notre
société.

17. Il y a une distinction bien _____ (net) à faire entre
ces deux offres.

18. Edith n'est pas _____ (las), hélas, elle est
_____ (épuisé).

19. Ces dessinateurs ressentent toujours l'angoisse de la page
_____ (blanc).

20. Tu n'aimes pas les remarques _____ (moqueur),
n'est-ce pas?

21. Elle a passé de _____ (long) heures sur Internet;
elle adore ça tu sais.

22. C'est un taux d'intérêt vraiment _____ (agressif),
c'est-à-dire _____ (compétitif).

23. C'est un téléphone _____ (mobile) qui est
clairement _____ (inférieur) à l'autre.

24. Elle a fini d'écrire sa _____ (dernier) lettre de
motivation à 3h du matin.

25. C'est une société vraiment _____ (jaloux) de ses
idées.

26. Dans _____ (quel) branche est-ce que cette
entreprise est _____ (actif)?

27. Lorsqu'une personne est _____ (nommé) à un
poste _____ (supérieur), on dit qu'elle est
_____ (promu).

*E*xercices de synthèse

GG. A vos plumes! Après avoir révisé les dialogues, lectures et points
de repère du Module IV dans votre manuel, ainsi que les points
grammaticaux, les encadrés et les aperçus, écrivez un paragraphe sur au
moins un des sujets suivants. Utilisez les expressions indiquées comme
point de départ.

> ➤ *Insérez le titre du dialogue que vous aurez choisi. (1)

> ➤ *Insérez le titre de la lecture que vous aurez choisie. (2)

> ➤ *Insérez le titre (les entreprises françaises, les chiffres parlent, etc.) de la section que vous allez commenter. (3)

1. Dans le dialogue intitulé...,*il s'agit de...

2. Le texte..., *que nous avons lu parlait de...

3. D'après la section...*des points de repère,...

_____

_____

_____

_____

_____

Echange

HH. Prise de notes. Après voir écouté la section **Echange** du Module IV, réécoutez-la et notez les mots qui vous paraissent les plus importants.

Verbes	Noms	Adjectifs, adverbes ou autres expressions
_____	_____	_____
_____	_____	_____
_____	_____	_____
_____	_____	_____
_____	_____	_____
_____	_____	_____
_____	_____	_____

II. Synthèse. Après avoir consulté la liste des mots-clés qui précède, écrivez un résumé de ce que vous avez entendu, en une phrase ou deux.

_____

_____

_____

Dans le Module V de Guide d'étude, nous allons cibler surtout le comparatif des noms.

MODULE *V*

Différentes facettes du monde du travail

Dans ce module du Guide d'étude, après avoir beaucoup travaillé les liaisons, nous allons étudier le comparatif des noms, réviser les noms d'une façon générale, examiner certains adjectifs et adverbes, réviser quelques verbes irréguliers sous forme d'encadrés supplémentaires et faire la traduction de plusieurs noms des aperçus—le tout surtout dans le contexte du monde du travail.

*P*hotos et descriptions

A. Pré-écoute

1. Regardez les photos de la page 179. Qu'est-ce que vous voyez?

_____

_____

_____

_____

_____

_____

2. Qu'est-ce que les photos suggèrent comme actions ou comme états?

_____

_____

_____

_____

_____

_____

_____

➤ In this module, we'll be focusing on the phonetic concept of *liaison*. We'll then quickly review the formation of the comparative for nouns and study certain adjectives and adverbs. As usual, we'll also provide you with verb frames and flashes for review as yet another perspective on temporary work, publicity, and buying and selling.

➤ Try this exercise with your study partner. If there's a noun you'd like to use that you don't have at your disposal, use circumlocution.

178

▲ La devanture de l'agence intérim Interval.

▲ L'enseigne d'une agence de publicité.

▲ La façade des bureaux d'une
entreprise import-export.

Des articles en promotion dans ➤
un hypermarché.

B. Compréhension orale/aurale. Ecoutez le premier segment de ce module sur votre cassette audio deux ou trois fois afin de pouvoir encercler les mots ou expressions que vous reconnaissez.

Photos numéros 1 et 2

Verbes	Noms	Adjectifs ou autres expressions
ne...pas entrer	un électricien	urgent(e)
prendre une photo(graphie)	un bâtiment	industriel(le)
regarder	le travail	temporaire
voir	des charpentes	métalliques
imaginer	un coffreur	
passer par	un brancheur	
	le reflet	
	la réflexion	
	la vitrine	
	la vitre	
	une agence	
	un conseil	
	la publicité	
	la communication	

Quelle est la forme de chaque verbe employé dans le commentaire?

_____

Quelle est la forme de chaque adjectif utilisé?

_____

Photo numéro 3

Verbes	Noms	Adjectifs ou autres expressions
stationner	une voiture	français(e)
laisser	le transit	maritime
	une plaque d'immatriculation	japonais(e)
	une antenne	italien(ne)
	un poteau	aérien(ne)
	une fenêtre	fluvial(e)
	le toit	océanique
	le trottoir	ferroviaire
	les phares	
	la manutention	
	la consignation	
	le frêt	
	des vénitiennes	

Quelle est la forme de chaque verbe utilisé dans le commentaire?

_____

Quelle est la forme de chaque adjectif utlisé?

_____

Photo numéro 4

Verbes	Noms	Adjectifs ou autres expressions
acheter	le rayon	gagnant(e)
voir	un maillot de bain	bon marché (invariable)
essayer	une chemise	blanc (blanche)
étaler	une enseigne	en solde
	le prix	
	un franc	
	une promotion	

Quelle est la forme de chaque adjectif utilisé?

_____

Quelle est la forme de chaque nom employé?

_____

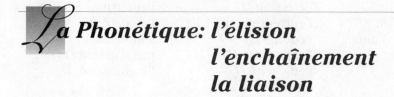

C. A vos plumes! En vous basant sur ce que vous avez entendu, écrivez un petit paragraphe de 50 mots sur une des photos qui précèdent.

    1. Formulez une phrase d'introduction ou d'ouverture.

    2. Consultez les notes que vous avez prises pour développer vos idées.

    3. Ecrivez une phrase imaginative en guise de conclusion.

    Sur la photo Nº . . . _____

_____

_____

_____

_____

_____

_____

_____

La Phonétique: l'élision
l'enchaînement
la liaison

L'élision. **L'élision** est l'effacement d'une voyelle finale devant une autre voyelle qui commence le mot suivant. L'apostrophe, en français, marque toujours **l'élision.**

➤ Please pronounce the following words with your study partner *before* listening to your cassette. Mark those nouns whose gender you have not yet mastered so that you can come back to them later.

D. Concentrez-vous sur l'élision. Prononcez les mots et expressions suivants. Révisez le genre des substantifs (noms) en même temps.

> **REMARQUE:** Il n'y a aucun son associé avec l'apostrophe. Le mot en question se prononce comme si la/les consonnes qui le précède(nt) font partie de ce mot.

s'il
qu'il
qu'on
que l'on
l'actionnaire (m)
l'introduction (f)
l'emploi (m)
l'infinitif passé
l'éventail (m)
l'ordinateur (m)
l'entreprise (f)
l'entretien (m) d'embauche
l'import (m)
l'export (m)
l'investissement (m)
l'assurance (f)
l'impôt (m)
l'imprimante (f)
l'identité (f)
l'exagération (f)
l'ouverture (f)
l'agence (f)
l'argent (m)
d'abord
d'ailleurs
à l'avance
à l'heure
l'utilité (f)
l'approche (f) directe
l'employeur (m)
l'employé(e)
une demande d'emploi
les clients d'un cabinet, d'un bureau ou d'une entreprise
l'étape (f)
l'activité (f)
l'émotion (f)

l'imagination (f)
l'agrafeuse (f)
l'emploi du temps (m)
l'expérience (f)
l'outil (m)
l'annuaire (m)
l'avantage (m)
l'informatique (f)
l'appareil (m) de téléphone
l'appel (m) (inter)urbain
l'utilisateur (m)
l'efficacité (f)
l'unité centrale
l'écran (m)
l'en-tête (m)
l'ascenseur (m)
l'informaticien
l'informaticienne
l'Internet (m)
l'inconvénient (m)
l'offre(f)
l'obtention (f) d'un emploi
l'adjoint (m) au responsable
l'atout (m)
l'interview (f)
l'indépendance (f)
l'économie (f)
l'actionnaire (m/f)
l'ajustement (m)
l'associé(e)
l'élection (f)
l'entrepreneur (m)
l'équipe (f)
l'expansion (f)
l'efficacité (f)
à l'échelle internationale

l'acheteur (m)
l'affaire (f)
l'entrepôt (m)
l'intérieur (m)
l'encart (m) publicitaire
l'enjeu (m)
le hors d'œuvre
la main d'œuvre
l'obligation (f)
l'action (f)
l'hebdomadaire (m)
l'essor (m)
l'échantillon gratuit des panneaux d'affichage
l'intérim (m)
l'éclairage (m)
l'influence (f)
l'intérimaire (m)/(f)
l'optique (f)
l'absentéisme (m)
l'administration (f)
l'apprentissage (m)
l'atelier (m)
l'avocat(e)
l'enrichissement (m)
l'épanouissement (m)
l'équilibre (m)
l'ingénieur (m)
l'ordre (m)
l'usine (f)
l'aide (f)
l'amertume (f)
l'anxiété (f)
s'intéresser
pas d'argent (m)
l'inefficacité

 Maintenant, écoutez le segment qui correspond à la liste précédente sur votre cassette et répétez tous les termes et expressions en vous concentrant sur leur prononciation.

E. Quelques phrases! Lisez les phrases suivantes à voix haute. Faites attention à **l'élision**. Imitez la voix enregistrée sur votre cassette.

1. J'accepte l'inévitable.

2. Il n'oublie pas d'éteindre l'imprimante.

3. J'apprends à m'en servir.

4. J'ai eu 18 ans le huit septembre.

5. Les employés s'occupent de l'ouverture des comptes.

6. N'oublie pas d'y aller.

7. J'allume l'ordinateur au moins dix minutes avant de l'utiliser.

8. Lorsqu'on paie l'agence, on doit garder son reçu.

9. Ça s'écrit....L'A V A N T A G E.

10. J'ouvre un nouveau compte d'épargne.

11. J'achète des timbres tous les deux mois à la Poste.

12. Je n'utilise plus ce logiciel. Il est trop compliqué.

13. J'opte pour celui-là.

14. Il veut s'inscrire à un cours de gestion.

15. Ils m'incitent à le faire.

16. C'est l'emploi de ses rêves.

17. On n'écrit plus jamais ses lettres d'affaires à la main.

18. J'accepte d'effectuer certaines tâches contre une rémunération déterminée à l'avance.

19. Cela attire l'attention sur le slogan.

20. J'ai confiance en moi.

21. Ça m'énerve!

22. Il s'exprime bien.

23. Elle va s'abonner au M.O.C.I.

L'enchaînement. L'enchaînement marque une série de choses qui se suivent (qui sont attachées par une chaîne) dans un ordre précis et une certaine dépendance. Le mot **enchaînement** s'applique à des consonnes toujours prononcées, aussi bien dans le mot isolé que dans la chaîne articulée verbalement.

/t/

une grande amie

une petite amie

La liaison. La liaison est l'action de lier, de mettre ensemble, d'unir. Le mot **liaison** s'applique à des consonnes qui sont muettes dans le mot isolé:

/t/

un grand ami

un petit ami

un grand hôtel

> ➤ The symbol ‿ indicates that the final consonant is pronounced as the first sound of the following word.

Du point de vue pratique, cependant, dans les deux cas, la consonne se prononce avec la syllabe de la voyelle qui *suit*. **La liaison** se fait dans la mesure où il y a un lien étroit (une union forte) de deux mots ou de deux classes de mots.

A l'oral, la liaison ne se fait jamais entre deux groupes de sens. Ainsi, on dit:

le petit‿enfant

MAIS:

Le petit/allume l'ordinateur lui-même.

La liaison se fait surtout lorsqu'on passe d'un mot moins important à un mot plus important:

Nous‿attendons

Les‿administrateurs

Deux‿articles

En‿achetant et/en vendant

EXCEPTION: le pronom personnel placé après le verbe:

est-‿il

a-t-‿elle

sont-‿ils

s'associent-‿ils

allez-‿y

parlons-‿en

ouvre-t-‿on

embauchent-‿ils

➤ The slash (/) indicates that <u>no liaison</u> between the consonant and following vowel is made.

Certaines liaisons dépendent de la situation dans laquelle on se trouve et indique le niveau d'éducation de l'individu qui parle. On peut distinguer plusieurs styles en français. On fait plus de liaisons quand on fait une conférence, quand on récite des vers ou chante une chanson que quand on parle avec ses proches.

La liaison se fait davantage (plus) au pluriel qu'au singulier. La liaison peut servir à distinguer le pluriel du singulier:

➤ The overlap symbol (‿) means that you *may* make the liaison but that it is not required.

ils‿achètent	il achète
des‿activités/intéressantes	une activité intéressante
des‿immeubles/à vendre	un‿immeuble à vendre
les lilas/et les roses	le lilas et la rose
elles‿aussi	elle aussi

La liaison se fait d'autant plus que le premier des deux mots est plus court:

En‿un jour	Depuis/un jour
Très‿efficace	Extrêmement/efficace

Il a trois sortes de **liaisons** en français:

- **Les liaisons obligatoires** (celles qu'on doit absolument faire)
- **Les liaisons facultatives** (celles qu'on peut faire si on le veut ou si la situation l'exige)
- **Les liaisons interdites** (celles qu'on ne doit jamais faire)

Obligatoires	*Facultatives*	*Interdites*
Déterminatif + nom pronom adjectif	Nom pluriel + adjectif verbe invariable	Nom singulier + adjectif verbe invariable nom propre

> ➤ It is easiest to concentrate on the examples of liaisons that are required and those that are prohibited.

F. Concentrez-vous sur la liaison ou sur le manque de liaison.

Prononcez les expressions suivantes en imitant la voix sur votre cassette.

> ➤ As you do these repetitions, concentrate on the words you see. Mark those you might have pronounced differently in column 1 had the liaisons not been marked.

les_ordinateurs	des bureaux/immenses	un plan/urgent
un_emploi	des_adjoints/illustres	une obligation/immense
aux_entreprises	des_offres/intéressantes	un atout/exquis
des_entretiens d'embauche	des plans/urgents	un écran/horrible
ces_investissements	ces projets/intéressants	le camion/est parti avec nos marchandises
mon_assurance	leurs_employés/aiment_/_y travailler	notre projet/avance
ton_appareil de téléphone	des_actions/à vendre	l'argent/a disparu
son_imprimante	les_avantages/et_/ inconvénients	une action/à vendre
nos_agences	j'ai deux mots_/à dire	une exagération/à atténuer
vos_émotions	des logiciels_/à vendre	j'ai un mot/à dire
leurs_achats	deux_ordinateurs_/assez grands	un export/assez important
trois_avantages		des machines/à traitement de texte
Quels_employés?		des accents/aigus
plusieurs_étapes		Jean/espère obtenir ce poste
un_autre client		M. Dupont/a ouvert une nouvelle agence
un_ancien_ami		Paris/est loin
		Lyon/aussi

G. A vous! Maintenant essayez les expressions suivantes vous-même. Signalez les liaisons à faire ou à ne pas faire en indiquant ‿, ⟋ ou/entre les mots.

1. un gros investissement
2. un petit inconvénient
3. un grand ami
4. au second entrepôt
5. un long usage
6. de beaux échantillons
7. de belles introductions
8. les pauvres ingénieurs de cette société
9. de nombreux outils
10. un singulier employeur
11. au dernier étage
12. un bon écran
13. un certain acheteur
14. les uns
15. plusieurs autres
16. nos éternels regrets
17. quels horribles emplois du temps
18. de vrais atouts

> ➤ Avez-vous signalé une liaison pour chacune des expressions qui précèdent? et deux au numéro 17? Maintenant, imitez la voix sur votre cassette.

H. D'autres expressions! Signalez les liaisons à faire ou à ne pas faire en indiquant ‿, ⟋ ou/entre les mots.

1. un dossier ouvert
2. le candidat arrive
3. un entretien intéressant
4. une déclaration annuelle
5. le montant indiqué

> ➤ Il n'y a aucune liaison dans les exemples de l'exercice H.

I. Encore des expressions! Signalez les liaisons à faire ou à ne pas faire en indiquant ‿, ⟋ ou/entre les mots.

1. Les employés arrivent au bureau.
2. Mon assurance augmente le deux octobre.
3. Certains impôts sont franchement inacceptables.
4. Les étrangers n'ont pas à payer certains impôts.
5. Mme Dupont a ouvert un nouveau compte en banque.

> ➤ Please verify your responses before continuing.

Obligatoires	Facultatives	Interdites
Pronom personnel + verbe	Pronom (pas personnel) +	Pronom (pas personnel) nasal +
vous‿êtes	d'autres⟋investissent	chacun⟋y va
ils‿exportent	plusieurs⟋achètent	quelqu'un⟋approche
nous‿importons	toutes⟋entreprennent	le mien⟋est bon
en‿offre	eux⟋aussi	le tien⟋aussi?
	elles⟋aussi	l'un⟋a téléphoné

Une chargeuse et sa benne sur un tas de farine de poisson de Norvège.

J. Quelles liaisons faire? Signalez les liaisons à faire ou à ne pas faire en écrivant ‿, / ou/entre les mots. Ensuite, imitez la voix sur votre cassette.

1. Ils investissent régulièrement... elles aussi.
2. Plusieurs autres personnes ont posé leur candidature.
3. Ils forment une bonne équipe. Ils ont une distribution des tâches idéale. L'un achète et l'autre vend.
4. Elles investissent annuellement.
5. Nous nous informons au sujet de ces SICAV.

Obligatoires	*Facultatives*	*Interdites*
Préposition ou adverbe monosyllabique +	Préposition ou adverbe polysyllabique +	et + + oui
dans‿un an	depuis/un an	lui et/elle
sous‿un arbre	pendant/une semaine	et/en plus
chez‿elles	après/avoir exporté	et/ils
sans‿argent	après/être allé(e)(s)	il dit/oui
en‿ouvrant	devant/une offre	c'est/oui
en‿été	avant/une semaine	mais/oui
en‿argent liquide	souvent/influencé(e)	
en‿Italie	jamais/à l'heure	
en‿avant	toujours/en retard	
en‿informatique	beaucoup/à apprendre	
très‿imaginatif(ve)	assez/aimable	
trop‿actif(ve)	tout à fait/inutile	
pas‿émotionnel(le)	tellement/occupé(e)	
plus‿avantageux(se)	tristement/inefficace	
moins‿efficace		
tout‿entier(ière)		
bien‿informatisé(e)		
rien‿à faire		
quand‿ton		

K. Lesquelles faire? Signalez les liaisons à faire ou à ne pas faire en écrivant ‿, ∤ ou/entre les mots. Puis, imitez le voix enregistrée sur votre cassette.

➤ On ne fait jamais de liaison après la préposition vers. On prononce vers /vɛr/. Vers elle /vɛrɛl/.

1. Nous allons exécuter ses ordres pendant toute une semaine.
2. Après être allées à l'ANPE, elles ont l'intention de se consacrer à la recherche d'un nouvel emploi.
3. Mon directeur et un inspecteur sont entrés dans mon bureau.
4. Dans une semaine nous aurons les résultats de ce sondage.
5. Ils ont souvent importé des anoraks très bon marché.

➤ Concentrate on the spelling of these expressions as you repeat them after the native speaker on your tape.

Obligatoires	*Interdites*
Groupes figés	**H aspiré**
les Champs‿-Elysées	sans/haine
les Etats‿-Unis	les/halles *(f)*
Comment‿allez-vous?	des/haricots
Mesdames‿et Messieurs	les/hasards
un fait‿accompli	en/hâte
arts‿et métiers	en/haut
Il‿était‿une fois...	les/héros
de mieux‿en mieux	les/Hollandais
de plus‿en plus	en/Hollande
de moins‿en moins	les/homards
de temps‿en temps	il est/hongrois
de temps‿à autre	c'est/honteux
de haut‿en bas	des/hors-d'œuvre
d'un bout‿à l'autre	
tout‿à coup	

+ un (dans un numéro) + huit
+ onze
+ unième
+ huitième
+ onzième

tout‿à l'heure   quatre-vingt/onze jours

tout‿à fait
tout‿au plus
tout‿au moins   il a cent/un‿ans
tout‿au long   dans/huit mois
mot‿à mot   vers les/onze heures
petit‿-à-petit   les/onzièmes heures
sous‿entendu   la cent/unième rue
avant‿-hier
accent‿aigu
nuit‿et jour

EXCEPTIONS: vingt-huit /vɛ̃tɥit/
vingt-et-unième /vɛ̃tɥnjɛm/
vingt-huitième /vɛ̃tɥitjɛm/

L. Toutes à la fois. Signalez les liaisons à faire ou à ne pas faire en indiquant ‿, ∤ ou/entre les mots. Ensuite, écoutez votre cassette pour vérifier vos réponses.

1. Avant hier il a dit d'attendre. Mais maintenant il nous suggère d'investir autant que possible immédiatement.

2. Sans argent on ne peut presque rien faire.

3. Son lecteur de CD est tout à fait intégré à son système.

4. Mon salaire est imposable. Le tien est également imposable.

5. Chacun envisage un avenir sans chômage.

6. L'un a téléphoné et l'autre est venu en personne.

7. Leur patron est très autoritaire. Ils travaillent jour et nuit pour un salaire minimum.

*P*oints grammaticaux: les noms

La comparaison (ou le comparatif) des noms. Pour comparer ou contraster la quantité de personnes, d'objets, d'attributs, etc., on utilise:

plus de		
autant de	+	le nom
moins de		

➤ Let's take a quick look at the expressions that mean *more*, *as many* or *as much*, and *less* or *fewer* when used with a noun in French.

M. Quelques exemples! Répétez les phrases suivantes en imitant la voix enregistrée sur votre cassette.

1. Il y a autant de banques à Lyon qu'à Marseille.

2. Il a plus d'argent qu'elle.

3. Nous avons moins de logiciels qu'eux.

4. Elle a plus de patience que moi.

5. Son patron fait autant de transactions boursières que le mien.

6. Elles possèdent moins d'obligations que leurs secrétaires.

7. Tu écris moins de chèques que ton frère, n'est-ce pas?

8. On utilise plus d'argent liquide ici qu'en France.

9. On envoie plus de relevés de compte en France qu'aux Etats-Unis.

➤ To form the superlative (**le superlatif**) of nouns in French, simply add **le** to **plus d(e)** or **moins d(e)**, i.e., Malgré le fait que c'est toujours à lui qu'on donne le plus de travail, il est toujours prêt à aider les autres.

N. A vous de comparer maintenant! Après avoir étudié les exemples qui précèdent, écrivez trois phrases où vous jerez des comparaisons de noms.

➤ Now underline each comparative expression with its accompanying noun. Study each example carefully.

_____

_____

_____

_____

_____

_____

➤ With your study partner turn to the table of contents on pages xix–xxvii of *Interfaces*. Could you create at least one example of a comparative for each dossier?

Noms composés. En général, les noms composés prennent le genre du mot déterminé:

      un bateau-mouche

      l'avant-scène *(f)*

      la basse-cour

      une chauve-souris

      le Président-directeur général

Quand un nom composé est formé d'un verbe et d'un nom ou d'une préposition et d'un nom, il est presque toujours masculin:

      un porte-plume

      un porte-parole

      un porte-monnaie

      un abat-jour

      un en-tête

      un sous-main

Au pluriel, les noms et les adjectifs qui font partie d'un nom composé sont souvent mis au pluriel si le sens le permet, mais les verbes, les adverbes, les pronoms et les prépositions restent invariables.

le grand-père	les grands-pères
l'arrière-grand-père	les arrière-grands-pères
une salle-à-manger	des salles-à-manger
un chef-lieu	des chefs-lieux
un loup-garou	des loups-garous
un ouvre-boîte	des ouvre-boîtes
un gratte-ciel	des gratte-ciel
un hors-d'œuvre	des hors-d'œuvre
un timbre-poste	des timbres-poste
un aide de camp	des aides de camp
un chef-d'œuvre	des chefs-d'œuvre
un soutien-gorge	des soutiens-gorge

> ➤ Il n'y a qu'un seul ciel

> ➤ Un seul camp

> ➤ Une seule gorge mais deux seins!

Si le nom composé s'écrit comme un nom simple, il forme son pluriel suivant les règles communes:

un passeport	des passeports
un portemanteau	des portemanteaux
un portefeuille	des portefeuilles

Cependant *bonhomme* aussi bien que les titres *madame, mademoiselle,* et *monsieur* forment leur pluriel en changeant tous les éléments qui les composent:

un bonhomme de neige	des bonshommes de neige
madame	mesdames
mademoiselle	mesdemoiselles
monsieur	messieurs

 O. A la recherche de noms composés. Encerclez les noms composés. Puis, répétez les phrases suivantes en imitant la voix enregistrée sur votre cassette.

1. Les gratte-ciel de la ville de Paris se trouvent principalement en dehors de la ville proprement dite, dans le quartier qu'on appelle La Défense.

2. Mesdames et Messieurs, j'ai le plaisir de vous présenter ce soir l'auteur du chef d'œuvre que vous avez sous les yeux, Madame Christine Chauvet.

3. Quand on prend un train de nuit qui sort du territoire français, l'employé de la SNCF ramasse les passeports des voyageurs qui ont réservé une couchette ou un lit de façon à ce qu'ils ne soient pas dérangés par les formalités de la douane pendant la nuit.

> ➤ At this point, you are not expected to "master" the compound nouns.

P. A vous d'utiliser quelques noms composés! Après avoir étudié les exemples qui précèdent, écrivez trois phrases où vous employerez des noms composés au pluriel.

_____

_____

_____

Q. Révisions: à la recherche des noms. Lisez les phrases suivantes à haute voix et encerclez tous les noms. Indiquez si chaque substantif est masculin ou féminin.

> ➤ Write any nouns whose gender you were unsure of in your notebook for future study.

1. Je connais un jeune architecte qui est au chômage. Comme il a aussi beaucoup étudié l'informatique et que cela l'intéresse, il pense se recycler.

2. On a trouvé le testament de l'instituteur dans son logement, dans un tiroir d'un meuble du salon.

3. L'or et l'argent sont des métaux plus précieux que le fer et le cuivre.

4. Elle a une famille vraiment intéressante: elle-même est architecte, son frère ingénieur, sa mère médecin généraliste, et son père est juge.

5. Quelles langues parles-tu en plus de l'allemand, l'anglais, l'espagnol et l'italien?

6. J'ai un emploi du temps très chargé cette année: le lundi, le mercredi et le vendredi, j'enseigne trois cours, mais à partir de

➤ Où achèterait-on de tels poissons et fruits de mer?

La poissonnerie d'un hypermarché.

l'année prochaine, cela ira un peu mieux et je pense avoir un peu moins de travail.

7. En présence de mon nouveau directeur, je ne me sens pas très à l'aise.

8. En France, on donne une poignée de main quand on dit bonjour et quand on dit au revoir à quelqu'un.

9. Pour commencer mon déjeuner, je prendrai une douzaine d'escargots de Bourgogne.

10. Paul est une personne extrêmement compétente.

11. Nous prenons un risque en voulant à tout prix être originaux.

12. Ses deux grands-pères font autant d'investissements que le mien.

13. As-tu vu la pub pour les nouveaux timbres-poste?

14. Tous leurs portefeuilles sont très diversifiés.

R. Récapitulons. Après avoir étudié les règles générales aux pages 41–42 et 77–78 et après avoir révisé votre vocabulaire des Modules I, II, III, IV et V, complétez les phrases suivantes par un article défini (le, la, l', les) à la forme qui convient.

➤ Again make note of genders as you complete this exercise.

1. Vous avez entendu une conversation téléphonique entre _____ directrice de _____ agence intérim Interval et sa secrétaire.

2. _____ bulletin météo: «De _____ pluie, encore de _____ pluie. En effet, aujourd'hui, sur tout _____ ouest de _____ France, attendez-vous à quelques averses suivies d'éclaircies en fin d'après-midi. _____ température restera assez basse pour _____ saison et ne dépassera pas 15 degrés.»

3. _____ gestion pure, c'est-à-dire _____ salaire, _____ charges sociales, etc., c'est _____ agence intérim qui s'en occupe.

4. Si _____ chefs d'entreprise sont maintenant prompts à embaucher, c'est parce qu'ils ont _____ loisir de le faire sans risque, grâce à _____ intérim.

5. Il faut concentrer _____ personnel sur _____ heures de pointe pour réduire _____ charges.

6. Lorsqu'on passe très rapidement d'une chaîne de télévision à _____ autre, à _____ aide de _____ télécommande, on dit qu'on zappe.

7. Lorsqu'une publicité ne dit pas _____ vérité, qu'elle trompe _____ consommateurs, on dit qu'elle est trompeuse.

8. _____ propriétaire ou _____ gérant de _____ papeterie va acheter ses marchandises en gros chez un grossiste.

9. Si _____ choses ne vont pas exactement comme il faut, il peut être nécessaire de rectifier _____ stratégie utilisée ou de revoir _____ plans dont il s'agit.

10. Une personne dont _____ profession est de tenir un commerce s'appelle un commerçant.

11. Tu as gagné à _____ loterie nationale?

12. Lorsqu'un employé est ennuyé sur _____ lieu de son travail par des remarques ayant trait à son physique ou ses vêtements par un supérieur qui abuse de son pouvoir pour faire pression sur lui pour obtenir des faveurs d'ordre sexuel, on parle de harcèlement sexuel.

13. Regardez _____ calendrier de _____ année prochaine: y a-t-il des possibilités de ponts? Lesquelles?

14. _____ jeunes filles ne doivent pas s'arrêter à _____ recherche d'activités «traditionnellement féminines», sans pour autant les exclure.

15. Quelle influence est-ce que _____ chômage a sur _____ santé des gens qui ont perdu leur travail ou qui n'en trouvent pas? En quoi est-ce que _____ taux important de chômage actuel change _____ perception des Français, _____ façon dont ils envisagent _____ avenir de leurs enfants et le leur?

16. _____ marché du travail repose sur _____ concept de _____ offre et de _____ demande.

17. _____ entretien d'embauche constitue une étape importante dans _____ recherche et _____ obtention d'un emploi et dans _____ processus de recrutement.

18. Autrefois _____ ordinateurs étaient énormes et très lourds; maintenant on peut même avoir un petit ordinateur personnel qu'on peut emmener avec soi. Avec ces ordinateurs portatifs, on peut travailler dans _____ train, à _____ aéroport, à _____ bibliothèque, etc.

19. Si _____ clients n'avaient plus accès à leur compte vingt-quatre heures sur vingt-quatre, ils iraient à _____ banque pour effectuer toutes leurs opérations bancaires en personne.

20. _____ Internet n'est plus réservé à _____ élite universitaire de quelques pays du monde. Il est devenu accessible à des millions de particuliers et occupe une place de plus en plus importante dans _____ monde des affaires.

21. Souvent, _____ banques sont protégées par un système de sécurité qui fait qu'on ne peut pas ouvrir _____ porte d'entrée sans qu'un employé qui se trouve à _____ intérieur en autorise et en déclenche _____ ouverture.

---

*E*ncadré supplémentaire:

les adjectifs

Comme nous l'avons déjà vu à la page 79, les adjectifs doivent s'accorder en nombre et en genre avec le nom qu'ils modifient. Considérons les contextes de la presse et de la publicité d'un point de vue général pour réviser quelques adjectifs.

➤ Self-correct after completing each exercise.

S. Quelques magazines français. La publicité est omniprésente. Elle a pénétré tous les médias et en particulier les magazines. Voici une courte description des objectifs de quelques magazines français connus. Faites accorder les adjectifs entre parenthèses.

1. *Le Point* est un magazine qui traite de l'actualité _____ (national) et _____ (mondial), ses lecteurs sont _____ (nombreux) et _____ (varié). A cause de cela, sa publicité est très _____ (hétérogène).

2. *Science et Vie* est un magazine de vulgarisation de thèmes _____ (scientifique). Ses publicités dépendent des sujets _____ (traité). Elles sont généralement _____ (spécialisé) et visent un public _____ (intéressé) par les sciences.

3. Le magazine *Géo* transporte ses lecteurs vers des contrées _____ (inconnu) et leur fait découvrir la culture de pays _____ (étranger). La publicité _____ (intégré) à ce magazine a donc souvent une connotation soit _____ (touristique) soit _____ (écologique).

➤ Connaissez-vous ces magazines français?

4. *Gala* est le magazine de l'actualité des gens _____ (célèbre). Sa publicité est assez _____ (comparable) à celle de la presse _____ (féminin).

T. Une pub à la télévision. Le passage suivant décrit une publicité télévisée pour une voiture de marque allemande, la Volkswagen Golf. Lisez ce passage et faites accorder les adjectifs.

La scène se passe dans une rue d'un quartier _____ (résidentiel). Le jour se lève à peine sur la ville _____ (endormi) et voile doucement la nuit encore _____ (étoilé). Le ciel revêt des couleurs _____ (flamboyant). Le temps est _____ (doux). Au loin, on peut entendre quelques grillons (*crickets*). Un bruit de pas _____ (léger) mais _____ (décidé) se détache de cette

ambiance _____ (intemporel). Ces pas appartiennent à
un homme _____ (élégant) d'une trentaine d'années, en
smoking _____ (noir) qui marche l'air
_____ (heureux) et _____ (détaché).
Ses cheveux _____ (décoiffé) et son nœud papillon
_____ (défait) insinue que la nuit avait été
_____ (long) pour lui. Cet homme semble se diriger
vers une des voitures qui bordent la rue.

Une voix _____ (masculin), _____
(extérieur) dit alors: «Il a épousé une créature de rêve, elle l'a quitté. Il
avait un job _____ (passionnant), on lui a pris sa place.
Il a tout misé sur le rouge, c'est le noir qui est sorti.» On entend enfin le
bruit _____ (résonnant) d'un trousseau de clés et
l'attention est portée sur les clés qui ouvrent la serrure
_____ (fermé) de la porte de la voiture. On y reconnaît
le sigle de la marque Volkswagen. Alors que la voix s'éteint après avoir
dit «Golf, on ne peut pas se tromper à chaque fois», l'homme fait
démarrer sa voiture et s'en va.

U. Comparaisons et contrastes. La publicité américaine et la
publicité française se ressemblent beaucoup. Pourtant certaines
différences peuvent être intéressantes à signaler. Complétez les phrases
suivantes par la forme de l'adjectif qui convient.

1. La publicité _____ (comparatif) n'est
   _____ (autorisé) en France que depuis
   récemment alors qu'elle l'a toujours été aux Etats-Unis.

2. Les spots _____ (publicitaire)
   _____ (télévisé) sur les chaînes
   _____ (américain) ont lieu environ toutes les dix
   minutes. En France, il est _____ (rare) que
   l'intervalle entre deux intermèdes _____
   (publicitaire) soit _____ (inférieur) à 30 minutes.

3. Parfois, il arrive que des marques _____
   (international) telles que Coca-Cola, diffusent des publicités
   _____ (identique) dans ces deux pays, mais le
   plus souvent, elles sont _____ (différent) et
   _____ (adapté) au pays en question.

4. Les panneaux _____ (publicitaire) qui longent les
   routes aux Etats-_____ (Uni) sont souvent
   _____ (peint). En France, ces panneaux sont
   presque toujours _____ (recouvert) de
   _____ (large) bandes de papier
   _____ (collé) les unes à côté des autres.

5. Les cinémas _____ (français) passent environ 10
   minutes de spots publicitaires avant le début du film. Aux Etats-
   Unis, le cinéma fait presque uniquement sa _____
   (propre) publicité en début de séance.

V. L'homme sandwich. Parmi les multiples formes de publicité, on
trouve l'homme sandwich, même s'il devient de plus en plus rare. Dans
cette interview, un homme sandwich nous explique quel est son travail.
Complétez ce qu'il dit par la forme de l'adjectif qui convient.

«Je suis étudiant et j'ai un travail le week-end qui est «homme sandwich» pour un magasin de confection qui se nomme Véranda. Je me balade dans les rues _____ (commerçant) dans les environs du magasin que je représente. Je porte sur moi deux pancartes _____ (rectangulaire) sur lesquelles sont inscrits le nom et l'insigne _____ (peint) en _____ (large) lettres de Véranda. Je distribue en plus des prospectus _____ (coloré) afin d'attirer l'attention des passants parfois trop _____ (pressé) pour me remarquer. Les veilles de jours _____ (férié) et le samedi, les rues sont _____ (bondé) de monde et je peux donner jusqu'à 1500 prospectus. Les enfants, toujours très _____ (curieux) me regardent bizarrement. Certains se mettent même à pleurer en me voyant. Il paraît que je leur fais une peur _____ (bleu). C'est un travail _____ (fatiguant) puisque je marche pendant cinq heures environ, mais au moins je ne suis pas _____ (enfermé) dans un local et je peux respirer l'air _____ (frais) de la ville. Comme c'est une zone _____ (piétonnier), l'air n'est effectivement pas trop _____ (pollué).»

W. Les T-shirts. Dans le texte suivant, découvrez l'utilisation publicitaire du T-shirt et faites accorder les adjectifs.

L'industrie du T-shirt est aujourd'hui plus qu'une industrie _____ (textile), c'est aussi une industrie _____ (publicitaire). Grâce au _____ (faible) coût auquel les T-shirts sont _____ (produit) dans les pays en voie de développement, ce vêtement est devenu un «emplacement _____ (publicitaire)». La population _____ (ciblé) s'étale entre 10 et 50 ans. Lors d'événements _____ (sportif) ou même de rassemblements _____ (quelconque), les marques de produits de _____ (grand) consommation sont _____ (présent) et distribuent des T-shirts aux couleurs de leur marque. Dans le cas où le client achète un T-shirt sur lequel est _____ (dessiné) de logo, l'opération est doublement _____ (bénéfique) pour la marque. D'une part, la marque a réussi à vendre un T-shirt et d'autre part, le T-shirt _____ (porté) par le client fait de la publicité _____ (gratuit) pour elle.

X. L'utilisation du Minitel dans le domaine de la pub. Après avoir découvert le Minitel dans les modules précédents, nous allons maintenant décrire la publicité qu'on y trouve. Complétez le paragraphe suivant par la forme de l'adjectif qui convient.

Comme tous les autres moyens de communication, la publicité s'est aussi emparée (*took hold of*) du Minitel. Avant d'atteindre le service que vous voulez joindre ou lorsque vous utilisez le Minitel pour rechercher les coordonnées de quelqu'un, les _____ (différent) images ou informations qui apparaissent à l'écran sont souvent _____ (jumelé) avec un encart publicitaire. L'écran est en fait _____ (divisé) en deux avec les informations _____ (recherché) qui utilisent les deux tiers

Bienvenue sur la
Messagerie Vocale d'Itineris

Sommaire

La Messagerie Vocale d'Itineris fonctionne comme un répondeur-enregistreur, 24H/24, sans équipement supplémentaire.

Elle accueille vos correspondants en toutes circonstances, que votre téléphone mobile soit éteint ou hors zone de couverture, que vous soyez déjà en ligne ou dans l'impossibilité de répondre.

Avec la Messagerie Vocale d'Itineris, il y a toujours quelqu'un pour répondre à vos appels.

■ **Quels sont les services rendus par votre Messagerie Vocale?**

■ **Comment la mettre en service?**

■ **Comment renvoyer vos appels vers la Messagerie Vocale?**

■ **Comment consulter vos messages?**

■ **Aide mémoire**

Lisez le dépliant ci-dessus qui présente la Messagerie Vocale d'Itineris et soulignez les adjectifs utilisés. Notez bien leur place, leur genre et leur nombre.

_____ (supérieur) de la place et une bande _____ (publicitaire) _____ (inférieur). A l'image des utilisateurs du Minitel, la clientèle _____ (ciblé) est _____ (multiple) et _____ (varié). Il est assez _____ (courant) d'y voir des annonces pour découvrir son horoscope ou encore lire les lignes de la main. D'un point de vue _____ (général), les publicités _____ (présenté) font souvent référence à d'_____ (autre) services Minitel.

Y. Jetons un coup d'œil sur le téléphone et ses périphériques.
Faites accorder les adjectifs et les participes passés indiqués entre parenthèses.

Un marché s'est _____ (développé) autour du téléphone et des accessoires qui lui sont _____ (associé). Tout d'abord le téléphone sans fil a fait une révolution: c'est

_____ (pratique) de transporter le téléphone plutôt que d'avoir à se déplacer à l'intérieur de la maison! Maintenant, grâce au téléphone _____ (cellulaire), on peut téléphoner de n'importe où. Le répondeur enregistre les messages lorsque personne n'est là pour prendre l'appel. Avant de laisser votre message, vous entendez une annonce assurant que vous avez composé le _____ (bon) numéro. Cette annonce _____ (personnalisé) ressemble souvent à «Bonjour, vous êtes bien au 02 24 88 36 75. Nous ne sommes pas là pour le moment mais laissez-nous vos coordonnées et nous vous rappellerons dès notre retour. Merci, au revoir.». Il existe aussi des appareils qui identifient le numéro du correspondant en ligne. Pourtant pour respecter la liberté des personnes, uniquement les quatre _____ (premier) chiffres du numéro sont _____ (révélé). Les lignes _____ (téléphonique) ne se limitent plus à un _____ (simple) transfert de son mais sont aujourd'hui _____ (capable) de véhiculer les images avec le fax, et plus généralement l'information avec le réseau Internet.

Z. Le rôle des personnages célèbres dans le domaine de la pub. Faites accorder les adjectifs et les participes passés indiqués entre parenthèses.

Un autre genre de publicité consiste à inclure parmi les utilisateurs du produit une personne _____ (connu) à laquelle certains s'identifient. C'est ainsi qu'acteurs, actrices, athlètes, chanteurs, chanteuses, vedettes de télévision sont _____ (embauché) pour figurer dans la publicité de tel ou tel produit. Dans ce cas, les personnalités sont _____ (rémunéré) pour les services _____ (rendu).
    Une autre façon plus _____ (détourné) de faire de la publicité est le sponsoring _____ (indirect) d'une personnalité. Ce type de publicité n'est toutefois pas toujours possible, et dépend essentiellement du produit à commercialiser. Ainsi la _____ (célèbre) actrice _____ (français), Catherine Deneuve, lors d'apparitions _____ (public), ne s'habille qu'avec des toilettes d'Yves Saint-Laurent, _____ (grand) couturier _____ (français). Ici, Catherine Deneuve n'est pas directement _____ (payé) par le couturier, mais on se doute que les avantages en nature (*in kind*) dont l'actrice peut bénéficier atteignent une valeur _____ (identique) sinon _____ (supérieur) à la rémunération à laquelle elle aurait pu prétendre.

AA. La pub dans les entreprises. Le passage suivant décrit le rôle et la forme que prend la publicité dans les entreprises. Lisez ce paragraphe et faites accorder les adjectifs.

Les entreprises qui ne sont pas directement vendeuses de produits de _____ (grand) consommation ont une clientèle très _____ (ciblé). C'est pourquoi ces entreprises n'utilisent que rarement les moyens _____ (publicitaire) à l'échelle _____ (national) comme les spots _____ (télévisé).

Le service communication de ces entreprises crée lui-même, ou demande à une entreprise _____ (extérieur)

_____ (spécialisé), de créer une plaquette décrivant
l'entreprise aussi bien que ses produits ou ses services
_____ (principal). Ces plaquettes sont
_____ (destiné) non seulement aux clients mais aussi à
toute personne _____ (intéressé) par l'entreprise. Ainsi
dans les foires d'exposition, les entreprises ont toujours à leur stand des
plaquettes _____ (prêt) à être _____
(distribué).

BB. En été. Dans le texte qui suit, découvrez la présence de la publicité
pendant l'été et faites accorder les adjectifs.

L'été est la période de l'année pendant laquelle une
_____ (grand) partie de la population prend ses
vacances. Et les vacances, pour beaucoup, sont synonymes de dépense.
Les vendeurs en profitent donc pour inonder les villes
_____ (touristique) ou les stations
_____ (balnéaire) d'un flot de publicité. Ainsi, dans les
cafés qui bordent les plages de la Côte d'Azur, les parasols ont été
_____ (offert) gracieusement par les brasseries. C'est
en effet un moyen pour la brasserie de faire connaître sa bière tandis
que le propriétaire du café peut protéger du soleil ses clients
_____ (attablé) sur les terrasses. Les cendriers
_____ (posé) sur les tables remplissent la même
fonction.

CC. Agences de publicité. Le passage suivant traite des clients et des
fournisseurs des agences de publicité. Lisez-le et faites accorder les
adjectifs.

Les _____ (grand) entreprises ont un service
_____ (interne) qui est _____
(responsable) de la publicité. Les entreprises de _____
(petit) taille ou de taille _____ (moyen) font appel aux
services d'une agence _____ (publicitaire). La publicité
est un métier _____ (complexe) qui demande non
seulement des connaissances mais aussi une _____ (vif)
imagination. Les fournisseurs des agences de publicité sont
_____ (varié). On compte tout d'abord parmi eux les
magasins et/ou entreprises _____ (traditionnel) qui
vendent les fournitures de bureau. Les fournisseurs sont aussi les
_____ (différent) services qui créent les images ou le
son _____ (nécessaire) à la réalisation de la publicité.
Les photographes, les réalisateurs, les musiciens, les chanteurs
contribuent tous, chacun à sa manière, à véhiculer l'information.

DD. Quelques points particuliers. Le texte suivant vous parle de
quelques points particuliers concernant la publicité. Lisez-le et faites
accorder les adjectifs.

La publicité se trouve parfois dans les endroits les plus
_____ (inattendu). Ainsi, en levant les yeux au ciel, on
peut être _____ (surpris) par la _____
(long) traîne d'un avion ou encore par le ballon _____
(multicolore) d'une montgolfière qui expose à des milliers de gens au sol

une publicité _____ (géant). La publicité est parfois aussi _____ (présent) dans des endroits _____ (insoupçonné). Dans certains films, quand le héros commande un champagne X ou achète un blouson Y, ces deux marques X et Y ont donné de _____ (large) sommes pour bénéficier du support du film et pour y figurer. Si, souvent, la publicité utilise des moyens déjà _____ (existant), elle peut aussi parfois créer son _____ (propre) support. A Paris, les colonnes Morris au coin des rues de _____ (grand) affluence affichent les pièces de théâtre, les comédies ou les films qui passent actuellement ou viendront prochainement dans les salles de spectacle de la capitale.

➤ The following six adjective frames summarize certain very useful terms and expressions. Study the examples given and create at least three of your own (from the areas of *Travail temporaire et formation, La publicité* and *Achat et vente*.

➤ These adjectives are translated by *which* or *what* in English.

➤ Quelle est la profession de cette femme?

Les adjectifs interrogatifs. Les adjectifs interrogatifs (quel, quelle, quels, quelles) s'utilisent pour formuler des questions.

- A **quelle** banque t'es-tu adressé?
- **Quelles** sociétés françaises connaissez-vous le mieux?
- **Quel** est le cours du dollar aujourd'hui?

Françoise GODIVIER

ANIMATRICE   CONSEILLERE
FORMATION   ORIENTATION

(Communication Professionnelle
Techniques d'orientation et de recrutement)

Tél : 97.83.57.11 1,Rue Robert GALLOU - LORIENT

Ces mêmes adjectifs peuvent aussi désigner des exclamations. Ils s'appellent alors des **adjectifs exclamatifs.**

- **Quel** article intéressant!
- **Quelle** bonne idée!
- **Quels** logiciels sensationnels!
- **Quelles** secrétaires désintéressées!

Les adjectifs possessifs. Les adjectifs possessifs indiquent la possession, c'est-à-dire que les choses, les objets ou les personnes en question appartiennent à l'individu ou aux individus dont il s'agit. Parfois cette possession n'est pas réelle, mais marque plutôt des rapports variés (par exemple: **mon** arrivée, **ton** aide, **sa** descente, **nos** fournisseurs, **votre** banquier, **leurs** publicités, etc.)

Le choix de l'adjectif possessif reflète celui ou celle qui possède, mais l'adjectif lui-même s'accorde en genre et en nombre avec ce qui est possédé.

- Est-ce que vous pouvez envoyer **votre** lettre et **votre** CV à **ma** secrétaire le plus vite possible?
- Comment est-ce qu'elle a choisi **sa** voiture à **ton** avis?

ANPE
Agence Nationale Pour l'Emploi

La Direction Régionale Ile-de-France de l'ANPE recherche **des organismes, spécialisés dans des projets transnationaux d'échanges et de placements.** Les organismes doivent être en mesure de réaliser pour le compte de la Direction Régionale de l'ANPE l'ensemble des prestations nécessaires à la mise en œuvre des programmes transnationaux de placement en entreprise destinés aux adhérents aux conventions de conversions dans le cadre du projet ANPE/STEER (Skills training for European Entreprises under conversion) lié au programme d'initiative communautaire «FSE/ADAPT».

Chaque organisme intéressé adressera sa candidature par lettre recommandée avec accusé de réception ou la remettra au service contre récépissé à l'adresse suivante :

Agence Nationale Pour l'Emploi
Direction Générale
Département des Relations Internationales
4, rue Galilée
93198 Noisy-le-Grand

avant le 08/08/1996 , un dossier de candidature comprenant les éléments suivants :
* Raison sociale :
* Adresse du siège social :
* Téléphone :
* Fax :
* Références bancaires :
* NAF :
* SIRET :
* Forme juridique :
* Personne à contacter :
Renseignements complémentaires que les organismes doivent fournir à l'occasion de leur candidature.

Les organismes devront justifier de leurs capacités techniques, financières et professionnelles à assurer la mise en œuvre du projet STEER/ADAPT.

A ce titre, les organismes devront fournir les informations suivantes :

• Renseignements relatifs à l'existence d'un réseau de partenaires européens notamment en Europe du Nord. Ils devront indiquer le nom et l'adresse des partenaires et mentionner les collaborations précédentes avec ces partenaires.
• Preuve de la maîtrise des méthodes de placements en direction d'un public «cible» et notamment au niveau européen. Un bilan pourra être adressé concernant les réalisations antérieures et précisera :
- l'intitulé de l'action
- la nature du public et nombre de personnes prises en charge
- la durée
- le contenu de la prestation
- la date de réalisation
• Effectif de l'organisme et compétences des personnes susceptibles d'être affectées à la mise en œuvre du projet.

Références financières - Chiffre d'affaires des 2 dernières années.

➤ De quelle sorte d'offre d'emploi est-ce qu'il s'agit ici?

Annonce classée tirée du *Parisien* du 1ᵉʳ juillet 1996.

- Peugeot a placé **son** annonce dans *le Nouvel Economiste*.
- Monsieur et Madame Roger ont fait appel à **leurs** relations pour aider **leur** fils à trouver un travail.

D'après les exemples qui précèdent, quels sont les six adjectifs possessifs qui indiquent un seul possesseur et un seul objet possédé?

_____

_____

_____

_____

_____

_____

«Erreur» est un mot qui est féminin et singulier, pourquoi dit-on **mon** erreur, **ton** erreur ou **son** erreur au lieu d'utiliser l'adjectif possessif **ma**, **ta** ou **sa**?

Les adjectifs démonstratifs. Les adjectifs démonstratifs indiquent que l'on montre les personnes, les choses ou les objets en question. Il y a seulement quatre formes.

➤ These adjectives are translated as *this* or *that, these* or *those* in English.

➤ *Devant une voyelle ou semi-voyelle.

	Masculin	Féminin
Singulier	ce, cet*	cette
Pluriel	ces	ces

- **Cette** banque offre des services intéressants.
- **Cet** investissment me semble particulièrement avantageux.
- **Ces** magazines n'existaient pas encore l'année dernière.
- Expliquez-moi pourquoi je ne peux pas obtenir **ce** prêt.

Un ordinateur et son imprimante.

Pour renforcer l'adjectif démonstratif, on place **-ci** ou **-là** après le nom ou le pronom dont il s'agit.

> Non, je ne veux pas ce dépliant-**ci,** je veux celui-**là.**

> Avez-vous demandé cette brochure-**ci** ou celle-**là**?

> Ces slogans-**là** plaisent particulièrement à mes enfants. Ils n'arrêtent pas de les répéter!

Tout. Comme adjectif, **tout** qualifie ou détermine un nom ou un pronom. Cet adjectif a quatre formes.

> **Toutes** les monnaies ont une valeur variable.

> **Tout** investissement comporte un certain nombre de risques!

> **Toute** facture doit être vérifiée avant d'être réglée.

> Donnez-moi **tous** les dossiers dont vous vous occupez en ce moment.

> Non, ne sauvegardez pas **tout** le fichier!

> Ils ont **tous** été frappés par la baisse.

> Il y avait beaucoup de documents dans son dossier mais le comité a examiné **le tout** très attentivement.

> Ils ont examiné le portefeuille **tout** entier mais ils ont **tout** d'abord consulté leur conseiller financier.

Avoir l'air. Quand un adjectif est utilisé avec l'expression **avoir l'air,** il s'accorde en général avec le sujet:

> Les **données** ont vraiment l'air **exceptionnelles.**

> Le **directeur** a l'air **fatigué.**

➤ As an adjective, **tout** is translated as *all, every* or *the entire* in English.

➤ **Tout** peut aussi fonctionner comme pronom, nom ou adverbe.

➤ This expression is best rendered into English as look(s) + an adjective.

Cet atelier a été organisé par Agora. Un groupe de personnes à la recherche d'un emploi apprennent à se repositionner par rapport au marché du travail.

Ces **journaux** ont l'air vraiment **intéressants.**

Les employés ont l'air d'**avoir** des problèmes avec le nouveau traitement de texte.

> ➤ **Avoir l'air** peut aussi s'utiliser avec un infinitif.

Même. Même peut fonctionner comme adjectif ou comme adverbe. C'est un **adjectif indéfini** quand il signifie «ce qui n'est pas autre». Placé devant le nom, il exprime l'identité ou la ressemblance:

Un kiosque de la gare SNCF de Nantes.

La secrétaire d'une agence Intérim au travail. Elle a l'air très occupée.

➤ The same.

Les clients peuvent obtenir le **même** taux d'intérêt à la BNP.

Placé après un nom ou un pronom, **même** souligne ce nom ou ce pronom:

➤ Itself.

C'est l'efficacité **même**.

Il a saisi ce texte lui-**même**.

Elles ont résolu ce problème d'ordinateur elles-**mêmes**.

Quand est-il nécessaire de lier **même** par un trait d'union au mot qui le précède? _____.

*E*ncadré supplémentaire: les adverbes

Nous avons déjà vu beaucoup d'adverbes dans les modules précédents. Jetons seulement un coup d'œil rapide sur la formation de ces adverbes. Essayez de les traduire au fur et à mesure comme révision.

La plupart des adverbes sont formés en ajoutant **-ment** à la forme féminine de l'adjectif.

masculin	féminin	adverbe
complet	complète	complètement
heureux	heureuse	heureusement
franc	franche	franchement
long	longue	longuement
parfait	parfaite	parfaitement

EE. Révisions. Indiquez la forme féminine des dix adjectifs ainsi que l'adverbe de la même famille. Ensuite, à partir de chaque adverbe, reconstituez la forme masculine et la forme féminine de l'adjectif. S'il y a un mot que vous ne reconnaissez pas, cherchez-le dans votre dictionnaire et notez sa définition.

➤ Use this exercise as a quick review of the adverbs you have studied thus far.

attentif _____

automatique _____

impératif _____

pratique _____

régulier _____

direct _____

final _____

principal _____

attentif _____

typique _____

inévitablement _____

exclusivement _____

exceptionnellement _____

gratuitement _____

certainement _____

nerveusement _____

probablement _____

provisoirement _____

sérieusement _____

sûrement _____

ultérieurement _____

lentement _____

rapidement _____

également _____

schématiquement _____

uniquement _____

inimitablement _____

Maintenant, créez au moins trois phrases qui parlent de différentes facettes du monde du travail où vous pourriez utiliser quelques-uns de ces adverbes.

_____

_____

_____

_____

➤ Guess at the meaning of each of the following adverbs. If really in doubt, consult your dictionary.

EXCEPTIONS:

1. Quelquefois, il faut changer le **-e** qui est à la fin de l'adjectif en **-é** avant d'ajouter **-ment.**

> précisément
>
> confusément
>
> énormément
>
> profondément

Certains adjectifs se terminent déjà en **-é** alors on ajoute tout simplement **-ment.**

> carrément
>
> instantanément

2. Les adjectifs qui se terminent en **-ant** et **-ent** changent en **-amment** et **-emment.**

> patiemment
>
> brillamment
>
> constamment
>
> couramment
>
> évidemment
>
> fréquemment
>
> suffisamment
>
> (in)consciemment
>
> notamment

EXCEPTIONS À L'EXCEPTION: lentement
                          présentement

3. Certains adverbes sont formés à partir de la forme masculine de l'adjectif à laquelle on ajoute **-ment.**

> indéfiniment
>
> absolument

4. Certains adverbes sont irréguliers.

> brièvement
>
> gentiment
>
> bien
>
> mal
>
> mieux
>
> peu
>
> moins
>
> vite
>
> assez
>
> beaucoup

jamais

souvent

toujours

hier

5. Quelques adverbes ont a même forme que l'adjectif à la forme masculine et singulière.

cher

bas

bon

clair

court

dur

fort

juste

net

➤ ■ Ça coûte cher.
- Regarde en bas et dis-moi qui tu vois.
- Il fait bon ce soir.
- Il ne voit pas clair dans cette affaire.
- Elle travaille dur pour y arriver.
- C'est un argument fort intéressant que vous employez là.
- J'aime cet homme politique. Il parle juste et pense juste.
- Dans les situations graves, il faut parler net.

➤ Just recognizing what each of the adverbs on pages 204–207 means is plenty for now.

*E*ncadrés et aperçus supplémentaires:

quelques verbes irréguliers

PLEUVOIR/FALLOIR

Ces deux verbes existent seulement à la troisième personne du singulier

PRESENT: INDICATIF OU INTERROGATIF

Il **pleut** des cordes, tu ferais bien de faire attention en conduisant pour aller au travail!

Faut-il que j'étudie cette proposition d'emploi très sérieusement? —Oui, c'est un travail temporaire mais qui pourrait être fort intéressant pour toi.

Allons un peu plus loin...

PRESENT: IMPERATIF

Cette forme n'existe pas pour ces deux verbes.

PRESENT: SUBJONCTIF

Pour peu qu'il me **faille** un visa pour les Jeux Olympiques, je serais obligé(e) de rentrer en France cet été.

Il faudrait que tu finisses de cueillir les pommes avant qu'il ne **pleuve!**

Aperçus

Jetez un coup d'œil sur les aperçus suivants et complétez les traductions. Si la traduction d'un verbe est déjà donnée, remarquez l'équivalent en anglais et finissez le reste de la phrase. Les verbes indiqués en caractères gras représentent le temps ou le mode indiqué pour l'aperçu en question.

Le futur. Il **faudra** remplacer la secrétaire qui va partir en congé de maternité.

We'll have to (it will be necessary to) replace the _____ who is going to go on _____.

Il **pleuvra** certainement demain et je ne pourrai pas aller à mon travail à bicyclette.

It will certainly rain tomorrow and I won't be able to go to my _____ by _____.

L'imparfait. Il ne **fallait** pas vous déranger! C'est si gentil de bien vouloir nous recevoir, Monsieur le Directeur.

You shouldn't have bothered. It is so nice (kind) to accept seeing (receive) us, _____.

Il **pleuvait** ce jour-là et tout le monde était de mauvaise humeur et en plus de cela, l'intérim qui devait venir n'était pas venu.

It was raining that day and _____ was in a bad _____ and besides that, the _____ who was supposed to come didn't come (had not come).

Le conditionnel. Il **faudrait** que tu cherches un travail à temps plein car l'intérim n'est pas une solution à long terme.

You should look for a full-time _____ because (for) _____ is not a long term _____.

Il **pleuvrait** bien si l'air était moins sec. Les paysans seraient contents mais pas les touristes.

It would surely rain if the _____ were less dry. The _____ would be glad but not the _____.

Le passé composé. Il **a fallu** qu'elle apprenne à se servir de cet ordinateur en deux jours pour pouvoir postuler ce poste de remplaçante.

She had to learn to use that/this _____ in two _____ in order to be able to apply for that _____ as a _____.

Il **a plu** sans interruption pendant une semaine, ce qui a empêché les travailleurs temporaires de ramasser les raisins.

It rained non-stop for a _____ , which stopped (hindered) the temporary _____ from picking (gathering, harvesting) the _____.

Le plus-que-parfait. Il **avait fallu** travailler des heures avant de pouvoir finir ce projet.

It had been necessary to work _____ before being able to finish that _____.

La directrice de l'agence Intérim avait rendez-vous avec notre patron mais **il avait plu**... et les routes étaient glissantes. Il y avait eu un accident de la route. Elle commençait à s'impatienter lorsqu'il est arrivé avec une bonne demi-heure de retard.

The _____ of the Temp _____ had an appointment with our _____ but it had rained... and the _____ were slippery. There had been a highway _____. She was beginning to get impatient when he arrived a good _____.

FF. Phrases à recomposer. Après avoir étudié les aperçus qui précèdent, ajoutez les prépositions et autres éléments nécessaires pour former une bonne phrase complète. Concentrez-vous surtout sur le temps et le mode des verbes mais faites attention aux noms également. Gardez l'ordre des mots qui est proposé.

> ➤ Consider doing these exercises with your study partner or in small study groups. Discuss possible variations—in French, of course!

1. il/falloir (futur)/que/elle/travailler/temporairement/si/elle/ne... pas vouloir/s'ennuyer/.

_____

_____

2. il/pleuvoir/premier/jour/où/elles/commencer (passé composé)/leur/travail/intérimaire/.

_____

_____

3. si/elle/vouloir (imparfait)/réussir/à la boulangerie, Au bon pain,/il/falloir (conditionnel)/entreprise/prendre/plus au sérieux/contrôle/qualité/.

_____

_____

Mme Le Goff sert une cliente.

4. heureusement/il/ne... pas pleuvoir (passé composé)/parce que/elle/devoir (passé composé)/se rendre/travail chez Leroy Merlin/bicyclette/.

_____

_____

5. il/pleuvoir (imparfait)/depuis un mois/quand/elle/ commencer (passé composé)/son/nouveau/emploi de jardinier chez Truffaut/.

_____

_____

➤ Note the difference between _to call_ and _to be named._

APPELER/S'APPELER
PRESENT: INDICATIF OU INTERROGATIF

Je **m'appelle** Olivier Chabrol et je cherche un stage d'une durée de trois mois pour l'été prochain.

Tu _____ l'un de nous à l'aide si jamais tu as besoin de conseils, n'hésite pas!

Le devoir m'**appelle,** je ne peux pas rester plus longtemps.

Cette Directrice du Marketing a une drôle de façon de vous faire savoir qu'elle veut vous parler: elle vous _____ d'un simple geste de la main.

On **appelle** un chat un chat, et quoique Ludovic veuille nous faire croire, un travail temporaire ne sera jamais un vrai job.

Nous **appelons** ceci du bon travail. Merci, Mademoiselle!

Vous _____ le Directeur par son prénom? Non!

Les stagiaires **appellent** tous les employés, Monsieur ou Madame, car ils ne connaissent pas encore leurs noms.

Les intérimaires vous _____-elles pour vous dire qu'elles ont déjà rendu leur rapport de stage?

Allons un peu plus loin...

PRESENT: IMPERATIF

Appelle ton patron tout de suite pour le prévenir que tu ne seras pas en mesure de te rendre au travail aujourd'hui!

Appelons les choses par leur nom! Cet employé est un véritable fainéant!

Appelez-moi si vous avez le moindre problème, je vous aiderai dans votre recherche d'un emploi.

Pourvu que le cabinet de recrutement n'**appelle** pas pendant mes vacances; je tiens vraiment à ce poste.

Aperçus

Jetez un coup d'œil sur les aperçus suivants et complétez les traductions. Si la traduction d'un verbe est déjà faite, remarquez l'équivalent en anglais et finissez le reste de la phrase. Les verbes indiqués en caractères gras représentent le temps ou le mode indiqué pour l'aperçu en question.

Le futur. Sa nouvelle fonction l'**appellera** à jouer un rôle important dans l'entreprise.

His/her new _____ will call him/her to play an important _____ in the _____.

L'imparfait. Tu **appelais** régulièrement tes parents. Pourquoi est-ce que tu ne leur téléphones presque plus?

You _____ your parents _____. Why do you almost never call them anymore?

Le conditionnel. Si je connaissais son nom de famille, je l'**appellerais** pour le prévenir que la réunion a été annulée.

If I knew his last _____, I would call him to let him know that the _____ was cancelled.

Le passé composé. Nous en **avons appelé** à votre bon sens pour cette décision et nous sommes heureux de votre choix.

We called on your good _____ for that _____ and we are happy with your _____.

Le plus-que-parfait. Toutes nos félicitations! Est-ce que c'était vous qui **aviez appelé** Ecco, l'agence de placement temporaire, avant de nous contacter?

All our _____! Was it you who had called Ecco, the _____ , before contacting us?

GG. Phrases à recomposer. Après avoir étudié les aperçus qui précèdent, ajoutez les prépositions et autres éléments nécessaires pour former une bonne phrase complète. Concentrez-vous surtout sur le

temps et le mode des verbes mais faites également attention aux noms.
Gardez l'ordre des mots qui est proposé.

1. je/appeler (futur)/demain/agence intérim/pour/savoir/quand/est-ce que/je/commencer/mon/nouveau/emploi/.

_____

_____

2. directrice d'Ecco,/agence/intérim,/me/appeler/souvent/autrefois/pour/me/proposer/poste/mais/je/ne... plus avoir/de ses nouvelles/.

_____

_____

3. chômeurs/appeler (conditionnel)/ANPE/si/ils/être/sûr de/trouver/solution/favorable/à leur situation/.

_____

_____

4. ils/me/appeler (passé composé)/pour/me/demander/si/place de standardiste/dans l'entreprise Esso/me/intéresser (imparfait)/.

_____

_____

5. si/je/appeler (plus-que-parfait)/à temps/je/pouvoir (conditionnel passé)/travailler/pendant/vacances d'été/chez Peugeot/.

_____

_____

➤ The forms of these three verbs are mixed for the first half of this verb frame. Based on the examples given, reconstitute all the forms of the present indicative and interrogative.

RIRE/PARAITRE/PLAIRE
PRESENT: INDICATIF OU INTERROGATIF

Je **ris** à chaque fois qu'ils passent la pub _Omo Micro Plus_ à la télévision.

Tu **plais** beaucoup à cette agence de publicité, ton profil leur convient parfaitement.

Il **paraît** que Jean-Baptiste Mondino va réaliser la prochaine publicité pour le parfum Jean-Paul Gaultier. J'adore ce réalisateur!

La publicité est une voie qui **plaît** à de plus en plus d'étudiants.

J'ai trouvé le nouveau slogan de notre prochaine campagne de publicité: «On **rit,** on pleure, au rythme de l'Heudebert.»

Nous **paraissons** toujours plus jeunes à la télévision, grâce au maquillage et aux éclairages.

Est-ce que vous **vous plaisez** dans votre nouvelle agence de pub Giraudeau?

Les chefs de publicité **rient** à gorge déployée lorsqu'on leur demande d'où viennent toutes leurs idées.

Les agences de pub **paraissent** évoluer dans un milieu de plus en plus compétitif.

Allons un peu plus loin...

➤ As you study the following examples, seek to understand the meaning of each sentence.

PRESENT: IMPERATIF

Plais-toi d'abord à toi-même avant de chercher à plaire aux autres: c'est souvent le message communiqué par les pubs pour cosmétiques.

Paraissons sous notre meilleur jour, c'est la clé pour vendre n'importe quel concept de publicité.

Riez de bon cœur, ce n'était qu'une boutade (plaisanterie)!

PRESENT: SUBJONCTIF

Qu'elle **paraisse** sur le perron et sa maîtresse lui ouvre une boîte de Gourmet! Voici une chatte bien gâtée et une scène qui serait parfaite pour un spot publicitaire!

Pour promouvoir les sous-vêtements masculins, il faut choisir un modèle qui **plaise** aux femmes.

Je préfère que vous ne **riiez** pas: j'ai vraiment acheté cette voiture parce que la publicité m'avait plu.

perçus

Jetez un coup d'œil sur les aperçus suivants et complétez les traductions. Si la traduction d'un verbe est déjà donnée, remarquez l'équivalent en anglais et finissez le reste de la phrase. Les verbes indiqués en caractères gras représentent le temps ou le mode indiqué pour l'aperçu en question.

Le futur. (Script pour pub): A ce moment précis, un sourire **paraîtra** sur tes lèvres et tu diras: «Loulou? C'est moi!»

_____ for a _____: At that precise _____ , a _____ will appear on your _____ and you'll say: "Loulou? That's me!" (Lit., it's me).

La publicité pour les pâtes Buitoni **plaira** aux bons-vivants.

The _____ will like the _____ for Buitoni _____.

Rira bien qui **rira** le dernier. Moi je continue à n'utiliser que les produits que je connais bien et je refuse de me laisser séduire par toutes sortes de nouveautés de qualité douteuse.

He who laughs last laughs best. I continue to use only the _____
that I know well and refuse to let myself be won over (seduced) by all
kinds of _____ *of doubtful* _____.

L'imparfait. Il lui **paraissait** impossible de refuser l'offre de cette
maison de haute couture: devenir mannequin était une opportunité en
or!

It seemed impossible to him/her to refuse the _____ *of that high*
_____*: to become a* _____ *was a golden*
_____.

Le conditionnel. Si j'en croyais la publicité Yves Rocher, je **paraîtrais** 10
ans plus jeune en utilisant leur fameuse crème aux algues.

If I believed the Yves Rocher _____, *I would look 10* _____
younger by using their famous algae _____.

C'est un métier qui me **plairait** beaucoup.

That's an _____ *that I'd like a lot (that would be very pleasing to*
me).

Le passé composé. Tu m'**as paru** aussi attirante que la vedette qui
présentait le Numéro 5 de Chanel!

You seemed as attractive to me as the _____ *who was presenting*
_____.

Thomas **a** beaucoup **ri** lorsqu'on lui a appris que depuis son passage à la
télévision, il avait de ferventes admiratrices.

Thomas laughed a great deal when they told him that since he had been on
_____ *he had fervent* _____.

Le plus-que-parfait. Il ne m'**avait** pas **paru** très heureux lors de la
cérémonie de remise des prix. C'est pourquoi je l'**avais invité** à passer
une semaine chez moi au bord de la mer.

He hadn't seemed very happy to me at the _____ *for giving out*
the _____. *That's why I (had) invited him to spend a*
_____ *at my home along the* _____ *shore.*

HH. Phrases à recomposer. Après avoir étudié les aperçus qui
précèdent, ajoutez les prépositions et autres éléments nécessaires pour
former une bonne phrase complète. Concentrez-vous surtout sur le
temps et le mode des verbes mais attention aux noms aussi. Gardez
l'ordre des mots qui est proposé.

    1. linge/paraître (futur)/toujours/plus/beau/avec/lessive Dash/!

    _____

    _____

    2. yaourts Danone/spot publicitaire/paraître (imparfait)/vraiment/
    appétissant/!

    _____

    _____

3. femme/qui/conduire/Renault Twingo/publicité Benetton/te/
   paraître?/elle/vraiment/heureux/?

   _____

   _____

4. vous/paraître (plus-que-parfait)/ennuyée à/idée de/supporter/
   tout/spots/publicitaire/qui/précéder (imparfait)/émission «A bas
   les masques!»/.

   _____

   _____

5. publicité/pour/pâtes Buitoni/?/plaire (conditionnel)/elle/autant/
   Français/si/ce/être (imparfait)/autre/acteur/que/Gérard
   Depardieu/qui/dévorer (imparfait)/son/spaghetti *(pl)* à la sauce
   tomate/.

   _____

   _____

6. publicités/bijoux Cartier/?/plaire/elles/à l'étranger/?

   _____

   _____

7. que/foulards/plaire (présent)/Japonaises/ne... faire aucun doute.
   Ce que/il faut/ce/être/lancer/nouveau/campagne/publicitaire/
   juste/avant/Noël/.

   _____

   _____

8. publicité/pour/île Saint-Martin/lui/tant plaire (plus-que-parfait)/
   que/elle/avoir envie de/y aller/vacances/.

   _____

   _____

9. vous/ne pas plaire (imparfait)/dans/modèle de robe/alors/
   campagne/publicitaire/ne pas marcher (passé composé)/.

   _____

   _____

10. !plaire(vous)/grand/public/et/nous/renouveler(futur)/votre/contrat/!

   _____

   _____

11. si/vous/vouloir/que/ce/publicité/attirer/public/jeune et
    dynamique,/il/falloir (futur)/que/homme/rire/au volant
    de/son/voiture/.

   _____

   _____

12. ? rire/tu/lorsque/tu/voir/Gérard Depardieu/dévorer/grand/
    quantités/spaghetti/comme/si/son/vie/en dépendre (imparfait)/?

   _____

   _____

13. nous/adorer (imparfait)/ce/publicité/et/je/se souvenir (présent)/
que/nous/rire (imparfait)/à chaque fois/que/nous/voir/enfant/
ouvrir/de grands yeux/devant/chien qui parlait/.

_____

_____

14. elles/rire (passé composé)/mais/un peu plus tard/elles/me/dire/
que/elles/être (plus-que-parfait)/choqué/devant/ce/publicité/.

_____

_____

15. je/rire (présent)/lorsque/je/voir/spot/publicitaire/mais/ce/ne...
pas être/pour cela/que/je/acheter (futur)/collants Dim/.

_____

_____

➤ This verb is almost always used with the preposition _de_.

SE SOUVENIR
PRESENT: INDICATIF OU INTERROGATIF

Je **me souviens** encore de l'époque où les publicités étaient en noir et blanc.

Est-ce que tu **te souviens** si Culture Pub, l'émission de M6 consacrée à l'évolution de la publicité, a reçu un 7 d'Or?

Robert ne **se souvient** plus où il a rangé le dossier _Paribas_.

Lucie _____ très précisément des demandes de ce client: lui inventer une publicité dynamique pour refléter une image positive de son entreprise.

On **se souvient** toujours beaucoup mieux de la fin d'une publicité que du début.

Nous avons eu beau voir cette publicité 50 fois, nous ne **nous souvenons** pas du produit qu'elle présentait.

Est-ce que **vous vous souvenez** en quelle année la campagne de promotion pour _Gratounette_ a été lancée?

Tous les téléspectateurs français _____ de la pub Barilla dans laquelle Gérard Depardieu tenait le rôle principal.

Les ménagères de moins de 50 ans **se souviennent** plus facilement des publicités où paraissent des enfants en bas âge.

Allons un peu plus loin...

PRESENT: IMPERATIF

Souviens-toi de respecter les règles de base de la publicité lorsque tu créeras ton propre spot.

_____ que la créativité fera toujours la différence entre les publicités qu'on retient et les autres.

Souvenez-vous que le monde de la publicité est impitoyable.

Pour autant que je **m'en souvienne,** Madonna a fait une publicité pour Pepsi-Cola, il y a de cela quelques années, n'est-ce pas?

 *A̶perçus*

Jetez un coup d'œil sur les aperçus suivants et complétez les traductions. Si la traduction d'un verbe est déjà donnée, remarquez l'équivalent en anglais et finissez le reste de la phrase. Les verbes indiqués en caractères gras représentent le temps ou le mode indiqué pour l'aperçu en question.

Le futur. Ce prof lui a donné une leçon de marketing dont il **se souviendra** toujours.

That _____ gave him a _____ that he will always remember.

L'imparfait. Je ne **me souvenais** plus que Sophie Marceau avait joué dans un spot publicitaire pour Lux.

I didn't remember any more (I no longer remembered) that Sophie Marceau had played in a _____ for Lux.

Le conditionnel. Tu ne **te souviendrais** pas du message de cette publicité si tu ne venais pas juste de la revoir car franchement il est plutôt banal, tu ne trouves pas?

You wouldn't remember the _____ of that _____ if you had not just seen it again because (for) frankly it is rather ordinary, isn't it?

Le passé composé. Jacques **s'est** soudainement **souvenu** qu'il avait rendez-vous pour un brainstorming (un remue-méninges comme on dit au Québec) à 17 heures.

James suddenly remembered that he had an _____ for a _____ session at 5 o'clock.

Le plus-que-parfait. Nous **nous étions souvenus** trop tard que ce client avait des exigences très précises qu'il fallait suivre dans le montage du spot. Alors il était furieux et il a confié sa campagne à une autre agence.

We had remembered too late that that customer (client) had very specific _____ that it was necessary to follow in the _____ of the _____. So he was furious and he entrusted his _____ to another _____.

II. Phrases à recomposer. Après avoir étudié les aperçus qui précèdent, ajoutez les prépositions et autres éléments nécessaires pour former une bonne phrase complète. Concentrez-vous surtout sur le temps et le mode des verbes mais attention aux noms aussi. Gardez l'ordre des mots qui est proposé.

1. je/se souvenir de/questionnaire/sur/produits de beauté Yves Rocher/.

_____

_____

2. si/je/te/décrire/ce/publicité des années soixante,/je/être/sûre/ que/tu/s'en souvenir (futur)/.

_____

_____

3. je/lui/demander (plus-que-parfait)/photographier/affiche/pour que/je/pouvoir/envoyer/ce/publicité/amusant/amie/qui/être/professeur de français/Argentine/mais/il/ne... pas s'en souvenir (passé composé)/.

_____

_____

4. ! (tu) se souvenir de/enregistrer/informations/mais/commencer/ après/spots/publicitaire/!

_____

_____

5. vous/ne... jamais se souvenir de (imparfait)/nom/vedette qui représentait/produits Lancôme/et/pourtant/elle/être (imparfait)/très/connu/.

_____

_____

6. mon/fille/n'avoir que (imparfait) sept ans/mais/elle/se souvenir (plus-que-parfait)/avoir vu/publicité pour eau de toilette pour enfant/dans/magazine. Je/être (imparfait)/dans/parfumerie/ et/je/acheter (imparfait)/bouteille/parfum Guerlain,/elle/

Un magasin de téléphones de voiture.

➤ Vous souvenez-vous d'une autre façon de dire _un téléphone de voiture._

demander (passé composé)/vendeuse/de lui apporter «Petit Guerlain»/ce qui/l'avait beaucoup amusée/.

_____

_____

7. cela/me/étonner (conditionnel)/mon/sœur/et/mon/frère/se souvenir/avoir posé pour/publicité pour les T-shirts Kiabi/lors que/ils/avoir/cinq ans/.

_____

_____

ACHETER/VENDRE
PRESENT: INDICATIF OU INTERROGATIF

J'**achète** souvent des cassettes importées, elles sont généralement moins chères.

Est-ce que tu **vends** toujours des composants électroniques à cette firme américaine?

Ce détaillant **achète** des produits fabriqués en Asie en grandes quantités.

Elle _____ cette voiture japonaise à crédit car elle (la voiture) lui fait trop envie.

On ne **vend** pas de produits qui ne sont pas d'une qualité irréprochable.

Nous ne **vendons** jamais la peau de l'ours avant de l'avoir tué: conquérir le marché asiatique n'est pas chose aisée!

Franchement, vous _____ ces sculptures bien cher: le fait qu'elles viennent du Maroc ne justifie pas un tel prix.

Les essais nucléaires français de 1995 ont eu un tel impact médiatique que de nombreux pays n'**achètent** plus nos produits.

Ces boutiques **vendent** très cher des produits qu'elles importent pourtant à bon marché.

> ➤ Neither of these verbs is irregular. Because certain of their forms pose some difficulties, we have chosen to juxtapose them here. Please note that *acheter* is a stem-changing verb (See *préférer* on pages 109–110 of your HSG).

Une vendeuse de la boulangerie-pâtisserie rend la monnaie à une cliente.

Allons un peu plus loin...

> **LE PRESENT: IMPERATIF**
>
> **Vends** cette Morgan plus cher que tu ne l'as achetée: cette voiture anglaise est devenue tellement rare qu'elle a pris beaucoup de valeur.
>
> **Achetons** français: «Nos emplettes *(purchases)* font nos emplois!»
>
> Ne **vendez** pas la mèche *(fuse; lock of hair)*: les chiffres concernant nos exports ne doivent pas être communiqués à la concurrence.

➤ Ne divulguez pas le secret.

> **LE PRESENT: SUBJONCTIF**
>
> Il faudrait que notre compagnie **achète** moins de matières premières à l'étranger car elle subit un important risque de change pour chaque transaction et, de plus, il serait nécessaire qu'elle **vende** au moins 7% de plus si elle voulait rester stable.

Aperçus

Jetez un coup d'œil sur les aperçus suivants et complétez les traductions. Si la traduction d'un verbe est déjà donnée, remarquez l'équivalent en anglais et finissez le reste de la phrase. Les verbes indiqués en caractères gras représentent le temps ou le mode indiqué pour l'aperçu en question.

Le futur. D'ici l'an 2020, la plupart des produits que nous **achèterons** seront importés de Chine.

From now until the year 2020, most of the _____ that we (will) buy will be imported from _____.

L'imparfait. Autrefois, Michelin ne **vendait** des pneus qu'en France, mais aujourd'hui, l'entreprise a acquis des compagnies étrangères et a conquis de nouveaux marchés.

In the old days, Michelin sold (used to sell) _____ only in _____ , but today the _____ has acquired foreign _____ and has conquered new _____.

Le conditionnel. Il **vendrait** père et mère pour pouvoir monter une entreprise multinationale.

He would sell his _____ in order to be able to get a multinational _____ up and running.

Le passé composé. Ils nous **ont vendu** ce droit d'exclusivité très cher!

They sold us this/that _____ very dearly (at a high cost)!

➤ Achèteriez-vous un billet de première classe si vous voyagiez par le train? Pourquoi?

Des voyageurs achètent un billet et font une réservation au guichet.

Le plus-que-parfait. En 1994, nous **avions vendu** 20% d'aspirateurs en moins, en Asie, qu'en 1995.

In 1994, we had sold 20% fewer _____ in _____ than in 1995.

Je ne savais pas que mon patron **avait vendu** sa camionnette! Il l'aura vendue *(futur antérieur)* pendant ma période de congés. Dommage, car je l'aurais bien achetée *(conditionnel passé)*!

I didn't know that my _____ had sold his _____. He most likely sold it during my _____. What a pity because (for) I sure would have bought it!

➤ Note the composed tenses in the past of the future and the conditional.

JJ. Phrases à recomposer. Après avoir étudié les aperçus qui précèdent, ajoutez les prépositions et autres éléments nécessaires pour former une bonne phrase complète. Concentrez-vous surtout sur le temps et le mode des verbes mais attention aux noms aussi. Gardez l'ordre des mots qui est proposé.

1. nous/acheter (futur)/tas de produits/original/afin que/ils/être/ revendu/ensuite/.

_____

_____

2. tu/acheter (imparfait)/toujours/ton/T-shirts/chez Lacoste/mais/ maintenant/tu/préférer/ceux de Vuarnet/.

_____

_____

3. je/acheter (conditionnel)/bien/ce/logiciels/si/je/être/sûre de/ pouvoir/les/revendre/après/.

_____

_____

Des tonnes d'agrumes ou de soja en vrac près du port de Lorient.

➤ Qui achèterait des tonnes de citrus ou de soja, à votre avis? Pourquoi?

4. ils/acheter (passé composé)/ce/chaussures/pensant/que/ils/ne/ aucun avoir (conditionnel)/difficulté/à les exporter/.

_____

_____

5. ? (vous)/acheter (plus-que-parfait)/ce/téléphones/portable/avant que/ils/être/officiellement/sorti/sur le marché/grâce à/ responsable/commercial/de France Télécom/?

_____

_____

ENVOYER/ESSAYER/PAYER
PRESENT: INDICATIF OU INTERROGATIF

Je **paye (paie)** toujours mes achats en liquide.

Lorsque tu as un acheteur américain, est-ce que tu **envoies** tes factures en dollars ou en francs?

Coca-Cola **essaye (essaie)** maintenant de pénétrer le marché russe de manière significative.

Mon entreprise fait beaucoup de commerce avec les Etats-Unis, c'est pourquoi elle **paye (paie)** ses impôts en dollars.

On **essaye (essaie)** toujours de couvrir le risque de change par des instruments financiers.

Nous vous **envoyons** tous nos influx positifs pour que vous réussissiez le lancement de votre entreprise d'import-export.

A la frontière belge, est-ce que vous **payez** en francs français ou en francs belges?

Ils **essayent (essaient)** encore de lancer leur produit sur le marché américain, mais toujours sans succès.

Les filiales étrangères **envoient** régulièrement des données sur la compétition locale et ses résultats financiers.

Allons un peu plus loin...

PRESENT: IMPERATIF

Essaye de faire des efforts de marketing pour exporter tes produits.

_____ nos fournisseurs allemands en francs, nous éviterons ainsi le risque de change.

Envoyez-nous très vite vos réactions sur la qualité de nos produits, nous y attachons beaucoup d'importance.

LE PRESENT: SUBJONCTIF

Il faut que votre entreprise **paye** toutes ses factures avant que le cours ne monte.

Aperçus

Jetez un coup d'œil sur les aperçus suivants et complétez les traductions. Si la traduction d'un verbe est déjà donnée, remarquez l'équivalent en anglais et finissez le reste de la phrase. Les verbes indiqués en caractères gras représentent le temps ou le mode indiqué pour l'aperçu en question.

Le futur. Ils nous **enverront** bientôt notre disque dur en provenance d'Amérique; ça fait déjà quatre mois que nous l'attendons!

They'll send us our _____ soon from _____, that already makes four _____ that we have been waiting for it.

L'imparfait. Cette entreprise **essayait** de satisfaire ses clients étrangers mais à cette époque-là, elle n'avait pas l'infrastructure pour y arriver.

That _____ was trying to satisfy its foreign _____ but at that _____ it didn't have the _____ to accomplish it.

Le conditionnel. Les Thaïlandais n'**avaient**-ils pas **promis** qu'ils nous enverraient notre commande avant le premier décembre?

Hadn't the _____ promised that they would send us our _____ before the first of December (December 1st)?

Le passé composé. J'**ai essayé** de développer des accords commerciaux avec le Mexique afin de pouvoir profiter du faible coût de la main d'œuvre mexicaine.

I tried to develop business _____ with _____ in order to be able to take advantage of the low _____ of the Mexican _____.

Le plus-que-parfait. Notre partenaire italien **avait** déjà **envoyé** le paiement de sa facture avant même que nous ayons eu à le relancer.

Our Italian _____ had already sent the _____ of his _____ even before we had to badger him.

KK. Phrases à recomposer. Après avoir étudié les aperçus qui précèdent, ajoutez les prépositions et autres éléments nécessaires pour former une bonne phrase complète. Concentrez-vous surtout sur le temps et le mode des verbes mais attention aux noms aussi. Gardez l'ordre des mots qui est proposé.

1. je/envoyer (futur)/ce/bon de commande/pour/ce/casseroles/ quand/je/être/sûre de/mon/choix/.

_____

_____

_____

La directrice d'une agence de travail temporaire essaie de photocopier un document mais la machine ne marche pas.

2. vous/essayer (futur) de/appeler/votre/conseiller/agence/pour/ connaître/raison/pour laquelle/vous/ne... pas avoir (passé composé)/ce/poste/.

_____

_____

3. autrefois/on/payer/comptant/quand/on/acheter/vélo/ou même/ machine à coudre/.

_____

_____

4. je/essayer (conditionnel) de/contacter/entreprise Michelin/pour/ lui/trouver/emploi/.

_____

_____

5. elle/envoyer (passé composé)/lettres de motivation/et/CV/ centaine d'entreprises/pour/avoir/un maximum de chances de/avoir/réponse/positif/.

_____

_____

6. je/essayer (plus-que-parfait) de/entrer/chez Guerlain/mais/je/ne... pas correspondre (imparfait) à/leur/critères de sélection.

_____

_____

ℰxercices de synthèse

LL. A vos plumes! Après avoir révisé les dialogues, lectures et points de repère du Module V dans votre manuel, ainsi que les points grammaticaux, les encadrés et les aperçus, écrivez un paragraphe sur au moins un des sujets suivants. Utilisez les expressions indiquées comme point de départ.

1. Dans le dialogue intitulé...,*il s'agit de...

2. Le texte...,*que nous avons lu parlait de...

3. D'après la section...*des points de repère,...

_____
(Titre)

_____

_____

_____

_____

➤ *Insérez le titre du dialogue que vous aurez choisi. (1)

➤ *Insérez le titre de la lecture que vous aurez choisie. (2)

➤ *Insérez le titre (les entreprises françaises, les chiffres parlent, etc.) de la section que vous allez commenter. (3)

Echange

MM. Prise de notes. Après avoir écouté la section **Echange** du
Module V, réécoutez-la et notez les mots qui vous paraissent les plus
importants.

Verbes	Noms	Adjectifs, adverbes ou autres expressions
_____	_____	_____
_____	_____	_____
_____	_____	_____
_____	_____	_____
_____	_____	_____
_____	_____	_____

NN. Synthèse. Après avoir consulté la liste des mots-clés qui précède,
écrivez un résumé de ce que vous avez entendu, en une phrase ou deux.

_____

_____

_____

_____

_____

**Dans le Module VI du Guide d'étude, nous allons cibler les
adjectifs.**

Gérer et investir son argent

Dans ce module du **Guide d'étude,** nous allons étudier les adjectifs, réviser quelques verbes irréguliers au présent sous forme d'encadrés supplémentaires et faire la traduction de plusieurs noms, adjectifs et adverbes des aperçus—le tout principalement dans le contexte de gérer et investir son argent.

➤ After studying certain basic patterns of intonation, we will focus on adjectives, study six irregular verbs, look briefly at certain nouns, and review several parts of speech within contexts related to those we have already examined.

Photos et descriptions

A. Pré-écoute.

1. Regardez les photos de la page 227. Qu'est-ce que vous voyez?

_____

_____

_____

_____

_____

_____

_____

2. Qu'est-ce que les photos suggèrent comme actions ou comme états?

_____

_____

_____

_____

_____

_____

_____

_____

▲ La Bourse de Paris.

L'enseigne d'une
▼ compagnie d'assurances.

GROUPAMA

ASSURANCES

Capital Revenus : des revenus tous les trimestres.

Crédit Mutuel de Bretagne

la banque à qui parler

Les 5 atouts de Capital Revenus

Simple, sûr et rentable, avec Capital Revenus, percevez des revenus réguliers pendant 4 ans !

UN PLACEMENT SIMPLE

Difficile de faire plus simple. Vous versez au départ un montant unique - entre 50 000 et 190 000 francs - et votre argent travaille pour vous. Quatre fois par an, vous percevez une rente.
En cas de besoin, vous pouvez demander un remboursement anticipé.

UNE RENTE REGULIERE

Oui, tous les trimestres et pendant 4 ans, vous percevez une rente sans que vous ayez à vous occuper de quoi que ce soit. Elle viendra automatiquement augmenter vos revenus.

UN PLACEMENT RENTABLE

Si vous placez par exemple 100 000 F, ce sont 1 450 F qui vous seront versés tous les 3 mois pendant 4 ans. Une manière dynamique de faire évoluer vos revenus, d'autant plus que vous n'aurez pas à déclarer les rentes que vous percevez.

UN PLACEMENT SÛR

Capital Revenus est un placement garanti par contrat. Vous êtes donc assuré que le taux de votre placement ne peut pas baisser pendant toute sa durée. Vous investissez sans risque.

Capital Revenus

- de 50 000 à 190 000 F par tranches de 5 000 F.
- Durée : 4 ans.
- Taux actuariel annuel brut : de 6,29 % à 6,42 % selon le montant placé.
- Exemple : Pour une souscription de 100 000 F : taux actuariel annuel brut : 6,33 %, net 5,92 % (sur le versement initial).

▲ Un dépliant du Crédit Mutuel de Bretagne.

B. Compréhension orale/aurale. Ecoutez deux ou trois fois le premier segment de ce Module sur votre cassette-audio pour pouvoir encercler les mots ou expressions que vous reconnaissez.

Photos numéros 1, 2 et 3

Verbes	Noms	Adjectifs et autres expressions
voir	une enseigne	ancien(ne)
suggérer	une colonne	parisien(ne)
attendre	une bicyclette	devant
voler	un vélo	derrière
acheter	l'architecture *(f)*	en plein essor
vendre	un oiseau	debout
investir	des revenus *(m)*	assis(e)
	un logo	contre
	la Bourse	en face de
	les assurances *(f)*	boursier(ière)
	une banque	informatisé(e)
	des actions *(f)*	moderne
	des obligations *(f)*	en province

> ➤ Pour ces trois questions, prenez sous la dictée 1) le sujet et le verbe, 2) le déterminatif et le nom et 3) l'adjectif ou l'adverbe. Ecrivez-les en toutes lettres.

Quelle est la forme de chaque verbe employé dans le commentaire?

_____

_____

_____

Quelle est la forme de chaque nom utilisé?

_____

_____

_____

Quelle est la forme de chaque adjectif et de chaque adverbe que vous avez compris?

_____

_____

_____

_____

C. A vos plumes! D'après ce que vous avez entendu, écrivez un petit paragraphe de 50 mots sur une des photos qui précèdent.

1. Formulez une phrase d'introduction ou d'ouverture.

2. Consultez les notes que vous avez prises pour développer vos idées.

3. Ecrivez une phrase imaginative en guise de conclusion.

_____
(Titre)

Sur la photo N°... _____

_____

_____

_____

_____

_____

_____

_____

_L_a Phonétique: l'intonation

Nous allons considérer l'intonation du point de vue

de la syllabe (et des voyelles en particulier),

du groupe rythmique,

de la phrase complète.

Contrairement à ce qui se passe en anglais, la voyelle d'une syllabe en français ne glisse _(slide)_ pas. Elle reste sur une seule note. Elle est fixe, stable, pure. Imitez la voix enregistrée sur votre cassette.

beau	/bo/
l'impôt	/lɛ̃-po/
la beauté	/la-bo-te/
les impôts	/le-zɛ̃-po/
un nouvel impôt	/œ̃-nu-vɛ-lɛ̃-po/
les nouveaux impôts	/le-nu-vo-zɛ̃-po/
un impôt important	/œ̃-nɛ̃-po-ɛ̃poʀ-tã/
sa beauté merveilleuse	/sa-bo-te-mɛʀ-vɛ-jøz(ə)/

Tout le monde a remarqué sa beauté merveilleuse. /tu-lə-mɔ̃d(ə)-a-ʀə-maʀ-ke-sa-bo-te-mɛʀ-vɛ-jøz(ə)/

D. La syllabification. Divisez les mots et expressions suivants en syllabes. Puis, prononcez-les. Essayez de maintenir la voyelle sans fléchir _(without easing off)_. Ensuite, imitez la voix enregistrée sur votre cassette.

1. le fisc _____

2. la perception _____

3. un inspecteur des impôts _____

4. une assurance multirisque _____

5. des frais d'hébergement _____

6. un indice boursier _____

7. une offre publique d'échange _____

8. une valeur mobilière _____

9. des perspectives de développement _____

10. la répartition des heures de travail _____

Dans un groupe de mots, c'est toujours la dernière syllabe du groupe syntaxique qui porte la note la plus haute ou la plus basse.

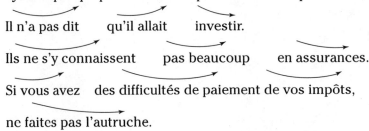

Il n'a pas dit   qu'il allait   investir.

Ils ne s'y connaissent   pas beaucoup   en assurances.

Si vous avez   des difficultés de paiement de vos impôts,

ne faites pas l'autruche.

Il y a essentiellement deux sortes de schémas possibles pour l'intonation des groupes de mots en français: ceux qui indiquent une continuation de la pensée et ceux qui désignent la terminaison ou la finalité. Les représentations graphiques qui marquent une continuation sont nettement **ascendantes** et celles qui signalent la finalité sont **descendantes.**

Dans un groupe **ascendant,** la dernière syllabe est toujours la plus haute et il y a un grand écart *(gap)* entre celle-ci et la syllabe précédente.

Dans le groupe **descendant,** la dernière syllabe est toujours la plus basse et il y a de nouveau un grand écart entre celle-ci et la syllabe précédente.

A part la dernière syllabe de chaque groupe rythmique, les autres syllabes sont plus libres—elles peuvent monter ou descendre mais pas toujours de manière régulière de syllabe en syllabe.

Les deux schémas suivants sont possibles pour la même phrase et sont les plus communs.

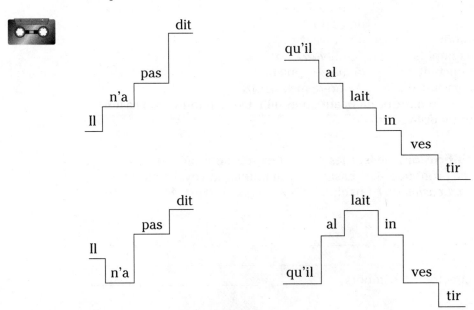

Nous indiquerons simplement l'intonation générale par des flèches ascendantes ou descendantes.

Il y a davantage de groupes ascendants que de groupes descendants en français. Nous nous limiterons à la présentation schématique de cinq types généraux.

Groupes ascendants

> • Les groupes qui annoncent la continuation de la phrase:

1. Les impôts constituent une part importante (des revenus de l'Etat).

> ➤ Imitez la voix enregistrée sur votre cassette jusqu'à ce que vous puissiez prononcer les neuf phrases suivantes comme elles le sont sur cette cassette.

2. Pour pallier les nombreux risques inhérents à la vie, sur la route, à la maison et au travail, les compagnies d'assurances conseillent la prudence et offrent tout un éventail (de protections diverses).

3. La Bourse est un marché financier qui permet une interaction entre les acheteurs et les vendeurs (de valeurs mobilières).

> • Les groupes qui contiennent une implication:

4. Lorsqu'on est protégé par un contrat d'assurance, on dit qu'on est couvert (comme vous le savez).

5. Quand vous ne voulez plus avoir de contrat avec une certaine compagnie d'assurance, vous avez l'option de ne pas renouveler votre contrat (si je comprends bien).

6. Il est recommandé de faire partie d'un club d'investissement quand on veut s'initier à la Bourse (comme Pierre nous l'a expliqué).

> • Les groupes interrogatifs auxquels on répond par **oui** ou par **non:**

7. Lorsque tu décides de garder une assurance que tu possèdes déjà mais qui va expirer, si tu veux continuer à être couvert(e) par le même contrat, est-ce qu'on dit qu'on renouvelle son contrat?

8. Il y a sept places boursières en France, n'est-ce pas?

9. Est-ce qu'on peut faire des ventes à découvert sur les marchés de la Bourse de Paris?

Groupes descendants

➤ Imitez la voix enregistrée sur votre cassette jusqu'à ce que vous arriviez à prononcer les six phrases qui suivent comme elles le sont sur cette cassette.

> ▪ Les groupes qui montrent la finalité (la fin de la déclaration ou de la constatation; un ordre ou une commande):

1. (Les impôts directs sont calculés à partir d'une déclaration faite) à l'administration fiscale.

2. (Si vous voulez continuer à être couverts), n'oubliez pas de renouveler votre contrat.

3. (La loi de l'offre et de la demande détermine le niveau) des cours des titres.

> ▪ Les groupes interrogatifs auxquels on ne répond ni par **oui** ni par **non:**

4. (Lorsqu'un sinistre se produit, qui est-ce qui vient pour déterminer le montant des dégâts qui ont été occasionnés) par ce sinistre?

5. (Que veut dire l'expression) «le cours des actions fluctue»?

6. (Quel est le nom de l'architecte) de la Bourse de Paris?

➤ Keep repeating these examples several times per week until you feel totally comfortable copying the intonation pattern of the native speaker.

*R*évisions générales

Dans les cinq activités qui suivent, indiquez l'intonation des groupes rythmiques dans les phrases tout en faisant une révision générale de quelques termes-clés et certains concepts de base dans les contextes suivants (tirés des cinq modules précédents).

➤ In this section, we'll review certain key concepts from Modules I–V while working on intonation patterns.

E. Différentes facettes du monde du travail. Indiquez l'intonation des phrases suivantes par des flèches ascendantes ou descendantes. Ensuite, écoutez la voix sur votre cassette, imitez-la et vérifiez vos réponses.

➤ For Ex. E–I, skim each sentence for meaning, divide it into ascending and descending groups, imitate the voice on your cassette making any necessary arrow changes, then self correct.

1. Au cours de ces quinze dernières années, de nombreuses agences intérim ont ouvert leurs portes dans toutes les grandes villes françaises.

2. Les personnes qui veulent trouver un emploi s'inscrivent à l'ANPE et dans toutes les agences intérim de leur ville.

3. La formation, c'est-à-dire l'éducation, représente le meilleur

passeport pour l'emploi, n'est-ce pas?

4. Quelles formes est-ce que la publicité prend? Elle prend de

nombreuses formes comme vous le savez: les encarts

publicitaires, les annonces dans les journaux et les magazines, les

spots publicitaires à la radio et à la télévision, les panneaux

d'affichage, les catalogues, brochures, dépliants, prospectus et

réclames, les hommes sandwiches, les colonnes Morris, les T-

shirts et les échantillons gratuits, par exemple.

5. Créez un nouveau slogan aussitôt que possible si vous ne voulez

pas perdre ce contrat.

 F. Les entreprises françaises. Indiquez l'intonation des phrases
suivantes par des flèches ascendantes ou descendantes. Ensuite,
écoutez la voix enregistrée sur votre cassette, imitez-la et vérifiez vos
réponses.

1. Que veut dire l'expression *lancer une entreprise?*

2. Les choses ne vont pas très bien. Rectifiez votre stratégie, revoyez

vos plans et faites les changements nécessaires.

3. Que signifie travailler dans une entreprise? Que représente le

travail dans la vie d'un être humain? Quels sont les devoirs, les

responsabilités et les droits des salariés?

4. Si vous êtes importunée sur le lieu de votre travail par des

remarques ou des gestes qui ont une connotation sexuelle,

n'hésitez pas à protester.

5. Tu connais autour de toi des gens qui sont au chômage, n'est-ce

pas? Quelle influence le chômage a-t-il sur leur santé? Que

peuvent-ils faire pour sortir de l'impasse du chômage? Que fais-tu

pour leur redonner de l'espoir?

G. Demandes et offres d'emploi. Indiquez l'intonation des phrases suivantes par des flèches ascendantes ou descendantes. Ensuite, écoutez la voix sur votre cassette, imitez-la et vérifiez vos réponses.

1. Qu'est-ce qui constitue un bon CV?

2. Lorsqu'on cherche un emploi, on devrait avoir une assez bonne idée du genre de travail que l'on aimerait faire et des conditions dans lesquelles on aimerait travailler, comme le salaire et les avantages sociaux liés au poste souhaité.

3. Lorsqu'une personne fait une demande d'emploi et est convoquée à un entretien d'embauche, avec qui est-ce que le premier contact se fait?

4. Lors d'un entretien d'embauche, l'entreprise sonde le candidat et vérifie s'il répond bien aux attentes de l'entreprise, au niveau professionnel aussi bien que personnel.

5. Avant d'aller à un entretien d'embauche, on devrait considérer entre autres, comme vous le savez, les vêtements qu'on va porter, ses qualifications, ses points forts et ses points faibles, ses buts et ses objectifs de carrière.

H. L'informatique à la maison et au travail. Indiquez l'intonation des phrases suivantes par des flèches ascendantes ou descendantes. Ensuite, écoutez la voix sur votre cassette, imitez-la et vérifiez vos réponses.

1. Grâce à l'ordinateur et par l'intermédiaire d'Internet, on peut consulter des informations qui sont stockées ailleurs, et cela, dans le monde entier.

2. Autrefois, les ordinateurs étaient énormes et très lourds; maintenant on offre des portatifs ou portables à des prix

abordables qui sont souvent aussi efficaces et puissants que les anciens modèles.

3. Quelles sortes de stress sont causées par les longues heures de travail sur ordinateur?

4. Si tu viens ce soir, n'oublie pas d'apporter ton ordinateur portable, ton nouveau logiciel, et le jeu vidéo que Nancy aime tant.

5. Qui a accès à Internet maintenant?

 I. Banque, Poste et Télécommunications. Indiquez l'intonation des phrases suivantes par des flèches ascendantes ou descendantes. Ensuite, écoutez la voix enregistrée sur votre cassette, imitez-la et vérifiez vos réponses.

1. Quels sont les avantages d'un compte en banque?

2. Le TELESERVICE BNP est un service de consultation, de gestion et d'information à distance grâce auquel on peut suivre ses comptes par Minitel ou par téléphone.

3. Le téléphone et d'autres appareils comme le Minitel et le fax jouent un rôle important en France dans la vie personnelle aussi bien que professionnelle.

4. Comparez les comptes en banque et les C.C.P.

5. La Poste en France offre de nombreux services: on peut y aller pour envoyer du courrier, acheter des timbres, des mandats et des télécartes, pour consulter l'annuaire téléphonique par Minitel, téléphoner de cabines publiques, pour envoyer un fax, ouvrir un C.C.P. ou un compte épargne, faire un emprunt ou même pour investir de l'argent.

Points grammaticaux: les adjectifs et les adverbes

➤ Note the three key expressions for the comparative of regular adjectives and adverbs: **plus, aussi, moins.**

Le comparatif des adjectifs. Lorsqu'on parle de quelqu'un ou de quelque chose, **le comparatif** indique une qualité supérieure (+), égale (=), ou inférieure (–).

Le **comparatif de supériorité** est indiqué par l'adverbe **plus** placé devant l'adjectif.

> Cette banque est **plus connue** que l'autre.

> Cet investissement semble **plus sûr** que celui que Roger propose.

Le **comparatif d'égalité** est indiqué par l'adverbe **aussi** placé devant l'adjectif:

> L'ancienne brochure est **aussi complète** que la nouvelle.

> Cette publicité est **aussi choquante** que celle de l'eau Perrier.

Le **comparatif d'infériorité** est indiqué par l'adverbe **moins** placé devant l'adjectif.

> Cette carte de crédit est **moins connue** et **moins employée** en France que la Carte Bleue VISA.

> Le magazine s'adresse à des lectrices **moins jeunes** que celles de *Elle.*

S'il y a plusieurs comparatifs qui se suivent, mettez **plus, aussi,** ou **moins** devant **chaque** adjectif.

> Ce logiciel est **plus** sophistiqué, **plus** efficace, **plus** performant, **aussi** facile d'emploi et **moins** cher que le mien.

➤ Note the two following irregular forms of the comparative **meilleur(e)(s)** = better and **pire** = worse.

Meilleur(e)(s) est le comparatif de supériorité de bon(ne)(s):

> Les nouvelles publicités de Delta qui ciblent le marché français sont bien **meilleures** que les premières.

> Si tu veux visionner tes bandes vidéo plus souvent, achète des cassettes de **meilleure** qualité.

Pire ou **plus mauvais(e)(s)** sont les comparatifs de supériorité de mauvais(e)(s).

> Les remèdes sont **pires** que le mal.

> Mon dernier investissement était mauvais mais celui-ci est **pire.**

> Cet enregistrement est **plus mauvais** que celui que j'ai entendu hier.

> Vous avez raison. Il est vraiment **pire** que l'autre.

Regardez tous les exemples de comparatifs qui précèdent. Quel est le mot qui accompagne presque toujours le comparatif?

Vous souvenez-vous des pronoms disjoints qui peuvent suivre **que** dans une phrase? Révisons-les!

Paul est plus au courant que **toi** de tout ce qui se fait dans votre service publicité.

Oui, il est mieux informé que **moi,** mais j'ai de meilleurs contacts que **lui** dans le domaine du marketing, de la mercatique.

En ce qui concerne les derniers développements en informatique, nous sommes moins au courant qu'**eux.**

Vous êtes aussi intéressés que **nous** dans l'internationalisation de notre entreprise.

> **REMARQUE:** Le comparatif des adverbes fonctionne exactement de la même façon. Le comparatif de bien est **mieux** et celui de mal est **pire.**
>
> Quand il s'agit des impôts, ça va de mal en **pire.**
>
> Dans le domaine des assurances, selon certains, il vaut **mieux** s'assurer soi-même après avoir constitué un fond monétaire de réserve suffisant.
>
> Nous plaçons **mieux** notre argent maintenant grâce à notre nouveau conseiller financier.

> ➤ In the following chart, note the use of **qu(e)** = than.

Le Comparatif des adjectifs et adverbes réguliers

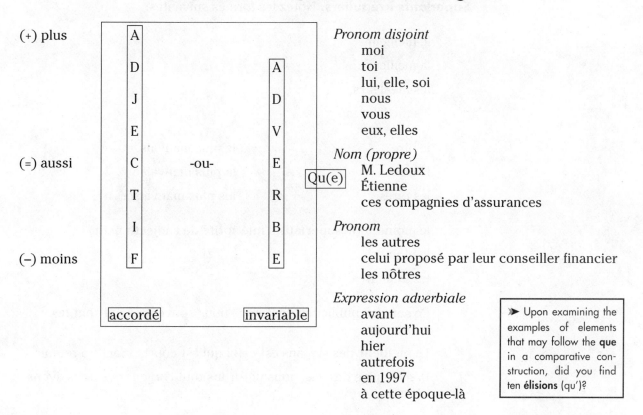

(+) plus	ADJECTIF		*Pronom disjoint* moi toi lui, elle, soi nous vous eux, elles
(=) aussi	-ou-	ADVERBE — Qu(e)	*Nom (propre)* M. Ledoux Étienne ces compagnies d'assurances
			Pronom les autres celui proposé par leur conseiller financier les nôtres
(–) moins	accordé	invariable	*Expression adverbiale* avant aujourd'hui hier autrefois en 1997 à cette époque-là

> ➤ Upon examining the examples of elements that may follow the **que** in a comparative construction, did you find ten **élisions** (qu')?

Le superlatif des adjectifs. On utilise toujours un article défini (le, la, l', les) avec le superlatif. Cet article est souvent répété deux fois. Regardez les exemples suivants.

> C'est **le** programme **le** plus adapté à nos besoins.
>
> **Le** traitement de texte **le** plus simple est celui qui vient de sortir.
>
> Marc est **le meilleur*** informaticien de notre équipe.
>
> C'est Robert qui est **le moins** apprécié des cadres supérieurs et qui a **le moins** de responsabilités parmi les membres du groupe.

➤ Note **le plus bon** = le meilleur.

En vous basant sur les exemples qui précèdent, quels sont les deux degrés qui existent pour indiquer le superlatif? Encerclez les bonnes réponses.

> la supériorité (+ +)
>
> l'égalité (=)
>
> l'infériorité (– –)

Quel est le mot qui suit presque toujours un **superlatif?** _____

> Cette publicité est **la moins** connue **de** toute la série.
>
> C'est **le** journal **le plus** respecté **de** la région.
>
> C'est **la plus** grande banque **d'**Europe.

Superlatifs irréguliers. Notez les formes suivantes.

> le meilleur
>
> la meilleure
>
> les meilleurs
>
> les meilleures

le pire	le plus mauvais
la pire	la plus mauvaise
les pires	les plus mauvais(es)

> le moindre (le **superlatif** d'infériorité de l'adjectif petit)
>
> la moindre
>
> les moindres

> Ce sont les publicités dont nous nous souvenons qui sont **les meilleures.**
>
> **Le meilleur** des slogans est celui qui est court et facile à retenir.
>
> Dans **le pire** des cas, nous perdrons tout l'argent que nous avons investi.

Le moindre changement dans le cours de la monnaie peut avoir une grande influence sur notre chiffre d'affaires.

REMARQUE: Le superlatif des adverbes fonctionne de la même façon sauf que l'article défini utilisé est toujours **le** et reste invariable.

Quand on veut investir son argent, **le mieux** est de s'adresser à une Société de Bourse.

Elle travaille **le plus sérieusement** quand elle est bien reposée.

Les courtiers qui gagnent **le moins** ne sont sans doute pas les mieux qualifiés.

*R*évisions générales

J. Le comparatif. Après avoir étudié les exemples précédents et révisé le comparatif des noms à la page 189, ajoutez les articles, prépositions et autres éléments nécessaires pour former une bonne phrase complète. Gardez l'ordre des mots qui est proposé. La plupart des phrases sont au présent.

> ➤ You may choose to complete this exercise with your study partner.

1. si/vous/avoir/difficultés de paiement/il/être/+ dangereux/faire l'autruche/que de/prendre/rendez-vous/avec/votre/percepteur/.

_____

_____

2. ce/logiciels/être/– performant/que/CIEL/.

_____

_____

3. il/être/possible/que/personne/riche/payer/– impôts/que/individu/ qui/avoir/revenus/modeste/.

_____

_____

4. faire/son/propre/déclaration d'impôts/être/peut-être/+ facile/ France/que/Etats-Unis/.

_____

_____

5. placements/non-lié/à/police d'assurance/être/sans doute/+ avantageux/pour/particuliers/.

_____

_____

6. dans/domaine des assurances,/il/être/= facile/de/résilier/contrat/ France/que/U.S.A.

_____

_____

7. on/avoir/tendance à/posséder/+ actions/que/d'obligations/et/ depuis un certain temps/des SICAV/ou/fonds mutuels/.

_____

_____

8. Bourse/Paris/être/+ grand/et/+ célèbre/que/autres/six marchés boursiers/France/.

_____

_____

9. son/actions Accor/être (imparfait)/+ stable/que/celles d'EuroDisney/jour où elle a vérifié le statut de/son/portefeuille/.

_____

_____

_____

K. Le superlatif. Après avoir étudié les exemples précédents et révisé le superlatif des noms à la page 189, ajoutez les articles, prépositions et autres éléments nécessaires pour former une bonne phrase complète. Gardez l'ordre des mots qui est proposé. La plupart des phrases vont être au présent.

1. TVA/être/++ connu/de tout/taxes/France/.

_____

_____

2. prix/n'être peut-être pas/facteur/++ important à/considérer/ lorsque/on/choisir/assurance/.

_____

_____

3. selon/Mme Amar,/UAP et Direct Assurance/pouvoir (conditionnel)/proposer/tarifs/++ intéressants à/fille de Mme Vauclair/.

_____

_____

4. assurances-décès/donner/bénéficiaires/moyens de faire face à/dépenses/++ urgent,/telles que/frais d'enterrement/ou/ paiement des droits de succession/.

_____

_____

GIBERT JEUNE.

PAPETERIE

5, place Saint-Michel, 75005 PARIS - Tél. : 43 25 70 07

Société à Responsabilité Limitée au capital de 620 000 F

R. C. PARIS B 322 191 016

FACTURE

```
GIBERT JEUNE
PL ST MICHEL
VOUS REMERCIE


C 20    11.11.95


JEU-DIVERS-N
            20,00
JEU-DIVERS-N
            45,00
JEU-DIVERS-N
            37,00
S/TOTAL 102,00

CA TTC 3
          102,00
   5,50    5,32
H.TAXE  96,68

TOTAL   102,00

ARTICLES   3

         #  23
3205A20  12:02
```

T.V.A.

Le montant de la **T.V.A.**
figure sur le ticket, qui est
à agrafer à cette facture.

Merci de votre visite.

➤ Lisez les chiffres du
ticket de caisse agrafé à
cette facture.

	DATE	MONTANT
TOTAL	11.11.95A20	102,00

5. cas *(pl)* d'invalidité/être/sans doute/++ graves/.

_____

_____

6. investissements/++ risqués/être/quelquefois/ceux/qui/rapporter/
++/.

_____

_____

7. ce/être/gens/qui/investir/- -/qui/avoir (futur)/plus tard/++/
problèmes/.

_____

_____

Encadrés et aperçus: quelques verbes irréguliers.

MENTIR

PRESENT: INDICATIF OU INTERROGATIF

Je ne **mens** pas quand je te dis que je soumets toujours ma déclaration de revenus à temps.

Tu _____, ce n'est pas vrai, les percepteurs ne gagnent pas autant d'argent que ça!

Mon grand-père ne **ment** pas quand il dit qu'il n'a que peu de revenus à déclarer: il a une maigre retraite.

Est-ce que tu crois que cette entreprise **ment** pour son calcul d'impôt sur les sociétés?

On _____ toujours plus facilement sur le montant exact de ses revenus lorsqu'on exerce une profession libérale, puisqu'il n'est pas aisé pour le fisc de les vérifier.

Est-ce que nous **mentons** ou disons la vérité? Tout dépend du niveau de risque, mais tout devrait dépendre du caractère de chacun!

Vous ne **mentez** jamais lorsque vous remplissez votre déclaration de revenus pour maintenir votre réputation d'honnêteté.

Les percepteurs ne _____ pas quand ils disent que la fraude fiscale peut vous mener en justice!

Les sociétés françaises savent que si elles **mentent** sur la déclaration de leurs bénéfices, ça ne leur attirera que des ennuis.

Allons un peu plus loin...

PRESENT: IMPERATIF

_____ encore une fois sur ta déclaration annuelle et je te promets que ça ira très mal pour toi!

Ne _____ pas à nos parents sur nos revenus: ils doivent les intégrer dans leur propre déclaration de revenus.

Ne **mentez** pas effrontément aux Services Publics: cela porte préjudice à la société toute entière.

PRESENT: SUBJONCTIF

Il va falloir que je **mente** un peu si je ne veux pas déclarer le salaire que j'ai gagné cet été en travaillant comme animateur.

Aperçus

Jetez un coup d'œil sur les aperçus suivants et complétez les traductions. Si la traduction d'un verbe est déjà donnée, remarquez l'équivalent en anglais et finissez le reste de la phrase. Les verbes indiqués en caractères gras représentent le temps ou le mode indiqué pour l'aperçu en question.

➤ Note the highlighted verb form and complete each of the following translations. Feel free to compare your answers with those of your study partner.

Le futur. Jérémie ne **mentira** plus jamais au fisc quand il en connaîtra les conséquences.

Jeremy will never lie again to _____ when he knows the _____.

L'imparfait. Vous **mentiez** comme un arracheur de dents et cela vous a valu un séjour en prison pour détournement de fonds.

You used to lie like a _____ and that got you a stay in _____ for _____.

➤ Note the expression «mentir comme un arracheur de dents» = to lie a lot, shamelessly.

Le conditionnel. Tu me connais mal; je ne **mentirais** jamais pour protéger mes intérêts personnels aux dépens de la société.

You don't know me very well (lit: you know me poorly), I would never lie to protect my _____ interests at the expense of (or to the detriment of) the _____.

Le passé composé. Nous n'**avons** jamais **menti,** ni dans nos déclarations d'impôts, ni dans notre vie de tous les jours.

We have never lied, neither in our _____ , nor in our everyday (daily) _____.

Le plus-que-parfait. Ils **avaient menti** en disant qu'ils s'engageaient à vérifier les comptes de cette entreprise.

They had lied when saying that they were committed to verifying the _____ of that _____.

L. Phrases à recomposer. Après avoir étudié les aperçus qui précèdent, ajoutez les prépositions et autres éléments nécessaires pour former une bonne phrase complète. Concentrez-vous surtout sur le temps et le mode des verbes mais attention aux noms aussi. Gardez l'ordre des mots qui est proposé.

1. Que/ils/mentir (subjonctif)/inspecteur des impôts/et/ils/avoir (futur) sérieux/problèmes!

   _____

   _____

2. je/ne... jamais mentir (passé composé)/en ce qui concerne/mon/ déclaration/impôts/.

   _____

   _____

➤ Remember to compare your sentences with the possibilities listed in the **Corrigé** on pages 285–322.

3. moi,/je/trouve/que/elle/mentir (plus-que-parfait)/en/ne... pas déclarer/revenus/qui/lui/venir (imparfait)/de l'étranger. Mentir,/ce/être/aussi/ne pas tout dire/.

_____

_____

4. Ministre de l'Économie/mentir/si/il/dire/que/il/ne... pas augmenter (futur)/impôts/ce/année/.

_____

_____

5. ce/hommes/politique/mentir (futur)/au sujet de/baisse de la TVA/si/ils/penser (présent)/que/cela/être/nécessaire/pour/remporter/élections/.

_____

_____

6. ?/pourquoi/mentir (conditionnel)/elles? Si/elles/dire (présent)/que/TVA/aller/être/augmenté,/ce/être/sans doute/vrai/.

_____

_____

7. !/mentir/si/vous/penser/que/vous/ne... pas pouvoir/faire/autrement/mais/savoir/que/je/ne... pas être/d'accord! Je/croire/que/contribuables/devoir/remplir/leur/déclaration/impôts/++ honnêtement/possible/.

_____

_____

PLAINDRE/SE PLAINDRE
PRESENT: INDICATIF OU INTERROGATIF

Je ne **me plains** pas souvent; pourtant le taux de TVA et d'impôts directs que je paye (paie) me donnerait bien des raisons d'exprimer mon mécontentement.

Tu **te plains** toujours beaucoup au moment de remplir ta déclaration de revenus... pourtant, ce n'est pas la mer à boire.

Olivier **se plaint** parce que le prix des timbres augmente trop souvent.

Anne _____ car le taux de TVA français est passé de 18, 6% à plus de 20% pour couvrir le déficit de l'Etat.

On **se plaint** des taux d'imposition directs et indirects en France, non sans raison, je dois dire!

Nous ne **nous plaignons** pas de perdre notre temps lorsqu'il s'agit de remplir consciencieusement notre formulaire d'impôts sur les bénéfices.

Vous **vous plaignez** que les prix montent; en fait c'est le taux de TVA qui augmente!

Tous les employés de la Seita **plaignent** leur Directeur car ils savent que ce dernier a énormément de fil à retordre avec le fisc.

➤ Avoir du fil à retordre = avoir de graves difficultés.

Les entreprises _____ d'avoir à remplir trop souvent des déclarations de TVA collectée et de TVA déductible.

Allons un peu plus loin...

PRESENT: IMPERATIF

_____! Beaucoup de gens aimeraient être exemptés d'impôts comme tu l'es!

Plaignons-nous à la Trésorerie Générale: il y a une erreur dans le calcul du montant de nos impôts.

Plaignez-vous à qui de droit!

PRESENT: SUBJONCTIF

Il faut toujours qu'elle **se plaigne** du taux de TVA; elle n'a pas l'air de se rendre compte que cela affecte tout le monde de la même manière.

Aperçus

Jetez un coup d'œil sur les aperçus suivants et complétez les traductions. Si la traduction d'un verbe est déjà donnée, remarquez l'équivalent en anglais et finissez le reste de la phrase. Les verbes indiqués en caractères gras représentent le temps ou le mode indiqué pour l'aperçu en question.

Le futur. Nous **nous plaindrons** une fois que nous aurons reçu toutes les factures... D'ici là, n'y pensons pas!

We'll complain once we've received all the _____... Until then, let's not think about it!

L'imparfait. Il y a quelques années, le peuple français ne **se plaignait** pas autant du montant des charges sociales.

A few years ago the _____ people didn't (used to) complain as much about the amount of _____.

Le conditionnel. Crois-moi, tu **te plaindrais** encore plus des impôts sur les bénéfices si tu habitais au Japon!

Believe me, you would complain about the _____ even more if you lived in _____.

Le passé composé. Nous **nous sommes** récemment **plaints** auprès de la Direction Générale des Impôts car ils avaient oublié de nous déduire des charges mobilières.

We _____ complained to _____ because they had forgotten to deduct some _____ for us.

Le plus-que parfait. Je me disais aussi... Cela faisait longtemps que mes employés ne **s'étaient** pas **plaints** au sujet du montant des cotisations chômage.

I was just saying to myself too... It had been a long time since my _____ hadn't complained about the _____ of unemployment _____.

M. Phrases à recomposer. Après avoir étudié les aperçus qui précèdent, ajoutez les prépositions et autres éléments nécessaires pour former une bonne phrase complète. Concentrez-vous surtout sur le temps et le mode des verbes mais attention aux noms aussi. Gardez l'ordre des mots qui est proposé.

1. !/se plaindre/si/tu/vouloir/ton/maire/ou/ton/député/mais/je/ croire/que/cela/ne servir à rien (futur)/car/à mon avis/ton/ impôts/local/ être/très/raisonnable/comparé à/ceux des communes environnantes/.

   _____
   _____

2. Français/se plaindre/d'avoir à payer/taux de TVA/exorbitant/.

   _____

3. familles /riche/?/se plaindre (passé composé)/lorsque/impôt de solidarité sur la fortune/être (passé composé)/adopté/1988/?

   _____
   _____

4. vous/se plaindre/beaucoup/mais/franchement/même après avoir payé/tout/le/impôts/dont vous parlez,/il vous reste/largement/de quoi/mener/un train de vie/confortable/.

   _____
   _____

5. je/être/sûre/que/elle/se plaindre (futur)/mais/après tout,/si/elle/ paie/tant/impôts/ce/être/parce que/elle/gagner/beaucoup/argent/ donc moi,/je/ne... pas la plaindre/.

   _____
   _____

6. il/ne... pas falloir/que/nous/se plaindre:/nous/bénéficier (passé composé) de/amnistie/fiscal/1981/et/n'avons eu que/taxe/ forfaitaire/de 25%/sur/montant des capitaux/rapatrié/à payer/.

   _____
   _____

7. tu/se plaindre (plus-que-parfait)/ton/percepteur/mais/je/se souvenir/que/tu/ne... pas réussir (plus-que-parfait)/obtenir/ abattement/10%/que/tu/demander (plus-que-parfait)/.

   _____
   _____

(RE)NAÎTRE/MOURIR
PRESENT: INDICATIF OU INTERROGATIF

Je _____ d'envie de prendre une assurance vie pour protéger ma famille en cas de malheur.

Tu **renais** on dirait, maintenant que tu as finalement touché ton indemnité.

N'importe quel type d'assurance **naît** forcément du besoin des individus.

Céline se **meurt**. Elle se tue à la tâche; elle se donne beaucoup de mal depuis qu'elle est employée chez Groupama Assurances.

Il faut assurer le futur des siens, car d'après le proverbe, «on ne _____ qu'une fois».

Nous ne **mourons** jamais de soif lorsque nous passons voir notre assureur, car il nous propose toujours quelque chose à boire.

Est-ce que vous _____ toujours autant d'envie de payer mon assurance auto, papa et maman? Non, je plaisante, je vais casser ma tirelire...

Les papiers d'assurance ne **naissent** pas dans les choux! Il faudrait penser à vous en occuper.

Les formules d'assurance proposées _____ d'études approfondies sur le comportement des différents segments de la population.

Allons un peu plus loin...

PRESENT: IMPERATIF

Meurs de honte! Comment as-tu pu oublier de renouveler ton assurance incendie?

Renaissons de nos cendres. Nous n'avons plus aucun souci à nous faire, maintenant que nous sommes couverts par UAP.

Mourez sur le champ, et alors vous comprendrez que les assurances-vie ne sont pas que pour les autres.

PRESENT: SUBJONCTIF

Il faut qu'une nouvelle idée **naisse** de cette réunion, ou ç'en est fini de notre compagnie d'assurance.

Souhaitons qu'il ne **meure** pas avant que tout soit réglé!

Aperçus

Jetez un coup d'œil sur les aperçus suivants et complétez les traductions. Si la traduction d'un verbe est déjà donnée, remarquez l'équivalent en anglais et finissez le reste de la phrase. Les verbes indiqués en caractères gras représentent le temps ou le mode indiqué pour l'aperçu en question.

Le futur. Lorsque son enfant **naîtra,** je suis persuadée qu'il prendra une assurance-vie plus importante.

When his child is born (lit.: will be born), I am certain that he will secure (take) a more substantial _____ policy.

Le moment venu, je **mourrai** en paix, car, grâce à mon assurance-vie je sais que je ne laisserai pas les miens dans le besoin.

When the moment comes, thanks to my _____ policy (or coverage), I will die in _____ because (for) I know that I will not leave my family (mine) in need.

L'imparfait. Dans les années 70, une compagnie d'assurance **naissait** tous les ans en France.

In the 70's, an _____ was being born every _____ in _____.

Je **mourais** d'ennui pendant que l'agent m'expliquait en détail toutes les clauses de mon assurance multirisque mais j'aurais mieux fait d'écouter car lorsqu'on m'a cambriolée, je n'avais aucune idée de ce qui était couvert ou non.

I was dying of _____ while the _____ was explaining to me in detail all the _____ of my _____ policy but I would have been better off listening because (for) when I got burglarized, I didn't have any _____ of what was _____ or not.

Le conditionnel. Ils **mourraient** de chagrin s'ils savaient que leur neveu ne vient les voir que parce qu'il espère être le bénéficiaire de leur assurance-décès.

They would die of _____ if they knew that their _____ only comes to see them because he hopes to be the _____ of their _____.

Le passé composé. Personne ne sait exactement quand le concept d'assurance **est né** dans l'histoire de l'humanité.

No one knows exactly when the _____ of _____ was born in the _____ of _____.

Le plus-que-parfait. Sa fille **était** déjà **née** depuis quelques semaines quand il a commencé à s'intéresser aux assurances-décès. Il avait peur que sa femme se retrouve sans rien en cas de problème.

His daughter had already been born a few (some) weeks (earlier) when he began to get interested in _____. He was afraid that his _____ (would) find herself without anything in case of a _____.

N. Phrases à recomposer. Après avoir étudié les aperçus qui précèdent, ajoutez les prépositions et autres éléments nécessaires pour former une bonne phrase complète. Concentrez-vous surtout sur le temps et le mode des verbes mais attention aux noms aussi. Gardez l'ordre des mots qui est proposé.

1. assurances/naître (passé composé)/avec/montée de/capitalisme/.

   _____
   _____
   _____

2. assurances/naître de/besoin/gens/.

   _____
   _____
   _____

3. il/naître (plus-que-parfait)/pour/commander,/et/il/être/ aujourd'hui/à/tête/compagnie/assurances/.

   _____
   _____
   _____

4. elle/mourir (passé composé)/quelque/semaines/après avoir pris/ assurance/.

   _____
   _____
   _____

5. ce/deux/vieux/dames/dire/que/lorsque/elles/mourir (futur),/ce/ être/leur/nièces/qui/être (futur)/bénéficiaires de/leur/assurance/.

   _____
   _____
   _____

6. ils/ne... pas mourir (passé composé)/pendant/incendie/mais/ils/ tout perdre (passé composé)/et/ils/être (imparfait)/ insuffisamment/assuré/.

   _____
   _____
   _____

La protection juridique, c'est une gamme complète de services destinés à garantir vos intérêts en cas de litige dans votre vie privée ou en tant que salarié.

Voici quelques exemples:

▊ Les règles de gestion de la copropriété ne sont pas respectées...

▊ 80km/heure au lieu de 50. Vous êtes poursuivi pour excès de vitesse...

▊ Votre voiture sort de chez le garagiste, et la voilà encore en panne...

▊ Victime d'un accident de la circulation, votre dossier d'indemnisation traîne...

▊ Vous venez de commander un nouveau salon et la facture dépasse de loin le devis, ou les meubles ne sont pas conformes à votre attente...

▊ Vous vous heurtez à l'Administration. La Sécurité Sociale a perdu votre dossier...

▊ Vous êtes en conflit avec votre employeur...

▊ Votre locataire ne paie pas ses loyers...

▊ Vous êtes en instance de divorce...

Dans tous ces cas, comme dans bien d'autres, la Protection Juridique vous permet de protéger vos intérêts et ceux de votre famille dans les meilleures conditions. Mais attention pour les litiges à venir... Alors souscrivez le plus tôt possible!

Ce document n'a pas de valeur contractuelle, veuillez vous reporter aux Conditions Générales.

Avec la Protection Juridique:

■ Vous bénéficiez sur simple appel téléphonique, et chaque fois que vous le souhaitez, **des conseils de nos juristes** sur toutes les questions d'ordre juridique, administratif ou social que vous vous posez.

■ Vous pouvez faire appel à nos services, lorsque vous devez défendre vos intérêts face aux prétentions d'autrui. Ou si vous êtes victime d'un préjudice.

■ Vous êtes garanti par:

■ NOTRE ASSISTANCE JURIDIQUE
Les spécialistes EPJ étudient votre dossier et vous conseillent. Ils recherchent une solution satisfaisante entre vous et la partie adverse.

■ NOTRE ASSISTANCE FINANCIÈRE
Une procédure judiciaire est inévitable! Nous prenons en charge les frais et honoraires des auxiliaires de justice, notamment ceux de l'avocat qui défend votre dossier. Nous pouvons vous faire représenter par l'avocat de notre réseau, mais vous pouvez aussi faire appel à l'avocat de votre choix.

■ NOTRE DIMENSION EUROPÉENNE
Nous intervenons en France, Principauté de Monaco, départements et territoires d'Outre-Mer, et à l'occasion de litiges nés au cours de déplacements de moins de 3 mois, dans les pays de la CEE, l'Autriche et la Suisse.

COUPON-RÉPONSE
(A retourner à votre conseiller Lion Assurance)

NOM . _____

Prénom : _____

Adresse : _____

Code Postal : _____

Localité : _____

Tél. domicile : _____

Tél. professionnel . _____

☐ Je désire des informations sur les garanties cochées au dos

Votre conseiller Lion Assurance

LION ASSURANCE
GROUPE CRÉDIT LYONNAIS
1, Rue Molière
38000 GRENOBLE
✆ 76.87.81.19

M. ORTA

Conformément à la loi informatique et libertés du 6 janvier 1978, vous disposez d'un droit d'accès et de rectification pour toute information vous concernant sur tout fichier à l'usage de notre Société.

✂

↑➤ Dépliant du Crédit Lyonnais proposant une formule de protection juridique.

➤ **Jeter** is a stem-changing verb. Based only on the two forms you see represented in this verb frame, are you able to reconstitute all of its forms in the present?

JETER/COURIR
PRESENT: INDICATIF OU INTERROGATIF

Je **cours** appeler notre conseillère assurance. Elle trouvera la formule la mieux adaptée à nos besoins.

Tu me **cours** sur le système! Achète cette assurance et arrête d'en parler.

A mon avis, il **jette** de l'argent par les fenêtres! S'il relisait ses contrats d'assurances, il verrait qu'il est couvert plusieurs fois pour le même risque.

La secrétaire **court** partout pour trouver le dossier d'assurance de M. Martinet.

Gardons cette assurance pour l'instant: on ne _____ pas de risque entre vos mains, Monsieur.

Nous **courons** le risque de perdre notre assurance-auto s'il reçoit une autre contravention.

Vous _____ de grands dangers si vous ne vous assurez pas tout de suite.

Croyez-moi, les bonnes assurances-vie ne **courent** pas les rues.

Les compagnies d'assurances _____ à leur perte si elles ne restent pas à l'écoute des besoins de leurs clients.

Allons un peu plus loin...

PRESENT: IMPERATIF

Cours donc le risque de ne pas prendre d'assurance-vie, tu es encore si jeune et tu n'as pas d'enfants!

Jetons le vieux contrat à la corbeille et ne gardons que le nouveau!

Courez vite à l'agence UAP la plus proche pour profiter de nos prix exceptionnels.

PRESENT: SUBJONCTIF

Il ne faut pas que tu _____ ton contrat d'assurances: c'est la seule preuve que tu es assurée.

Il vaut mieux que nous ne **courions** pas ces risques. Vendons ces actions-là tout de suite.

Aperçus

Jetez un coup d'œil sur les aperçus suivants et complétez les traductions. Si la traduction d'un verbe est déjà donnée, remarquez l'équivalent en anglais et finissez le reste de la phrase. Les verbes indiqués en caractères gras représentent le temps ou le mode indiqué pour l'aperçu en question.

Le futur. Sans l'existence d'une bonne police d'assurance, un incendie **jettera** une entreprise dans la faillite.

Without the _____ of a good _____ a _____ will throw a _____ into _____.

L'imparfait. Nous **courions** de gros risques lorsque nous conduisions sans assurance.

We were running huge _____ when we were driving without

_____.

_____

Le conditionnel. Si les maisons ne brûlaient jamais, les assurances-incendie ne **courraient** pas les rues!

If _____ never burned, fire _____ would not

_____!

> ➤ Ne pas courir les rues = être rare(s); ne pas exister en grande quantité.

Le passé composé. J'**ai couru** les agences d'assurances toute la matinée, mais j'avais oublié que le samedi, elles sont toutes fermées.

I ran from _____ to
_____ all _____ , but I'd
forgotten that they are all closed on _____ .

Le plus-que-parfait. Le bruit **avait couru** à l'époque que ma compagnie d'assurances avait des origines douteuses et c'est pourquoi j'en avais choisi une autre.

The rumor had circulated at the time that my _____
had suspicious _____ and that's why I had changed
(companies).

O. Phrases à recomposer. Après avoir étudié les aperçus qui précèdent, ajoutez les prépositions et autres éléments nécessaires pour former une bonne phrase complète. Concentrez-vous surtout sur le temps et le mode des verbes mais attention aux noms aussi. Gardez l'ordre des mots qui est proposé.

1. elle/jeter (passé composé)/coup d'œil sur/sinistre/et/tout de suite comprendre (passé composé)/que/sans/assurance,/elle/être (conditionnel passé)/perdu/.

    _____

    _____

2. gendarmes/vous/jeter (futur)/prison/lorsque/ils/découvrir (futur)/que/vous/allumer (passé composé)/vous/même/ce/incendie/pour/toucher/indemnité de l'assurance/.

    _____

    _____

3. vous/être (imparfait)/furieux/et/vous/jeter (plus-que-parfait)/agent d'assurances/à la porte/lorsque/vous/réaliser (plus-que-parfait)/que/il/chercher (plus-que-parfait) à/vous tromper!

    _____

    _____

4. Sarah et Emilie/courir (imparfait)/gros/risques/en/conduire/leur/voiture/sans/assurance/.

    _____

    _____

5. si/nous/ne… pas prendre/assurance-vol,/?/quel/risque/courir (présent)/nous?

    _____

    _____

6. !/courir,/car/agence d'assurances/fermer/midi/et/je/aimer (conditionnel)/que/tu/aller/signer/ton/contrat/tout de suite/.

    _____

    _____

7. bruit/courir/que/placer/son/argent/dans l'UAP/être (conditionnel) /bon/affaire./?/Qu'en/penser/vous?

_____

_____

8. par les temps qui/courir,/il/être/préférable/être/bien/assuré/.

_____

_____

9. vous/courir (conditionnel)/au devant de/problèmes/si/vous/ne... pas prendre (imparfait)/assurances/.

_____

_____

10. tu/courir (plus-que-parfait)/dans/compétition d'athlétisme/à l'étranger/et/(tu)/se casser le col du fémur. Heureusement/que/ tu/avoir (imparfait)/bon/assurance voyage/qui/couvrir (imparfait)/tout/ton/frais *(pl)* de rapatriement/.

_____

_____

Dépliant du Crédit Lyonnais présentant une assurance multirisque habitation.

COUPON-RÉPONSE

Lion Assurance vous propose
une large gamme de
produits Assurances dommages :

- ☐ COMPLÉMENTAIRE FRAIS DE SANTÉ
- ☐ ASSURANCE FAMILIALE ACCIDENTS
- ☐ PRÉVOYANCE ACCIDENT-MALADIE
- ☐ LION HOSPITALISATION
- ☐ CONTRAT IMPATRIÉS-EXPATRIÉS
- ☐ PROTECTION JURIDIQUE
- ☐ MULTIRISQUE HABITATION
- ☐ TOUS RISQUES ŒUVRES D'ART ET OBJETS PRÉCIEUX
- ☐ MULTIRISQUE HABITATION "JEUNES 18-25 ANS"
- ☐ ASSURANCE AUTOMOBILE
- ☐ PROTECTION DU CONDUCTEUR
- ☐ ASSURANCE MOTO
- ☐ ASSISTANCE MOTO
- ☐ MULTIRISQUE PROFESSIONNELLE
- ☐ NAVIGATION DE PLAISANCE
- ☐ ASSURANCE SANTÉ CHIEN ET CHAT
- ☐ ASSURANCE MULTILOISIRS

Votre conseiller Lion Assurance est un professionnel de l'assurance. N'hésitez pas à l'interroger sur votre cas particulier. Il vous donnera tous renseignements et pourra au plus vite établir avec vous un devis personnalisé.

Vous appréciez
les services du Crédit Lyonnais,
découvrez son secteur Assurance.
Il protège au mieux votre famille
et vous-même, vos biens,
votre activité professionnelle et vos loisirs.
Vous aussi, vous avez tout à gagner à dire
"OUI, à l'Assurance d'un grand groupe".

ASSURANCE MULTIRISQUE HABITATION

*" Vivre sous un toit vraiment couvert,
je dis OUI."*

(SE) SERVIR

PRESENT: INDICATIF OU INTERROGATIF

Je vous _____ à boire? Enlevez votre veste et mettez-vous à l'aise pour discuter de cette OPA (Offre Publique d'Achat).

Tu **te sers** à merveille des différents outils financiers pour couvrir le risque de change.

Il _____ d'exemple à beaucoup d'investisseurs français.

Est-ce que cette action te **sert** uniquement à faire de la plus-valeur?

Perdre beaucoup d'argent à la Bourse **sert** généralement de leçon aux spéculateurs.

Nous ne **nous servons** pas de nos relations pour glaner des informations internes sur les entreprises.

Vous **servez** les intérêts de votre entreprise en évitant de spéculer sur tout.

Les pays du Tiers Monde _____ de lourds intérêts à leurs créditeurs.

Les SICAV **servent** à gagner de l'argent en limitant les risques.

Allons un peu plus loin...

LE PRESENT: IMPERATIF

Sers tes propres intérêts si tu veux réussir dans le monde de la Bourse.

Servons-nous de nos connaissances pour prévoir l'évolution du marché financier.

Servez-vous de ce plat, je vous prie! Ce cocktail est pour vous, chers actionnaires.

LE PRESENT: SUBJONCTIF

N'attendez pas qu'on vous **serve**: cette réunion entre partenaires financiers est informelle.

Aperçus

Jetez un coup d'œil sur les aperçus suivants et complétez les traductions. Si la traduction d'un verbe est déjà donnée, remarquez l'équivalent en anglais et finissez le reste de la phrase. Les verbes indiqués en caractères gras représentent le temps ou le mode indiqué pour l'aperçu en question.

Le futur. Ce mémo rédigé par les directeurs de la banque Paribas **servira** à faire comprendre les mécanismes complexes de la Bourse à tous les étudiants.

This memo drafted (edited) by the _____ of the Paribas _____ will serve to make all the _____ understand the complex _____ of the Stock Market.

L'imparfait. Cela ne **servait** à rien de pleurer: l'argent des obligations était perdu une bonne fois pour toutes puisque l'entreprise avait fait faillite.

It was doing no good to cry: the money from the _____ was lost once and for all because the _____ had gone _____.

Le conditionnel. Cela ne **servirait** pas à grand'chose de dire que le monde de la finance internationale est sujet à une compétition féroce.

It wouldn't do much good to say that the _____ of international _____ is subject to (a) fierce _____.

Le passé composé. Sa prudence l'**a servi:** il a réussi à ne pas perdre d'argent dans ses transactions financières à l'étranger.

His prudence served him: he succeeded in not losing any _____ in his _____ abroad.

Le plus-que-parfait. Des couvertures, telles que les options et les swaps, lui **avaient servi** à compenser les effets des fluctuations du taux de change.

Some margins such as _____ and _____ had helped him compensate for the _____ of the _____ of the exchange _____.

P. Phrases à recomposer. Après avoir étudié les aperçus qui précèdent, ajoutez les prépositions et autres éléments nécessaires pour constituer une bonne phrase complète. Concentrez-vous surtout sur le temps et le mode des verbes mais attention aux noms aussi. Gardez l'ordre des mots qui est proposé.

1. elles/se servir (plus-que-parfait) de/Minitel/pour/suivre/leur/ investissements/financier/et/en étaient/très/content/.

_____

_____

2. ?/se servir (vous),/ce/quelque/dépliants/vous/donneront/ quelque/informations/sur différentes manières de/placer/votre/ argent/Poste/.

_____

_____

➤ Discuss this proverb with your study partner.

3. comme le dit le proverbe: «On n'est jamais si bien servi que par soi-même.»,/alors/je surveiller/Bourse/et/décider de/tout/mon/investissements/moi-même/.

_____

_____

4. si/ce/Société de Bourse/servir (imparfait)/mieux/petit/investisseurs,/je/être/persuadée/que/il y aurait/beaucoup plus/gens/qui/acheter (conditionnel)/valeurs/mobilier/.

_____

_____

5. votre/conseils/lui/servir (futur)/beaucoup/car/il/être/complètement/novice/en matière d'investissement/.

_____

_____

➤ Le B.A.-BA = les informations de base.

6. je/se servir (imparfait) de/livre/qui/donner (imparfait)/B.A.-BA/des investissements/boursier/.

_____

_____

➤ What do you think of this proverb?

7. est-ce que/tu/connaître/proverbe: «Mais que sert le mérite où manque la fortune?»/?/penser/tu/que/pour/réussir/Bourse,/il/falloir (présent)/déjà/être/riche?

_____

_____

➤ All of the forms of this verb frame have been completed. Reconstitute the conjugation of each of these two verbs based on the examples given.

SUIVRE/VALOIR
LE PRESENT: INDICATIF OU INTERROGATIF

Je **suis** de très près la cote de Disneyland-Paris (EuroDisney) à la Bourse, car j'ai des actions dans cette entreprise.

Tu ne **vaux** plus rien? Mais si, faire des erreurs dans les prévisions boursières arrive à tout le monde.

Cet analyste financier **vaut** bien plus que ce que vous pensez.

L'image de Rockefeller me **poursuit** et m'obsède: je voudrais tellement lui ressembler.

Achète des actions Rhône-Poulenc; crois-moi, ça en **vaut** la peine.

Les cours en Bourse changent constamment. Malgré nos efforts, nous ne les **suivons** pas régulièrement; c'est impossible.

Vous ne **valez** pas mieux l'un que l'autre. Etre complice d'un délit d'initié est aussi grave qu'être coupable de ce dernier.

Mes parents **suivent** l'actualité boursière tous les jours.

Les actions Intel **valent** de l'or aujourd'hui.

Allons un peu plus loin...

LE PRESENT: IMPERATIF

Suis-moi, je vais te faire visiter la Bourse de Paris.

Valons autant que le prix que nos nouveaux dirigeants ont payé pour notre entreprise: concentrons nos efforts.

Suivez l'évolution du scandale Paplineau; l'issue de cette affaire aura des conséquences sérieuses sur la valeur en Bourse de cette entreprise.

LE PRESENT: SUBJONCTIF

Cette équation financière ne me dit rien qui **vaille**...

Aperçus

Jetez un coup d'œil sur les aperçus suivants et complétez les traductions. Si la traduction d'un verbe est déjà donnée, remarquez l'équivalent en anglais et finissez le reste de la phrase. Les verbes indiqués en caractères gras représentent le temps ou le mode indiqué pour l'aperçu en question.

Le futur. L'enquête **suivra** son cours et détruira sans doute l'avenir des hommes politiques impliqués dans le scandale financier.

The investigation will follow its _____ and will most likely _____ the _____ of the politicians implicated in the financial _____ .

D'ici deux ans, cette action ne **vaudra** plus un clou.

Two years from now, this _____ won't be worth a _____ .

L'imparfait. Avant d'avoir des intérêts dans cette entreprise, Cédric ne **suivait** jamais l'actualité.

Before having _____ in that _____ , Cédric never used to follow the _____ .

Cela ne **valait** pas la peine de travailler sur notre déclaration d'impôts sans avoir de guide fiscal.

It _____ it to work on our _____ without having a tax guide.

Le conditionnel. Si je voulais vendre mes actions aujourd'hui, combien **vaudraient**-elles selon vous?

If I wanted to sell my _____ today, how much _____ be worth according to you?

Il **vaudrait** mieux que vous refusiez cette OPA.

It would be better that you refuse that _____.

Le passé composé. Elle **a suivi** les pas de son père et est devenue une des premières femmes cambistes.

She followed (in) the _____ of her _____ and became one of the first women _____.

➤ Note the irregular past participle of **valoir** in the **plus-que-parfait** flash.

Le plus-que-parfait. Le rachat de cette entreprise **avait valu** au moins trois fois plus qu'ils n'avaient pensé!

The _____ of that _____ had been worth at least three _____ more than they had thought!

➤ Comment dit-on «They had followed his advice.» en français?

Q. Phrases à recomposer. Après avoir étudié les aperçus qui précèdent, ajoutez les prépositions et autres éléments nécessaires pour constituer une bonne phrase complète. Concentrez-vous surtout sur le temps et le mode des verbes mais attention aux noms aussi. Gardez l'ordre des mots qui est proposé.

1. marché/financier/suivre/évolution/conjoncture/économique/.

   _____

   _____

2. ?/suivre/vous/de près/votre/actions/Bourse?

   _____

   _____

3. !/suivre (nous)/son/conseils!/Pierre/avoir/beaucoup/+ expérience/ que/nous/en matière de/investissement/ immobilier/.

   _____

   _____

4. il/falloir/absolument/que/tu/suivre/ton/intuition/et/que/tu/ n'investir que/dans/sociétés/qui/te/paraître/sain/.

   _____

   _____

5. !/ne... pas oublier/que/votre/actions/valoir/de plus en plus/ Bourse/.

   _____

   _____

6. son/investissements/ne... plus rien valoir (imparfait)/mais/elle/ ne... pas vouloir/vendre/car/elle/croire/que/sociétés/dans lesquelles/elle/investir (plus-que-parfait)/finir (conditionnel)/bien/ par/se relever/.

   _____

   _____

7. Monsieur Legrand/être/grand/homme/politique/mais/son/ conseils/en matière de Bourse/?/valoir/ils/grand'chose?

_____

_____

8. évolution/action Eurotunnel/ne me dit rien qui vaille!

_____

_____

9. il/valoir (conditionnel)/mieux/que/tu/vendre/ton/actions Eurotunnel. Tu/connaître/expression: «Il vaut mieux tenir que courir!».

_____

_____

*E*ncadré supplémentaire: les noms

➤ Quickly skim this noun frame and complete Ex. R–T.

Noms concrets et abstraits. Un nom concret désigne un être réel (matériel ou immatériel) qui a une existence propre (comme une plume, un fleuve, un nuage, un navire, la fumée, l'oxygène, un ange, une âme).

Un nom abstrait désigne une propriété ou une qualité séparée par notre esprit du sujet en question et considérée comme existant indépendamment de ce sujet (comme la patience, l'épaisseur, la durée, l'intensité).

Parfois, par métonymie (la cause prise pour l'effet, la partie pour le tout, le contenant pour le contenu, un des cinq sens décrit en termes d'un autre, etc.), un nom concret peut être employé comme nom abstrait ou vice versa.

> Il perd la tête.
>
> Elle a un mal de tête insupportable.
>
> Nous avons remarqué la douceur de ce fruit.
>
> Je lis ma correspondance.

Noms de famille. Ceux qui ont leur origine dans la désignation d'un trait physique ou moral,

> Legras
>
> Lebrun
>
> Lebon
>
> Ledoux
>
> Petit
>
> Tête d'oie

d'une profession,

Marchand	Bouvier
Leverrier	Boulanger
Letourneur	Boucher
Charpentier	Paysan

d'un lieu d'habitation ou d'origine,

Dumont	de la Mardière
Dupont	Duchesne
Lesuisse	Rocher
Langlois	
Lardinois	
Depardieu	

d'un prénom,

Louis	Martin
Vincent	Jean
Benoît	Robert
Mathieu	Grégoire

Les noms propres sont toujours invariables en français même lorsqu'il s'agit de noms étrangers ou d'origine étrangère:

les Bonaparte

les Châtillon

les Hapsbourg

les Borgia

les Visconti

les Thibault

les Racine

Les Vionnet nous rendent souvent visite.

Les Pajot les invitent régulièrement chez eux.

Cela fait combien de temps que vous n'avez pas vu les Royer?

Mes amis, les Delapôterie, passent beaucoup de temps à la mer.

Quand le nom propre en question désigne deux individus et non une famille entière, on utilise l'expression **les deux:**

les deux Corneille

les deux Van Eyck

les deux Dupont

Noms de villes. Le genre des noms de villes n'est pas toujours clair. On peut toujours utiliser l'expression «la ville de... » quand on n'est pas sûr.

Le genre de certains noms de villes est indiqué par l'article:

Le Caire

Le Havre

La Plata

La Nouvelle Orléans

La Haye

La Rochelle

 R. Quelques noms de villes. En lisant les phrases suivantes une première fois, encerclez toutes les prépositions. Ensuite, imitez la voix sur votre cassette en faisant attention à la prononciation des noms propres ainsi qu'à l'intonation.

1. Toulouse est une belle ville. Claude Nougaro a chanté sa ville natale. Sa chanson s'appelle *Toulouse* et pour lui, la ville est du genre masculin. Il chante «Oh, mon Toulouse!» Nous adorons passer du temps à Toulouse.

2. Venez avec moi à Strasbourg, je vous présenterai à mes associés.

3. Certains noms de villes étrangères connues ont un nom français, ainsi La Haye est en fait Den Haag en néerlandais, Milan, Milano en italien, Londres, London en anglais, Munich, München en allemand, etc.

Une carte orange de la R.A.T.P. (Régie Autonome des Transports Parisiens).

➤ Dans quelle ville utilise-t-on une telle carte?

4. Paris est beau au mois de mai.

5. Est-ce que vous préférez Nantes ou Angers? Nantes est une ville plus ouvrière et Angers plus bourgeoise. L'ambiance est différente.

 Noms étrangers. La plupart des noms étrangers prennent un **-s** au pluriel et sont masculins aussi.

un bifteck	des biftecks
un bravo	des bravos
un concerto	des concertos
un duo	des duos
un écho	des échos
un examen	des examens
un fac-similé	des fac-similés
le fémur	les fémurs
un folio	des folios
un lavabo	des lavabos
un meeting	des meetings
un numéro	des numéros
un opéra	des opéras
un piano	des pianos
un panorama	des panoramas
un quiproquo	des quiproquos
un récépissé	des récépissés
un sofa	des sofas
un solo	des solos
un toast	des toasts
un tréma	des trémas
un trio	des trios
une villa	des villas
un visa	des visas
un zéro	des zéros
un barman	des barmen ou des barmans
un gentleman	des gentlemen ou des gentlemans

 S. Quelques noms étrangers. En lisant les phrases suivantes une première fois, encerclez tous les noms étrangers et notez s'ils sont masculins ou féminins. Ensuite, imitez la voix enregistrée sur votre cassette en faisant attention à la prononciation des noms ainsi qu'à l'intonation.

1. Je préfère les sofas modernes car il sont plus confortables.

2. Il faut placer deux zéros après la virgule.

3. Est-ce que tu sais quels sont les numéros gagnants?

4. Faites attention, les visas sont dans les passeports.

5. Ces meetings sont longs et ennuyeux. Je préfère des réunions courtes et plus productives.

6. N'oubliez pas de m'apporter les récépissés.

7. Est-ce que tu penses que ça fait plus chic de dire des barmans ou des garçons de café?

8. Est-ce que vous avez passé la commande pour les trois pianos et les deux violons?

9. Il n'a pas de téléphone mobile pour sa nouvelle auto.

10. Les biftecks ne sont bons que s'ils sont tendres.

11. En France, les résultats des examens du bac sont publiés dans le journal et sur Minitel.

 Noms de voitures. Presque toutes les voitures sont du genre féminin en français.

une Mercédès	une 604
une BMW	une Espace
une Volkswagen	une Renault 5
une Toyota	une Peugeot
une Ford	une Citroën
une Cadillac	une Fiat
une Pontiac	une Volvo
une berline *(sedan)*	une Saab

EXCEPTIONS: un minibus, un break *(station wagon)*

 T. Quelques noms de voitures. En lisant les phrases suivantes une première fois, encerclez tous les noms de voitures. Ensuite, imitez la voix sur votre cassette en faisant attention à la prononciation des noms ainsi qu'à l'intonation.

1. Ils hésitent entre une Renault Espace et une Jeep Cherokee.

2. La Mercédès est solide mais elle est perçue comme moins chic que la Jaguar.

3. Les Jeannot adorent les grosses voitures américaines mais en France, elles posent un problème de parking et elles consomment trop d'essence, donc ils se contentent de rêver au volant d'une petite Citroën pratique et économique.

4. Est-ce que la marque Ford a une meilleure réputation que Pontiac?

5. Un minibus, c'est plus pratique car plus spacieux et confortable mais un break est moins cher à l'achat et plus économique à l'usage.

Exercices de synthèse

 U. A vos plumes! Après avoir révisé les dialogues, lectures et points de repère du Module VI dans votre manuel, ainsi que les points grammaticaux, les encadrés et les aperçus, écrivez un paragraphe sur au moins un des sujets suivants. Utilisez les expressions indiquées comme point de départ.

1. Dans le dialogue intitulé,...*il s'agit de...

2. Le texte,...*que nous avons lu parlait de...

> ➤ *Insérez le titre du dialogue que vous aurez choisi. (1)

> ➤ *Insérez le titre de la lecture que vous aurez choisie. (2)

➤ *Insérez le titre (les entreprises françaises, les chiffres parlent, etc.) de la section que vous allez commenter. (3)

3. D'après la section...,*des points de repère...

_____

_____

_____

_____

_____

_____

_____

_____

_____

_____

_____

_____

_____

_____

_____

_____

_____

_____

_____

_____

*E*change

V. La prise de notes. Après voir écouté la section **Echange** du Module VI, réécoutez-la et notez les mots qui vous paraissent les plus importants.

Verbes	Noms	Adjectifs, adverbes ou autres expressions
_____	_____	_____
_____	_____	_____
_____	_____	_____
_____	_____	_____
_____	_____	_____
_____	_____	_____
_____	_____	_____

W. Synthèse. Après avoir consulté la liste des mots-clés qui précède, écrivez un résumé de ce que vous avez entendu en une phrase ou deux.

_____

_____

_____

_____

_____

Vous voici arrivé(e) à la dernière page de votre Guide d'étude. Maintenant, il vous reste à mettre tout ce que vous avez appris en pratique. Bonne continuation!

Tables de Verbes

VERBES REGULIERS

Infinitif	Présent	Impératif	Passé composé	Imparfait
1. chercher	je cherche	cherche	j'ai cherché	je cherchais
(to look for)	tu cherches	cherchons	tu as cherché	tu cherchais
	il/elle/on cherche	cherchez	il/elle/on a cherché	il/elle/on cherchait
Participe présent:	nous cherchons		nous avons cherché	nous cherchions
cherchant	vous cherchez		vous avez cherché	vous cherchiez
	ils/elles cherchent		ils/elles ont cherché	ils/elles cherchaient

Infinitif	Présent	Impératif	Passé composé	Imparfait
2. investir	j'investis	investis	j'ai investi	j'investissais
(to invest)	tu investis	investissons	tu as investi	tu investissais
	il/elle/on investit	investissez	il/elle/on a investi	il/elle/on investissait
Participe présent:	nouns investissons		nous avons investi	nous investissions
investissant	vous investissez		vous avez investi	vous investissiez
	ils/elles investissent		ils/elles ont investi	ils/elles investissaient

Infinitif	Présent	Impératif	Passé composé	Imparfait
3. vendre	je vends	vends	j'ai vendu	je vendais
(to sell)	tu vends	vendons	tu as vendu	tu vendais
	il/elle/on vend	vendez	il/elle/on a vendu	il/elle/on vendait
Participe présent:	nous vendons		nous avons vendu	nous vendions
vendant	vous vendez		vous avez vendu	vous vendiez
	ils/elles vendent		ils/elles ont vendu	ils/elles vendaient

VERBES CHANGEANT DE RADICAL

In the list below, the letter at the right of each verb corresponds to the letter of the verb, or of a similarly conjugated verb, in the tables that follow.

acheter *(to buy)* A
amener *(to bring [someone])* A
annoncer *(to announce)* E
appeler *(to call),* s'appeler *(to be called)* B
arranger *(to fix, arrange)* D
avancer *(to move forward)* E
célébrer *(to celebrate)* C
changer *(to change)* D
commencer *(to begin)* E
corriger *(to correct)* D
déménager *(to move one's residence)* D
déranger *(to disturb)* D

diriger *(to manage, run)* D
effacer *(to erase)* E
élever *(to raise)* A
emmener *(to take [someone] away)* A
employer *(to use, employ)* F
enlever *(to take off, remove)* A
ennuyer *(to bore, annoy)* F
envoyer *(to send)* (except in future and conditional) F
épeler *(to spell)* B
espérer *(to hope)* C
essayer *(to try)* F
essuyer *(to wipe)* F

Infinitif	Présent	Impératif	Passé composé	Imparfait
A. acheter	j'achète	achète	j'ai acheté	j'achetais
(to buy)	tu achètes	achetons	tu as acheté	tu achetais
	il/elle/on achète	achetez	il/elle/on a acheté	il/elle/on achetait
Participe présent:	nous achetons		nous avons acheté	nous achetions
achetant	vous achetez		vous avez acheté	vous achetiez
	ils/elles achètent		ils/elles ont acheté	ils/elles achetaient

Passé simple	Plus-que-parfait	Futur	Conditionnel	Subjonctif
je **cherchai**	j'**avais cherché**	je **chercherai**	je **chercherais**	que je **cherche**
tu **cherchas**	tu **avais cherché**	tu **chercheras**	tu **chercherais**	que tu **cherches**
il/elle/on **chercha**	il/elle/on **avait cherché**	il/elle/on **cherchera**	il/elle/on **chercherait**	qu'il/elle/on **cherche**
nous **cherchâmes**	nous **avions cherché**	nous **chercherons**	nous **chercherions**	que nous **cherchions**
vous **cherchâtes**	vous **aviez cherché**	vous **chercherez**	vous **chercheriez**	que vous **cherchiez**
ils/elles **cherchèrent**	ils/elles **avaient cherché**	ils/elles **chercheront**	ils/elles **chercheraient**	qu'ils/elles **cherchent**

Passé simple	Plus-que-parfait	Futur	Conditionnel	Subjonctif
j'**investis**	j'**avais investi**	j'**investirai**	j'**investirais**	que j'**investisse**
tu **investis**	tu **avais investi**	tu **investiras**	tu **investirais**	que tu **investisses**
il/elle/on **investit**	il/elle/on **avait investi**	il/elle/on **investira**	il/elle/on **investirait**	qu'il/elle/on **investisse**
nous **investîmes**	nous **avions investi**	nous **investirons**	nous **investirions**	que nous **investissions**
vous **investîtes**	vous **aviez investi**	vous **investirez**	vous **investiriez**	que vous **investissiez**
ils/elles **investirent**	ils/elles **avaient investi**	ils/elles **investiront**	ils/elles **investiraient**	qu'ils/elles **investissent**

Passé simple	Plus-que-parfait	Futur	Conditionnel	Subjonctif
je **vendis**	j'**avais vendu**	je **vendrai**	je **vendrais**	que je **vende**
tu **vendis**	tu **avais vendu**	tu **vendras**	tu **vendrais**	que tu **vendes**
il/elle/on **vendit**	il/elle/on **avait vendu**	il/elle/on **vendra**	il/elle/on **vendrait**	qu'il/elle/on **vende**
nous **vendîmes**	nous **avions vendu**	nous **vendrons**	nous **vendrions**	que nous **vendions**
vous **vendîtes**	vous **aviez vendu**	vous **vendrez**	vous **vendriez**	que vous **vendiez**
ils/elles **vendirent**	ils/elles **avaient vendu**	ils/elles **vendront**	ils/elles **vendraient**	qu'ils/elles **vendent**

inquiéter *(to worry)* C
jeter *(to throw)* A
lancer *(to throw, launch)* E
manger *(to eat)* D
menacer *(to threaten)* E
nager *(to swim)* D
négliger *(to neglect)* D
nettoyer *(to clean)* F
obliger *(to oblige)* D
partager *(to share)* D
payer *(to pay)* F
peser *(to weigh)* A
placer *(to put, set, place)* E

plonger *(to dive)* D
posséder *(to own)* C
préférer *(to prefer)* C
protéger *(to protect)* D
ranger *(to put in order, put away)* D
rappeler *(to recall, call back)* B
rejeter *(to reject)* B
remplacer *(to replace)* E
renoncer *(to give up, renounce)* E
répéter *(to repeat)* C
sécher *(to dry)* C
suggérer *(to suggest)* C
voyager *(to travel)* D

Passé simple	Plus-que-parfait	Futur	Conditionnel	Subjonctif
j'**achetai**	j'**avais acheté**	j'**achèterai**	j'**achèterais**	que j'**achète**
tu **achetas**	tu **avais acheté**	tu **achèteras**	tu **achèterais**	que tu **achètes**
il/elle/on **acheta**	il/elle/on **avait acheté**	il/elle/on **achètera**	il/elle/on **achèterait**	qu'il/elle/on **achète**
nous **achetâmes**	nous **avions acheté**	nous **achèterons**	nous **achèterions**	que nous **achetions**
vous **achetâtes**	vous **aviez acheté**	vous **achèterez**	vous **achèteriez**	que vous **achetiez**
ils/elles **achetèrent**	ils/elles **avaient acheté**	ils/elles **achèteront**	ils/elles **achèteraient**	qu'ils/elles **achètent**

VERBES CHANGEANT DE RADICAL *(suite)*

Infinitif	Présent	Impératif	Passé composé	Imparfait
B. appeler	j'**appelle**	**appelle**	j'**ai appelé**	j'**appelais**
(to call)	tu **appelles**	**appelons**	tu **as appelé**	tu **appelais**
	il/elle/on **appelle**	**appelez**	il/elle/on **a appelé**	il/elle/on **appelait**
Participe présent:	nous **appelons**		nous **avons appelé**	nous **appelions**
appelant	vous **appelez**		vous **avez appelé**	vous **appeliez**
	ils/elles **appellent**		ils/elles **ont appelé**	ils/elles **appelaient**

Infinitif	Présent	Impératif	Passé composé	Imparfait
C. préférer	je **préfère**	**préfère**	j'**ai préféré**	je **préférais**
(to prefer)	tu **préfères**	**préférons**	tu **as préféré**	tu **préférais**
	il/elle/on **préfère**	**préférez**	il/elle/on **a préféré**	il/elle/on **préférait**
Participe présent:	nous **préférons**		nous **avons préféré**	nous **préférions**
préférant	vous **préférez**		vous **avez préféré**	vous **préfériez**
	ils/elles **préfèrent**		ils/elles **ont préféré**	ils/elles **préféraient**

Infinitif	Présent	Impératif	Passé composé	Imparfait
D. manger	je **mange**	**mange**	j'**ai mangé**	je **mangeais**
(to eat)	tu **manges**	**mangeons**	tu **as mangé**	tu **mangeais**
	il/elle/on **mange**	**mangez**	il/elle/on **a mangé**	il/elle/on **mangeait**
Participe présent:	nous **mangeons**		nous **avons mangé**	nous **mangions**
mangeant	vous **mangez**		vous **avez mangé**	vous **mangiez**
	ils/elles **mangent**		ils/elles **ont mangé**	ils/elles **mangeaient**

Infinitif	Présent	Impératif	Passé composé	Imparfait
E. commencer	je **commence**	**commence**	j'**ai commencé**	je **commençais**
(to start, begin)	tu **commences**	**commençons**	tu **as commencé**	tu **commençais**
	il/elle/on **commence**	**commencez**	il/elle/on **a commencé**	il/elle/on **commençait**
Participe présent:	nous **commençons**		nous **avons commencé**	nous **commencions**
commençant	vous **commencez**		vous **avez commencé**	vous **commenciez**
	ils/elles **commencent**		ils/elles **ont commencé**	ils/elles **commençaient**

Infinitif	Présent	Impératif	Passé composé	Imparfait
F. payer	je **paie**	**paie**	j'**ai payé**	je **payais**
(to pay, pay for)	tu **paies**	**payons**	tu **as payé**	tu **payais**
	il/elle/on **paie**	**payez**	il/elle/on **a payé**	il/elle/on **payait**
Participe présent:	nous **payons**		nous **avons payé**	nous **payions**
payant	vous **payez**		vous **avez payé**	vous **payiez**
	ils/elles **paient**		ils/elles **ont payé**	ils/elles **payaient**

Passé simple	Plus-que-parfait	Futur	Conditionnel	Subjonctif
j'appelai	j'avais appelé	j'appellerai	j'appellerais	que j'appelle
tu appelas	tu avais appelé	tu appelleras	tu appellerais	que tu appelles
il/elle/on appela	il/elle/on avait appelé	il/elle/on appellera	il/elle/on appellerait	qu'il/elle/on appelle
nous appelâmes	nous avions appelé	nous appellerons	nous appellerions	que nous appelions
vous appelâtes	vous aviez appelé	vous appellerez	vous appelleriez	que vous appeliez
ils/elles appelèrent	ils/elles avaient appelé	ils/elles appelleront	ils/elles appelleraient	qu'ils/elles appellent

Passé simple	Plus-que-parfait	Futur	Conditionnel	Subjonctif
je préférai	j'avais préféré	je préférerai	je préférerais	que je préfère
tu préféras	tu avais préféré	tu préféreras	tu préférerais	que tu préfères
il/elle/on préféra	il/elle/on avait préféré	il/elle/on préférera	il/elle/on préférerait	qu'il/elle/on préfère
nous préférâmes	nous avions préféré	nous préférerons	nous préférerions	que nous préférions
vous préférâtes	vous aviez préféré	vous préférerez	vous préféreriez	que vous préfériez
ils/elles préférèrent	ils/elles avaient préféré	ils/elles préféreront	ils/elles préféreraient	qu'ils/elles préfèrent

Passé simple	Plus-que-parfait	Futur	Conditionnel	Subjonctif
je mangeai	j'avais mangé	je mangerai	je mangerais	que je mange
tu mangeas	tu avais mangé	tu mangeras	tu mangerais	que tu manges
il/elle/on mangea	il/elle/on avait mangé	il/elle/on mangera	il/elle/on mangerait	qu'il/elle/on mange
nous mangeâmes	nous avions mangé	nous mangerons	nous mangerions	que nous mangions
vous mangeâtes	vous aviez mangé	vous mangerez	vous mangeriez	que vous mangiez
ils/elles mangèrent	ils/elles avaient mangé	ils/elles mangeront	ils/elles mangeraient	qu'ils/elles mangent

Passé simple	Plus-que-parfait	Futur	Conditionnel	Subjonctif
je commençai	j'avais commencé	je commencerai	je commencerais	que je commence
tu commenças	tu avais commencé	tu commenceras	tu commencerais	que tu commences
il/elle/on commença	il/elle/on avait commencé	il/elle/on commencera	il/elle/on commencerait	qu'il/elle/on commence
nous commençâmes	nous avions commencé	nous commencerons	nous commencerions	que nous commencions
vous commençâtes	vous aviez commencé	vous commencerez	vous commenceriez	que vous commenciez
ils/elles commencèrent	ils/elles avaient commencé	ils/elles commenceront	ils/elles commenceraient	qu'ils/elles commencent

Passé simple	Plus-que-parfait	Futur	Conditionnel	Subjonctif
je payai	j'avais payé	je paierai	je paierais	que je paie
tu payas	tu avais payé	tu paieras	tu paierais	que tu paies
il/elle/on paya	il/elle/on avait payé	il/elle/on paiera	il/elle/on paierait	qu'il/elle/on paie
nous payâmes	nous avions payé	nous paierons	nous paierions	que nous payions
vous payâtes	vous aviez payé	vous paierez	vous paieriez	que vous payiez
ils/elles payèrent	ils/elles avaient payé	ils/elles paieront	ils/elles paieraient	qu'ils/elles paient

VERBES IRREGULIERS

In the list below, the number at the right of each verb corresponds to the number of the verb, or of a similarly conjugated verb, in the tables that fol-low. Verbs conjugated with **être** as an auxiliary verb in the compound tenses are printed in color. All other verbs are conjugated with **avoir**.

aller *(to go)*   1
avoir *(to have)*   2
boire *(to drink)*   3
connaître *(to know)*   4
courir *(to run)*   5
couvrir *(to cover)*   19
craindre *(to fear)*   6
croire *(to believe)*   7
découvrir *(to discover)*   19
devenir *(to become)*   30

devoir *(must, to have to; to owe)*   8
dire *(to say, tell)*   9
dormir *(to sleep)*   10
écrire *(to write)*   11
s'endormir *(to fall asleep)*   10
envoyer *(to send)*   12
être *(to be)*   13
faire *(to do, make)*   14
falloir *(to be necessary)*   15

mentir *(to lie)*   27
mettre *(to put, place)*   16
mourir *(to die)*   17
naître *(to be born)*   18
obtenir *(to obtain, get)*   30
offrir *(to offer)*   19
ouvrir *(to open)*   19
paraître *(to appear)*   4
partir *(to leave)*   27
permettre *(to permit)*   16

Infinitif	Présent	Impératif	Passé composé	Imparfait
1. aller	je **vais**	**va**	je **suis allé(e)**	j'**allais**
(to go)	tu **vas**	**allons**	tu **es allé(e)**	tu **allais**
	il/elle/on **va**	**allez**	il/elle/on **est allé(e)**	il/elle/on **allait**
Participe présent:	nous **allons**		nous **sommes allé(e)s**	nous **allions**
allant	vous **allez**		vous **êtes allé(e)(s)**	vous **alliez**
	ils/elles **vont**		ils/elles **sont allé(e)s**	ils/elles **allaient**

Infinitif	Présent	Impératif	Passé composé	Imparfait
2. avoir	j'**ai**	**aie**	j'**ai eu**	j'**avais**
(to have)	tu **as**	**ayons**	tu **as eu**	tu **avais**
	il/elle/on **a**	**ayez**	il/elle/on **a eu**	il/elle/on **avait**
Participe présent:	nous **avons**		nous **avons eu**	nous **avions**
ayant	vous **avez**		vous **avez eu**	vous **aviez**
	ils/elles **ont**		ils/elles **ont eu**	ils/elles **avaient**

Infinitif	Présent	Impératif	Passé composé	Imparfait
3. boire	je **bois**	**bois**	j'**ai bu**	je **buvais**
(to drink)	tu **bois**	**buvons**	tu **as bu**	tu **buvais**
	il/elle/on **boit**	**buvez**	il/elle/on **a bu**	il/elle/on **buvait**
Participe présent:	nous **buvons**		nous **avons bu**	nous **buvions**
buvant	vous **buvez**		vous **avez bu**	vous **buviez**
	ils/elles **boivent**		ils/elles **ont bu**	ils/elles **buvaient**

Infinitif	Présent	Impératif	Passé composé	Imparfait
4. connaître	je **connais**	**connais**	j'**ai connu**	je **connaissais**
(to know)	tu **connais**	**connaissons**	tu **as connu**	tu **connaissais**
	il/elle/on **connaît**	**connaissez**	il/elle/on **a connu**	il/elle/on **connaissait**
Participe présent:	nous **connaissons**		nous **avons connu**	nous **connaissions**
connaissant	vous **connaissez**		vous **avez connu**	vous **connaissiez**
	ils/elles **connaissent**		ils/elles **ont connu**	ils/elles **connaissaient**

plaindre *(to pity)* 6
se plaindre *(to complain)* 6
plaire *(to please)* 20
pleuvoir *(to rain)* 21
pouvoir *(to be able, can)* 22
prendre *(to take)* 23
promettre *(to promise)* 16
recevoir *(to receive, get)* 24
retenir *(to reserve)* 30

revenir *(to come back)* 30
rire *(to laugh)* 25
savoir *(to know)* 26
sentir *(to smell)* 27
se sentir *(to feel)* 27
servir *(to serve)* 27
se servir de *(to use)* 27
sortir *(to go out)* 27
souffrir *(to suffer)* 19

se souvenir de *(to remember)* 30
suivre *(to follow)* 28
tenir *(to hold)* 30
valoir *(to be worth; to deserve, merit)* 29
venir *(to come)* 30
voir *(to see)* 31
vouloir *(to wish, want)* 32

Passé simple	Plus-que-parfait	Futur	Conditionnel	Subjonctif
j'allai	j'étais allé(e)	j'irai	j'irais	que j'aille
tu allas	tu étais allé(e)	tu iras	tu irais	que tu ailles
il/elle/on alla	il/elle/on était allé(e)	il/elle/on ira	il/elle/on irait	qu'il/elle/on aille
nous allâmes	nous étions allé(e)s	nous irons	nous irions	que nous allions
vous allâtes	vous étiez allé(e)(s)	vous irez	vous iriez	que vous alliez
ils/elles allèrent	ils/elles étaient allé(e)s	ils/elles iront	ils/elles iraient	qu'ils/elles aillent

Passé simple	Plus-que-parfait	Futur	Conditionnel	Subjonctif
j'eus	j'avais eu	j'aurai	j'aurais	que j'aie
tu eus	tu avais eu	tu auras	tu aurais	que tu aies
il/elle/on eut	il/elle/on avait eu	il/elle/on aura	il/elle/on aurait	qu'il/elle/on ait
nous eûmes	nous avions eu	nous aurons	nous aurions	que nous ayons
vous eûtes	vous aviez eu	vous aurez	vous auriez	que vous ayez
ils/elles eurent	ils/elles avaient eu	ils/elles auront	ils/elles auraient	qu'ils/elles aient

Passé simple	Plus-que-parfait	Futur	Conditionnel	Subjonctif
je bus	j'avais bu	je boirai	je boirais	que je boive
tu bus	tu avais bu	tu boiras	tu boirais	que tu boives
il/elle/on but	il/elle/on avait bu	il/elle/on boira	il/elle/on boirait	qu'il/elle/on boive
nous bûmes	nous avions bu	nous boirons	nous boirions	que nous buvions
vous bûtes	vous aviez bu	vous boirez	vous boiriez	que vous buviez
ils/elles burent	ils/elles avaient bu	ils/elles boiront	ils/elles boiraient	qu'ils/elles boivent

Passé simple	Plus-que-parfait	Futur	Conditionnel	Subjonctif
je connus	j'avais connu	je connaîtrai	je connaîtrais	que je connaisse
tu connus	tu avais connu	tu connaîtras	tu connaîtrais	que tu connaisses
il/elle/on connut	il/elle/on avait connu	il/elle/on connaîtra	il/elle/on connaîtrait	qu'il/elle/on connaisse
nous connûmes	nous avions connu	nous connaîtrons	nous connaîtrions	que nous connaissions
vous connûtes	vous aviez connu	vous connaîtrez	vous connaîtriez	que vous connaissiez
ils/elles connurent	ils/elles avaient connu	ils/elles connaîtront	ils/elles connaîtraient	qu'ils/elles connaissent

VERBES IRREGULIERS *(suite)*

Infinitif	Présent	Impératif	Passé composé	Imparfait
5. courir	je **cours**	**cours**	j'ai **couru**	je **courais**
(to run)	tu **cours**	**courons**	tu **as couru**	tu **courais**
	il/elle/on **court**	**courez**	il/elle/on **a couru**	il/elle/on **courait**
Participe présent:	nous **courons**		nous **avons couru**	nous **courions**
courant	vous **courez**		vous **avez couru**	vous **couriez**
	ils/elles **courent**		ils/elles **ont couru**	ils/elles **couraient**

Infinitif	Présent	Impératif	Passé composé	Imparfait
6. craindre	je **crains**	**crains**	j'ai **craint**	je **craignais**
(to fear)	tu **crains**	**craignons**	tu **as craint**	tu **craignais**
	il/elle/on **craint**	**craignez**	il/elle/on **a craint**	il/elle/on **craignait**
Participe présent:	nous **craignons**		nous **avons craint**	nous **craignions**
craignant	vous **craignez**		vous **avez craint**	vous **craigniez**
	ils/elles **craignent**		ils/elles **ont craint**	ils/elles **craignaient**

Infinitif	Présent	Impératif	Passé composé	Imparfait
7. croire	je **crois**	**crois**	j'ai **cru**	je **croyais**
(to believe)	tu **crois**	**croyons**	tu **as cru**	tu **croyais**
	il/elle/on **croit**	**croyez**	il/elle/on **a cru**	il/elle/on **croyait**
Participe présent:	nous **croyons**		nous **avons cru**	nous **croyions**
croyant	vous **croyez**		vous **avez cru**	vous **croyiez**
	ils/elles **croient**		ils/elles **ont cru**	ils/elles **croyaient**

Infinitif	Présent	Impératif	Passé composé	Imparfait
8. devoir	je **dois**	**dois**	j'ai **dû**	je **devais**
(to have to; must;	tu **dois**	**devons**	tu **as dû**	tu **devais**
to owe)	il/elle/on **doit**	**devez**	il/elle/on **a dû**	il/elle/on **devait**
Participe présent:	nous **devons**		nous **avons dû**	nous **devions**
devant	vous **devez**		vous **avez dû**	vous **deviez**
	ils/elles **doivent**		ils/elles **ont dû**	ils/elles **devaient**

Infinitif	Présent	Impératif	Passé composé	Imparfait
9. dire	je **dis**	**dis**	j'ai **dit**	je **disais**
(to say, tell)	tu **dis**	**disons**	tu **as dit**	tu **disais**
	il/elle/on **dit**	**dites**	il/elle/on **a dit**	il/elle/on **disait**
Participe présent:	nous **disons**		nous **avons dit**	nous **disions**
disant	vous **dites**		vous **avez dit**	vous **disiez**
	ils/elles **disent**		ils/elles **ont dit**	ils/elles **disaient**

Infinitif	Présent	Impératif	Passé composé	Imparfait
10. dormir	je **dors**	**dors**	j'ai **dormi**	je **dormais**
(to sleep)	tu **dors**	**dormons**	tu **as dormi**	tu **dormais**
	il/elle/on **dort**	**dormez**	il/elle/on **a dormi**	il/elle/on **dormait**
Participe présent:	nous **dormons**		nous **avons dormi**	nous **dormions**
dormant	vous **dormez**		vous **avez dormi**	vous **dormiez**
	ils/elles **dorment**		ils/elles **ont dormi**	ils/elles **dormaient**

Passé simple	Plus-que-parfait	Futur	Conditionnel	Subjonctif
je **courus**	j'avais **couru**	je **courrai**	je **courrais**	que je **coure**
tu **courus**	tu avais **couru**	tu **courras**	tu **courrais**	que tu **coures**
il/elle/on **courut**	il/elle/on avait **couru**	il/elle/on **courra**	il/elle/on **courrait**	qu'il/elle/on **coure**
nous **courûmes**	nous avions **couru**	nous **courrons**	nous **courrions**	que nous **courions**
vous **courûtes**	vous aviez **couru**	vous **courrez**	vous **courriez**	que vous **couriez**
ils/elles **coururent**	ils/elles avaient **couru**	ils/elles **courront**	ils/elles **courraient**	qu'ils/elles **courent**

Passé simple	Plus-que-parfait	Futur	Conditionnel	Subjonctif
je **craignis**	j'avais **craint**	je **craindrai**	je **craindrais**	que je **craigne**
tu **craignis**	tu avais **craint**	tu **craindras**	tu **craindrais**	que tu **craignes**
il/elle/on **craignit**	il/elle/on avait **craint**	il/elle/on **craindra**	il/elle/on **craindrait**	qu'il/elle/on **craigne**
nous **craignîmes**	nous avions **craint**	nous **craindrons**	nous **craindrions**	que nous **craignions**
vous **craignîtes**	vous aviez **craint**	vous **craindrez**	vous **craindriez**	que vous **craigniez**
ils/elles **craignirent**	ils/elles avaient **craint**	ils/elles **craindront**	ils/elles **craindraient**	qu'ils/elles **craignent**

Passé simple	Plus-que-parfait	Futur	Conditionnel	Subjonctif
je **crus**	j'avais **cru**	je **croirai**	je **croirais**	que je **croie**
tu **crus**	tu avais **cru**	tu **croiras**	tu **croirais**	que tu **croies**
il/elle/on **crut**	il/elle/on avait **cru**	il/elle/on **croira**	il/elle/on **croirait**	qu'il/elle/on **croie**
nous **crûmes**	nous avions **cru**	nous **croirons**	nous **croirions**	que nous **croyions**
vous **crûtes**	vous aviez **cru**	vous **croirez**	vous **croiriez**	que vous **croyiez**
ils/elles **crurent**	ils/elles avaient **cru**	ils/elles **croiront**	ils/elles **croiraient**	qu'ils/elles **croient**

Passé simple	Plus-que-parfait	Futur	Conditionnel	Subjonctif
je **dus**	j'avais **dû**	je **devrai**	je **devrais**	que je **doive**
tu **dus**	tu avais **dû**	tu **devras**	tu **devrais**	que tu **doives**
il/elle/on **dut**	il/elle/on avait **dû**	il/elle/on **devra**	il/elle/on **devrait**	qu'il/elle/on **doive**
nous **dûmes**	nous avions **dû**	nous **devrons**	nous **devrions**	que nous **devions**
vous **dûtes**	vous aviez **dû**	vous **devrez**	vous **devriez**	que vous **deviez**
ils/elles **durent**	ils/elles avaient **dû**	ils/elles **devront**	ils/elles **devraient**	qu'ils/elles **doivent**

Passé simple	Plus-que-parfait	Futur	Conditionnel	Subjonctif
je **dis**	j'avais **dit**	je **dirai**	je **dirais**	que je **dise**
tu **dis**	tu avais **dit**	tu **diras**	tu **dirais**	que tu **dises**
il/elle/on **dit**	il/elle/on avait **dit**	il/elle/on **dira**	il/elle/on **dirait**	qu'il/elle/on **dise**
nous **dîmes**	nous avions **dit**	nous **dirons**	nous **dirions**	que nous **disions**
vous **dîtes**	vous aviez **dit**	vous **direz**	vous **diriez**	que vous **disiez**
ils/elles **dirent**	ils/elles avaient **dit**	ils/elles **diront**	ils/elles **diraient**	qu'ils/elles **disent**

Passé simple	Plus-que-parfait	Futur	Conditionnel	Subjonctif
je **dormis**	j'avais **dormi**	je **dormirai**	je **dormirais**	que je **dorme**
tu **dormis**	tu avais **dormi**	tu **dormiras**	tu **dormirais**	que tu **dormes**
il/elle/on **dormit**	il/elle/on avait **dormi**	il/elle/on **dormira**	il/elle/on **dormirait**	qu'il/elle/on **dorme**
nous **dormîmes**	nous avions **dormi**	nous **dormirons**	nous **dormirions**	que nous **dormions**
vous **dormîtes**	vous aviez **dormi**	vous **dormirez**	vous **dormiriez**	que vous **dormiez**
ils/elles **dormirent**	ils/elles avaient **dormi**	ils/elles **dormiront**	ils/elles **dormiraient**	qu'ils/elles **dorment**

VERBES IRRÉGULIERS (suite)

Infinitif	Présent	Impératif	Passé composé	Imparfait
11. écrire	j'**écris**	**écris**	j'**ai écrit**	j'**écrivais**
(to write)	tu **écris**	**écrivons**	tu **as écrit**	tu **écrivais**
	il/elle/on **écrit**	**écrivez**	il/elle/on **a écrit**	il/elle/on **écrivait**
Participe présent:	nous **écrivons**		nous **avons écrit**	nous **écrivions**
écrivant	vous **écrivez**		vous **avez écrit**	vous **écriviez**
	ils/elles **écrivent**		ils/elles **ont écrit**	ils/elles **écrivaient**

Infinitif	Présent	Impératif	Passé composé	Imparfait
12. envoyer	j'**envoie**	**envoie**	j'**ai envoyé**	j'**envoyais**
(to send)	tu **envoies**	**envoyons**	tu **as envoyé**	tu **envoyais**
	il/elle/on **envoie**	**envoyez**	il/elle/on **a envoyé**	il/elle/on **envoyait**
Participe présent:	nous **envoyons**		nous **avons envoyé**	nous **envoyions**
envoyant	vous **envoyez**		vous **avez envoyé**	vous **envoyiez**
	ils/elles **envoient**		ils/elles **ont envoyé**	ils/elles **envoyaient**

Infinitif	Présent	Impératif	Passé composé	Imparfait
13. être	je **suis**	**sois**	j'**ai été**	j'**étais**
(to be)	tu **es**	**soyons**	tu **as été**	tu **étais**
	il/elle/on **est**	**soyez**	il/elle/on **a été**	il/elle/on **était**
Participe présent:	nous **sommes**		nous **avons été**	nous **étions**
étant	vous **êtes**		vous **avez été**	vous **étiez**
	ils/elles **sont**		ils/elles **ont été**	ils/elles **étaient**

Infinitif	Présent	Impératif	Passé composé	Imparfait
14. faire	je **fais**	**fais**	j'**ai fait**	je **faisais**
(to do, make)	tu **fais**	**faisons**	tu **as fait**	tu **faisais**
	il/elle/on **fait**	**faites**	il/elle/on **a fait**	il/elle/on **faisait**
Participe présent:	nous **faisons**		nous **avons fait**	nous **faisions**
faisant	vous **faites**		vous **avez fait**	vous **faisiez**
	ils/elles **font**		ils/elles **ont fait**	ils/elles **faisaient**

Infinitif	Présent	Impératif	Passé composé	Imparfait
15. falloir	il **faut**	*(does not exist)*	il **a fallu**	il **fallait**
(to be necessary)				
Participe présent:				
(does not exist)				

Infinitif	Présent	Impératif	Passé composé	Imparfait
16. mettre	je **mets**	**mets**	j'**ai mis**	je **mettais**
(to put, place)	tu **mets**	**mettons**	tu **as mis**	tu **mettais**
	il/elle/on **met**	**mettez**	il/elle/on **a mis**	il/elle/on **mettait**
Participe présent:	nous **mettons**		nous **avons mis**	nous **mettions**
mettant	vous **mettez**		vous **avez mis**	vous **mettiez**
	ils/elles **mettent**		ils/elles **ont mis**	ils/elles **mettaient**

Passé simple	Plus-que-parfait	Futur	Conditionnel	Subjonctif
j'écrivis	j'avais écrit	j'écrirai	j'écrirais	que j'écrive
tu écrivis	tu avais écrit	tu écriras	tu écrirais	que tu écrives
il/elle/on écrivit	il/elle/on avait écrit	il/elle/on écrira	il/elle/on écrirait	qu'il/elle/on écrive
nous écrivîmes	nous avions écrit	nous écrirons	nous écririons	que nous écrivions
vous écrivîtes	vous aviez écrit	vous écrirez	vous écririez	que vous écriviez
ils/elles écrivirent	ils/elles avaient écrit	ils/elles écriront	ils/elles écriraient	qu'ils/elles écrivent

Passé simple	Plus-que-parfait	Futur	Conditionnel	Subjonctif
j'envoyai	j'avais envoyé	j'enverrai	j'enverrais	que j'envoie
tu envoyas	tu avais envoyé	tu enverras	tu enverrais	que tu envoies
il/elle/on envoya	il/elle/on avait envoyé	il/elle/on enverra	il/elle/on enverrait	qu'il/elle/on envoie
nous envoyâmes	nous avions envoyé	nous enverrons	nous enverrions	que nous envoyions
vous envoyâtes	vous aviez envoyé	vous enverrez	vous enverriez	que vous envoyiez
ils/elles envoyèrent	ils/elles avaient envoyé	ils/elles enverront	ils/elles enverraient	qu'ils/elles envoient

Passé simple	Plus-que-parfait	Futur	Conditionnel	Subjonctif
je fus	j'avais été	je serai	je serais	que je sois
tu fus	tu avais été	tu seras	tu serais	que tu sois
il/elle/on fut	il/elle/on avait été	il/elle/on sera	il/elle/on serait	qu'il/elle/on soit
nous fûmes	nous avions été	nous serons	nous serions	que nous soyons
vous fûtes	vous aviez été	vous serez	vous seriez	que vous soyez
ils/elles furent	ils/elles avaient été	ils/elles seront	ils/elles seraient	qu'ils/elles soient

Passé simple	Plus-que-parfait	Futur	Conditionnel	Subjonctif
je fis	j'avais fait	je ferai	je ferais	que je fasse
tu fis	tu avais fait	tu feras	tu ferais	que tu fasses
il/elle/on fit	il/elle/on avait fait	il/elle/on fera	il/elle/on ferait	qu'il/elle/on fasse
nous fîmes	nous avions fait	nous ferons	nous ferions	que nous fassions
vous fîtes	vous aviez fait	vous ferez	vous feriez	que vous fassiez
ils/elles firent	ils/elles avaient fait	ils/elles feront	ils/elles feraient	qu'ils/elles fassent

Passé simple	Plus-que-parfait	Futur	Conditionnel	Subjonctif
il fallut	il avait fallu	il faudra	il faudrait	qu'il faille

Passé simple	Plus-que-parfait	Futur	Conditionnel	Subjonctif
je mis	j'avais mis	je mettrai	je mettrais	que je mette
tu mis	tu avais mis	tu mettras	tu mettrais	que tu mettes
il/elle/on mit	il/elle/on avait mis	il/elle/on mettra	il/elle/on mettrait	qu'il/elle/on mette
nous mîmes	nous avions mis	nous mettrons	nous mettrions	que nous mettions
vous mîtes	vous aviez mis	vous mettrez	vous mettriez	que vous mettiez
ils/elles mirent	ils/elles avaient mis	ils/elles mettront	ils/elles mettraient	qu'ils/elles mettent

Infinitif	Présent	Impératif	Passé composé	Imparfait
17. mourir	je **meurs**	**meurs**	je **suis mort(e)**	je **mourais**
(to die)	tu **meurs**	**mourons**	tu **es mort(e)**	tu **mourais**
	il/elle/on **meurt**	**mourez**	il/elle/on **est mort(e)**	il/elle/on **mourait**
Participe présent:	nous **mourons**		nous **sommes mort(e)s**	nous **mourions**
mourant	vous **mourez**		vous **êtes mort(e)(s)**	vous **mouriez**
	ils/elles **meurent**		ils/elles **sont mort(e)s**	ils/elles **mouraient**

Infinitif	Présent	Impératif	Passé composé	Imparfait
18. naître	je **nais**	**nais**	je **suis né(e)**	je **naissais**
(to be born)	tu **nais**	**naissons**	tu **es né(e)**	tu **naissais**
	il/elle/on **naît**	**naissez**	il/elle/on **est né(e)**	il/elle/on **naissait**
Participe présent:	nous **naissons**		nous **sommes né(e)s**	nous **naissions**
naissant	vous **naissez**		vous **êtes né(e)(s)**	vous **naissiez**
	ils/elles **naissent**		ils/elles **sont né(e)s**	ils/elles **naissaient**

Infinitif	Présent	Impératif	Passé composé	Imparfait
19. ouvrir	j'**ouvre**	**ouvre**	j'**ai ouvert**	j'**ouvrais**
(to open)	tu **ouvres**	**ouvrons**	tu **as ouvert**	tu **ouvrais**
	il/elle/on **ouvre**	**ouvrez**	il/elle/on **a ouvert**	il/elle/on **ouvrait**
Participe présent:	nous **ouvrons**		nous **avons ouvert**	nous **ouvrions**
ouvrant	vous **ouvrez**		vous **avez ouvert**	vous **ouvriez**
	ils/elles **ouvrent**		ils/elles **ont ouvert**	ils/elles **ouvraient**

Infinitif	Présent	Impératif	Passé composé	Imparfait
20. plaire	je **plais**	**plais**	j'**ai plu**	je **plaisais**
(to please)	tu **plais**	**plaisons**	tu **as plu**	tu **plaisais**
	il/elle/on **plaît**	**plaisez**	il/elle/on **a plu**	il/elle/on **plaisait**
Participe présent:	nous **plaisons**		nous **avons plu**	nous **plaisions**
plaisant	vous **plaisez**		vous **avez plu**	vous **plaisiez**
	ils/elles **plaisent**		ils/elles **ont plu**	ils/elles **plaisaient**

Infinitif	Présent	Impératif	Passé composé	Imparfait
21. pleuvoir	il **pleut**	*(does not exist)*	il **a plu**	il **pleuvait**
(to rain)				
Participe présent:				
pleuvant				

Infinitif	Présent	Impératif	Passé composé	Imparfait
22. pouvoir	je **peux**	*(does not exist)*	j'**ai pu**	je **pouvais**
(to be able, can)	tu **peux**		tu **as pu**	tu **pouvais**
	il/elle/on **peut**		il/elle/on **a pu**	il/elle/on **pouvait**
Participe présent:	nous **pouvons**		nous **avons pu**	nous **pouvions**
pouvant	vous **pouvez**		vous **avez pu**	vous **pouviez**
	ils/elles **peuvent**		ils/elles **ont pu**	ils/elles **pouvaient**

Passé simple	Plus-que-parfait	Futur	Conditionnel	Subjonctif
je **mourus**	j'**étais mort(e)**	je **mourrai**	je **mourrais**	que je **meure**
tu **mourus**	tu **étais mort(e)**	tu **mourras**	tu **mourrais**	que tu **meures**
il/elle/on **mourut**	il/elle/on **était mort(e)**	il/elle/on **mourra**	il/elle/on **mourrait**	qu'il/elle/on **meure**
nous **mourûmes**	nous **étions mort(e)s**	nous **mourrons**	nous **mourrions**	que nous **mourions**
vous **mourûtes**	vous **étiez mort(e)(s)**	vous **mourrez**	vous **mourriez**	que vous **mouriez**
ils/elles **moururent**	ils/elles **étaient mort(e)s**	ils/elles **mourront**	ils/elles **mourraient**	qu'ils/elles **meurent**

Passé simple	Plus-que-parfait	Futur	Conditionnel	Subjonctif
je **naquis**	j'**étais né(e)**	je **naîtrai**	je **naîtrais**	que je **naisse**
tu **naquis**	tu **étais né(e)**	tu **naîtras**	tu **naîtrais**	que tu **naisses**
il/elle/on **naquit**	il/elle/on **était né(e)**	il/elle/on **naîtra**	il/elle/on **naîtrait**	qu'il/elle/on **naisse**
nous **naquîmes**	nous **étions né(e)s**	nous **naîtrons**	nous **naîtrions**	que nous **naissions**
vous **naquîtes**	vous **étiez né(e)(s)**	vous **naîtrez**	vous **naîtriez**	que vous **naissiez**
ils/elles **naquirent**	ils/elles **étaient né(e)s**	ils/elles **naîtront**	ils/elles **naîtraient**	qu'ils/elles **naissent**

Passé simple	Plus-que-parfait	Futur	Conditionnel	Subjonctif
j'**ouvris**	j'**avais ouvert**	j'**ouvrirai**	j'**ouvrirais**	que j'**ouvre**
tu **ouvris**	tu **avais ouvert**	tu **ouvriras**	tu **ouvrirais**	que tu **ouvres**
il/elle/on **ouvrit**	il/elle/on **avait ouvert**	il/elle/on **ouvrira**	il/elle/on **ouvrirait**	qu'il/elle/on **ouvre**
nous **ouvrîmes**	nous **avions ouvert**	nous **ouvrirons**	nous **ouvririons**	que nous **ouvrions**
vous **ouvrîtes**	vous **aviez ouvert**	vous **ouvrirez**	vous **ouvririez**	que vous **ouvriez**
ils/elles **ouvrirent**	ils/elles **avaient ouvert**	ils/elles **ouvriront**	ils/elles **ouvriraient**	qu'ils/elles **ouvrent**

Passé simple	Plus-que-parfait	Futur	Conditionnel	Subjonctif
je **plus**	j'**avais plu**	je **plairai**	je **plairais**	que je **plaise**
tu **plus**	tu **avais plu**	tu **plairas**	tu **plairais**	que tu **plaises**
il/elle/on **plut**	il/elle/on **avait plu**	il/elle/on **plaira**	il/elle/on **plairait**	qu'il/elle/on **plaise**
nous **plûmes**	nous **avions plu**	nous **plairons**	nous **plairions**	que nous **plaisions**
vous **plûtes**	vous **aviez plu**	vous **plairez**	vous **plairiez**	que vous **plaisiez**
ils/elles **plurent**	ils/elles **avaient plu**	ils/elles **plairont**	ils/elles **plairaient**	qu'ils/elles **plaisent**

Passé simple	Plus-que-parfait	Futur	Conditionnel	Subjonctif
il **plut**	il **avait plu**	il **pleuvra**	il **pleuvrait**	qu'il **pleuve**

Passé simple	Plus-que-parfait	Futur	Conditionnel	Subjonctif
je **pus**	j'**avais pu**	je **pourrai**	je **pourrais**	que je **puisse**
tu **pus**	tu **avais pu**	tu **pourras**	tu **pourrais**	que tu **puisses**
il/elle/on **put**	il/elle/on **avait pu**	il/elle/on **pourra**	il/elle/on **pourrait**	qu'il/elle/on **puisse**
nous **pûmes**	nous **avions pu**	nous **pourrons**	nous **pourrions**	que nous **puissions**
vous **pûtes**	vous **aviez pu**	vous **pourrez**	vous **pourriez**	que vous **puissiez**
ils/elles **purent**	ils/elles **avaient pu**	ils/elles **pourront**	ils/elles **pourraient**	qu'ils/elles **puissent**

Infinitif	Présent	Impératif	Passé composé	Imparfait
23. prendre	je **prends**	**prends**	j'**ai pris**	je **prenais**
(to take)	tu **prends**	**prenons**	tu **as pris**	tu **prenais**
	il/elle/on **prend**	**prenez**	il/elle/on **a pris**	il/elle/on **prenait**
Participe présent:	nous **prenons**		nous **avons pris**	nous **prenions**
prenant	vous **prenez**		vous **avez pris**	vous **preniez**
	ils/elles **prennent**		ils/elles **ont pris**	ils/elles **prenaient**

Infinitif	Présent	Impératif	Passé composé	Imparfait
24. recevoir	je **reçois**	**reçois**	j'**ai reçu**	je **recevais**
(to receive, get)	tu **reçois**	**recevons**	tu **as reçu**	tu **recevais**
	il/elle/on **reçoit**	**recevez**	il/elle/on **a reçu**	il/elle/on **recevait**
Participe présent:	nous **recevons**		nous **avons reçu**	nous **recevions**
recevant	vous **recevez**		vous **avez reçu**	vous **receviez**
	ils/elles **reçoivent**		ils/elles **ont reçu**	ils/elles **recevaient**

Infinitif	Présent	Impératif	Passé composé	Imparfait
25. rire	je **ris**	**ris**	j'**ai ri**	je **riais**
(to laugh)	tu **ris**	**rions**	tu **as ri**	tu **riais**
	il/elle/on **rit**	**riez**	il/elle/on **a ri**	il/elle/on **riait**
Participe présent:	nous **rions**		nous **avons ri**	nous **riions**
riant	vous **riez**		vous **avez ri**	vous **riiez**
	ils/elles **rient**		ils/elles **ont ri**	ils/elles **riaient**

Infinitif	Présent	Impératif	Passé composé	Imparfait
26. savoir	je **sais**	**sache**	j'**ai su**	je **savais**
(to know)	tu **sais**	**sachons**	tu **as su**	tu **savais**
	il/elle/on **sait**	**sachez**	il/elle/on **a su**	il/elle/on **savait**
Participe présent:	nous **savons**		nous **avons su**	nous **savions**
sachant	vous **savez**		vous **avez su**	vous **saviez**
	ils/elles **savent**		ils/elles **ont su**	ils/elles **savaient**

Infinitif	Présent	Impératif	Passé composé	Imparfait
27. sortir	je **sors**	**sors**	je **suis sorti(e)**	je **sortais**
(to go out)	tu **sors**	**sortons**	tu **es sorti(e)**	tu **sortais**
	il/elle/on **sort**	**sortez**	il/elle/on **est sorti(e)**	il/elle/on **sortait**
Participe présent:	nous **sortons**		nous **sommes sorti(e)s**	nous **sortions**
sortant	vous **sortez**		vous **êtes sorti(e)(s)**	vous **sortiez**
	ils/elles **sortent**		ils/elles **sont sorti(e)s**	ils/elles **sortaient**

Infinitif	Présent	Impératif	Passé composé	Imparfait
28. suivre	je **suis**	**suis**	j'**ai suivi**	je **suivais**
(to follow)	tu **suis**	**suivons**	tu **as suivi**	tu **suivais**
	il/elle/on **suit**	**suivez**	il/elle/on **a suivi**	il/elle/on **suivait**
Participe présent:	nous **suivons**		nous **avons suivi**	nous **suivions**
suivant	vous **suivez**		vous **avez suivi**	vous **suiviez**
	ils/elles **suivent**		ils/elles **ont suivi**	ils/elles **suivaient**

Passé simple	Plus-que-parfait	Futur	Conditionnel	Subjonctif
je **pris**	j'avais **pris**	je **prendrai**	je **prendrais**	que je **prenne**
tu **pris**	tu avais **pris**	tu **prendras**	tu **prendrais**	que tu **prennes**
il/elle/on **prit**	il/elle/on avait **pris**	il/elle/on **prendra**	il/elle/on **prendrait**	qu'il/elle/on **prenne**
nous **prîmes**	nous avions **pris**	nous **prendrons**	nous **prendrions**	que nous **prenions**
vous **prîtes**	vous aviez **pris**	vous **prendrez**	vous **prendriez**	que vous **preniez**
ils/elles **prirent**	ils/elles avaient **pris**	ils/elles **prendront**	ils/elles **prendraient**	qu'ils/elles **prennent**

Passé simple	Plus-que-parfait	Futur	Conditionnel	Subjonctif
je **reçus**	j'avais **reçu**	je **recevrai**	je **recevrais**	que je **reçoive**
tu **reçus**	tu avais **reçu**	tu **recevras**	tu **recevrais**	que tu **reçoives**
il/elle/on **reçut**	il/elle/on avait **reçu**	il/elle/on **recevra**	il/elle/on **recevrait**	qu'il/elle/on **reçoive**
nous **reçûmes**	nous avions **reçu**	nous **recevrons**	nous **recevrions**	que nous **recevions**
vous **reçûtes**	vous aviez **reçu**	vous **recevrez**	vous **recevriez**	que vous **receviez**
ils/elles **reçurent**	ils/elles avaient **reçu**	ils/elles **recevront**	ils/elles **recevraient**	qu'ils/elles **reçoivent**

Passé simple	Plus-que-parfait	Futur	Conditionnel	Subjonctif
je **ris**	j'avais **ri**	je **rirai**	je **rirais**	que je **rie**
tu **ris**	tu avais **ri**	tu **riras**	tu **rirais**	que tu **ries**
il/elle/on **rit**	il/elle/on avait **ri**	il/elle/on **rira**	il/elle/on **rirait**	qu'il/elle/on **rie**
nous **rîmes**	nous avions **ri**	nous **rirons**	nous **ririons**	que nous **riions**
vous **rîtes**	vous aviez **ri**	vous **rirez**	vous **ririez**	que vous **riiez**
ils/elles **rirent**	ils/elles avaient **ri**	ils/elles **riront**	ils/elles **riraient**	qu'ils/elles **rient**

Passé simple	Plus-que-parfait	Futur	Conditionnel	Subjonctif
je **sus**	j'avais **su**	je **saurai**	je **saurais**	que je **sache**
tu **sus**	tu avais **su**	tu **sauras**	tu **saurais**	que tu **saches**
il/elle/on **sut**	il/elle/on avait **su**	il/elle/on **saura**	il/elle/on **saurait**	qu'il/elle/on **sache**
nous **sûmes**	nous avions **su**	nous **saurons**	nous **saurions**	que nous **sachions**
vous **sûtes**	vous aviez **su**	vous **saurez**	vous **sauriez**	que vous **sachiez**
ils/elles **surent**	ils/elles avaient **su**	ils/elles **sauront**	ils/elles **sauraient**	qu'ils/elles **sachent**

Passé simple	Plus-que-parfait	Futur	Conditionnel	Subjonctif
je **sortis**	j'étais **sorti(e)**	je **sortirai**	je **sortirais**	que je **sorte**
tu **sortis**	tu étais **sorti(e)**	tu **sortiras**	tu **sortirais**	que tu **sortes**
il/elle/on **sortit**	il/elle/on était **sorti(e)**	il/elle/on **sortira**	il/elle/on **sortirait**	qu'il/elle/on **sorte**
nous **sortîmes**	nous étions **sorti(e)s**	nous **sortirons**	nous **sortirions**	que nous **sortions**
vous **sortîtes**	vous étiez **sorti(e)(s)**	vous **sortirez**	vous **sortiriez**	que vous **sortiez**
ils/elles **sortirent**	ils/elles étaient **sorti(e)s**	ils/elles **sortiront**	ils/elles **sortiraient**	qu'ils/elles **sortent**

Passé simple	Plus-que-parfait	Futur	Conditionnel	Subjonctif
je **suivis**	j'avais **suivi**	je **suivrai**	je **suivrais**	que je **suive**
tu **suivis**	tu avais **suivi**	tu **suivras**	tu **suivrais**	que tu **suives**
il/elle/on **suivit**	il/elle/on avait **suivi**	il/elle/on **suivra**	il/elle/on **suivrait**	qu'il/elle/on **suive**
nous **suivîmes**	nous avions **suivi**	nous **suivrons**	nous **suivrions**	que nous **suivions**
vous **suivîtes**	vous aviez **suivi**	vous **suivrez**	vous **suivriez**	que vous **suiviez**
ils/elles **suivirent**	ils/elles avaient **suivi**	ils/elles **suivront**	ils/elles **suivraient**	qu'ils/elles **suivent**

VERBES IRREGULIERS *(suite)*

Infinitif	Présent	Impératif	Passé composé	Imparfait
29. valoir	je **vaux**	*(does not exist)*	j'**ai valu**	je **valais**
(to be worth;	tu **vaux**		tu **as valu**	tu **valais**
to deserve, merit)	il/elle/on **vaut**		il/elle/on **a valu**	il/elle/on **valait**
Participe présent:	nous **valons**		nous **avons valu**	nous **valions**
valant	vous **valez**		vous **avez valu**	vous **valiez**
	ils/elles **valent**		ils/elles **ont valu**	ils/elles **valaient**

Infinitif	Présent	Impératif	Passé composé	Imparfait
30. venir	je **viens**	**viens**	je **suis venu(e)**	je **venais**
(to come)	tu **viens**	**venons**	tu **es venu(e)**	tu **venais**
	il/elle/on **vient**	**venez**	il/elle/on **est venu(e)**	il/elle/on **venait**
Participe présent:	nous **venons**		nous **sommes venu(e)s**	nous **venions**
venant	vous **venez**		vous **êtes venu(e)(s)**	vous **veniez**
	ils/elles **viennent**		ils/elles **sont venu(e)s**	ils/elles **venaient**

Infinitif	Présent	Impératif	Passé composé	Imparfait
31. voir	je **vois**	**vois**	j'**ai vu**	je **voyais**
(to see)	tu **vois**	**voyons**	tu **as vu**	tu **voyais**
	il/elle/on **voit**	**voyez**	il/elle/on **a vu**	il/elle/on **voyait**
Participe présent:	nous **voyons**		nous **avons vu**	nous **voyions**
voyant	vous **voyez**		vous **avez vu**	vous **voyiez**
	ils/elles **voient**		ils/elles **ont vu**	ils/elles **voyaient**

Infinitif	Présent	Impératif	Passé composé	Imparfait
32. vouloir	je **veux**	**veuille**	j'**ai voulu**	je **voulais**
(to wish, want)	tu **veux**	**veuillons**	tu **as voulu**	tu **voulais**
	il/elle/on **veut**	**veuillez**	il/elle/on **a voulu**	il/elle/on **voulait**
Participe présent:	nous **voulons**		nous **avons voulu**	nous **voulions**
voulant	vous **voulez**		vous **avez voulu**	vous **vouliez**
	ils/elles **veulent**		ils/elles **ont voulu**	ils/elles **voulaient**

Passé simple	Plus-que-parfait	Futur	Conditionnel	Subjonctif
je **valus**	j'**avais valu**	je **vaudrai**	je **vaudrais**	que je **vaille**
tu **valus**	tu **avais valu**	tu **vaudras**	tu **vaudrais**	que tu **vailles**
il/elle/on **valut**	il/elle/on **avait valu**	il/elle/on **vaudra**	il/elle/on **vaudrait**	qu'il/elle/on **vaille**
nous **valûmes**	nous **avions valu**	nous **vaudrons**	nous **vaudrions**	que nous **valions**
vous **valûtes**	vous **aviez valu**	vous **vaudrez**	vous **vaudriez**	que vous **valiez**
ils/elles **valurent**	ils/elles **avaient valu**	ils/elles **vaudront**	ils/elles **vaudraient**	qu'ils/elles **vaillent**

Passé simple	Plus-que-parfait	Futur	Conditionnel	Subjonctif
je **vins**	j'**étais venu(e)**	je **viendrai**	je **viendrais**	que je **vienne**
tu **vins**	tu **étais venu(e)**	tu **viendras**	tu **viendrais**	que tu **viennes**
il/elle/on **vint**	il/elle/on **était venu(e)**	il/elle/on **viendra**	il/elle/on **viendrait**	qu'il/elle/on **vienne**
nous **vînmes**	nous **étions venu(e)s**	nous **viendrons**	nous **viendrions**	que nous **venions**
vous **vîntes**	vous **étiez venu(e)(s)**	vous **viendrez**	vous **viendriez**	que vous **veniez**
ils/elles **vinrent**	ils/elles **étaient venu(e)s**	ils/elles **viendront**	ils/elles **viendraient**	qu'ils/elles **viennent**

Passé simple	Plus-que-parfait	Futur	Conditionnel	Subjonctif
je **vis**	j'**avais vu**	je **verrai**	je **verrais**	que je **voie**
tu **vis**	tu **avais vu**	tu **verras**	tu **verrais**	que tu **voies**
il/elle/on **vit**	il/elle/on **avait vu**	il/elle/on **verra**	il/elle/on **verrait**	qu'il/elle/on **voie**
nous **vîmes**	nous **avions vu**	nous **verrons**	nous **verrions**	que nous **voyions**
vous **vîtes**	vous **aviez vu**	vous **verrez**	vous **verriez**	que vous **voyiez**
ils/elles **virent**	ils/elles **avaient vu**	ils/elles **verront**	ils/elles **verraient**	qu'ils/elles **voient**

Passé simple	Plus-que-parfait	Futur	Conditionnel	Subjonctif
je **voulus**	j'**avais voulu**	je **voudrai**	je **voudrais**	que je **veuille**
tu **voulus**	tu **avais voulu**	tu **voudras**	tu **voudrais**	que tu **veuilles**
il/elle/on **voulut**	il/elle/on **avait voulu**	il/elle/on **voudra**	il/elle/on **voudrait**	qu'il/elle/on **veuille**
nous **voulûmes**	nous **avions voulu**	nous **voudrons**	nous **voudrions**	que nous **voulions**
vous **voulûtes**	vous **aviez voulu**	vous **voudrez**	vous **voudriez**	que vous **vouliez**
ils/elles **voulurent**	ils/elles **avaient voulu**	ils/elles **voudront**	ils/elles **voudraient**	qu'ils/elles **veuillent**

Module I: Banque, Poste et télécommunications

D. Ouvrir un compte en banque.   (p. 7)

1. demande
2. peut
3. remplit
4. lises
5. dois
6. reçois
7. envoie, acceptes

E. Transactions bancaires.   (p. 8)

1. a, peut
2. peux
3. Faire, transférer
4. remplir, indiquer
5. fais, déposes
6. retirer, j'écris, endosse

F. A la BNP.   (p. 11)

1. vas
2. suis
3. téléphoner, peux
4. ont, permet
5. peux
6. allons
7. permet, déplacer, ne sont pas

G. Faisons du shopping!   (p. 11)

1. utilisez, faites
2. fais, règle, vais, paye (paie)
3. n'ont
4. ne sais pas, avez, demandent, expriment, dites, avez
5. acceptent
6. restent, appellent, est, n'est pas
7. utilisent
8. sont, fonctionnent

H. A la Poste.   (p. 13)

1. achète, peut, ouvrir
2. dépose, demande
3. envoient
4. consultent

I. L'ordinateur.   (p. 13)

1. J'allume
2. mets
3. J'ouvre
4. vois, écrit, dit, tape

5. veux
6. s'appelle, dois, appuies, dit, sauvegarde
7. allons

J. Le Minitel. (p. 13)

1. voyageons, faisons
2. lisent
3. nous servons, obtenir, nous renseignons
4. est, passe, se sert
5. savez, trouver, a, réside

K. Le téléphone. (p. 14)

1. pouvez
2. composez
3. possède, laisser
4. êtes, avez, pouvez, parler

L. Donner des ordres. (p. 14)

1. Comptons	our change to see how much we have left!
2. Imprime, donne	letter and give it to your brother.
3. Finissez, passez	Finish this/that work to see me in my office, please.
4. Asseyez-vous	sit down having a conference.
5. Soyons	this/that investment seems particularly risky to me.
6. Ayez	~~dossier~~ file
7. Fais	will see that this/that solution is more advantageous!
8. Va, achète	Go to the FNAC at the Halles and buy a box of ten double-sided disk(ettes).

M. Pour retirer de l'argent à un D.A.B. (p. 16)

(Diverses possibilités)

N. L'ouverture d'un compte en banque. (p.17)

1. alliez, fassiez, présentiez, apportiez
2. vérifie, soit, prouviez
3. demandes, accompagnent, choisisses, apprennes, sois, perdes

CROIRE (p. 19)

Crois
croit
croyez
croyez

O. Phrases à recomposer. (p. 20)

1. Est-ce que tu crois que je puisse acheter une télécarte à la Poste? (**que je peux** may also be said, but the subjunctive form is better since the verb **croire** is in the interrogative mood).
2. Nous croyons sincèrement qu'il est plus pratique d'avoir un compte-chèque postal qu'un compte-chèque bancaire.
3. Croyez-vous que je puisse trouver un publiphone qui marchera (marche) avec des pièces? Il ne me reste plus d'unité(s) sur ma télécarte.
4. Quand je parle au téléphone, tout le monde croit que je suis française(e).

5. Crois-moi, la photo qui est dans ton passeport ne te ressemble pas!
6. N'oubliez pas de prendre votre carte d'identité ou votre passeport car je ne crois pas que les employés de la Poste vous donnent votre courrier poste-restante sans pièce d'identité!

OUVRIR (p. 23)

ouvre
ouvre
ouvrent
Ouvrons
ouvre

P. Phrases à recomposer. (p. 24)

1. Ouvrez-moi la porte, s'il vous plaît, vous voyez bien que j'ai les bras chargés de paquets!
2. Est-ce que vous allez ouvrir un compte sans le dire à vos parents?
3. Ouvre (Ouvrez) mon sac et donne-moi (donnez-moi) la télécarte qui se trouve dans la pochette du milieu!
4. Est-ce que la banque ouvre (La banque ouvre-t-elle) à huit heures et demie ou à neuf heures?
5. Il est temps que vous ouvriez un compte-épargne logement.
6. Nous ouvrons les dossiers que la Poste nous a donnés.

Vouloir (p. 24)

(Rien ne manque)

Q. Phrases à recomposer. (p. 26)

1. Veux-tu faire une demande de chéquier aujourd'hui même?
2. Nous ne voulons pas que nos enfants dépensent tout leur argent (tout l'argent).
3. Est-ce que vous voulez que votre salaire soit déposé directement sur votre compte à la banque ou à la Poste?
4. Veuillez m'excuser mais cela fait dix minutes que j'attends et j'avais rendez-vous à dix heures avec le responsable de cette agence.
5. Veulent-ils parler à (avec) leur conseiller financier?
6. Il semble qu'elle ne veuille pas vraiment suivre les conseils de son banquier.

ALLER (p. 27)

vais
va
allons
va

R. Phrases à recomposer. (p. 28)

1. Il faut que nous allions à la Poste pour acheter des timbres.
2. Va voir si tu as du courrier en poste restante.
3. Allons, il faut nous remettre au travail! Je vois trois clients qui font la queue au guichet.
4. Allez-vous à la banque vous-même ou bien demandez-vous à votre secrétaire d'y aller pour vous?
5. Je vais vous expliquer la différence entre un compte-épargne logement et un plan épargne logement.
6. Elle va vous donner un reçu que vous devrez conserver précieusement.
7. Ils vont au D.A.B. pour retirer de l'argent.

AVOIR   (p. 29)

a
A-t-
avez
ont
ayons

S. Phrases à recomposer.   (p. 30)

1. Tu as deux cartes de 50 unités sur toi. Est-ce que tu peux (pourrais) m'en donner une?
2. Nous avons confiance en notre banquier.
3. Avez-vous de la monnaie, Monsieur, s'il vous plaît... car je n'ai qu'un billet de 500 F?
4. Aie plus de patience! Tes économies ne peuvent pas tripler en un an.
5. Elle a un mandat international. Où peut-elle le toucher?
6. Il est absolument nécessaire qu'elle ait une carte bancaire si elle va à l'étranger.

FAIRE   (p. 32)

fais
fait
faites
font
Faisons

T. Phrases à recomposer.   (p. 32)

1. Fais tout ton possible pour économiser régulièrement!
2. Nous faisons attention à ne pas garder notre code secret avec notre carte bancaire.
3. Faites-vous vos comptes toutes les semaines?
4. Il est très important que vous ne fassiez pas d'erreur en donnant votre numéro de carte.
5. J'aimerais que les employés de la Poste fassent un effort et qu'ils soient plus souriants et plus gentils.
6. Faites de votre mieux pour convaincre vos clients de la nécessité d'ouvrir un C.C.P.
7. (Est-ce que) vous ne pouvez pas venir aujourd'hui? Cela ne fait rien.
8. Faxez-moi ce (le) contrat et passez me voir dès que possible.

CROIRE   (p. 34)

Le futur.	my account	eyes!
L'imparfait.	believed	money grew on trees.
Le conditionnel.	would believe	savings.
Le passé composé.	We believed	for credit card payments.
Le plus-que-parfait.	save	buy themselves a house.

U. Phrases à compléter.   (p. 35)

1. croirez
2. croyais
3. crois
4. as cru
5. croyait

OUVRIR   (p. 35)

Le futur.	open an account	
L'imparfait.	didn't open a bank account	their (one's) money at home

Le conditionnel.	open a bank account	automatically
Le passé composé.		new documents?
Le plus-que-parfait.	had opened	

V. Phrases à compléter. (p. 36)

1. avons ouvert
2. ouvrirai
3. ouvrirait
4. ouvrir
5. ouvrais

VOULOIR (p. 36)

Le futur.	want to buy	
L'imparfait.	wanted	a new car.
Le conditionnel.	would not want	
Le passé composé.	wanted to buy the best computer	your account
Le plus-que-parfait.	November	

W. Phrases à compléter. (p. 37)

1. veut (voudra, voudrait, voulait, a voulu)
2. avaient voulu
3. veux (voudrais, j'aurais voulu, j'ai voulu, j'avais voulu)
4. voudra
5. voulions

ALLER (p. 37)

Le futur.	I will go to the supermarket	payments by check
L'imparfait.	to the bank with her/his grandmother	
Le conditionnel.	would go post office	Minitel at home.
Le passé composé.	went at the bank	
Le plus-que-parfait.	because they	

X. Phrases à compléter. (p. 38)

1. ailles
2. aller

AVOIR (p. 39)

Le futur.	we will have
L'imparfait.	arrive five minutes
Le conditionnel.	would have
Le passé composé.	I had
Le plus-que-parfait.	banking services

Y. Phrases à compléter. (p. 39)

1. a (avait, aura)
2. avait
3. avions (avions eu)
4. avais eu
5. avez (aviez, aurez, auriez, avez eu, aviez eu)

FAIRE (p. 40)

Le futur.	you will have access to
L'imparfait.	you received a half-hour
Le conditionnel.	more attention

Le passé composé.	made official notification (appealed against it)
Le plus-que-parfait.	budget

Z. Phrases à compléter. (p. 41)

1. Avez	fait
2. fera	
3. avait	fait
4. faisais	(j'avais)
5. ferions	

Module II: L'informatique à la maison et au travail

T. A la banque. (p. 58)

1. Je dirai/nous dirons «bonjour» à l'agent bancaire.
2. Je remplirai/nous remplirons un formulaire.
3. Je lirai/nous lirons les documents avant de les signer.
4. Je déposerai/nous déposerons de l'argent.
5. Je recevrai/nous recevrons le numéro de mon/notre compte courant.

U. A l'ordinateur. (p. 58)

1. Nous effectuerons toutes sortes d'opérations possibles.
2. Nous aurons accès à notre compte-épargne.
3. Nous taperons des lettres et autres documents.
4. Nous créerons une base de données.
5. Nous sauvegarderons nos documents.
6. Nous appuyerons sur le bouton pour éteindre l'ordinateur.

V. Votre banque idéale. (p. 58)

1. Elle aura des guichets modernes.
2. Elle possédera des agences partout en France.
3. Elle sponsorisera de grands événements sportifs comme les Jeux Olympiques de Sydney.
4. Il faudra qu'elle soit près de mon domicile.
5. Elle sera moderne et elle proposera des services comme le Minitel ou le téléservice.
6. Elle garantira aux clients de ne pas faire de mauvais investissements.

W. Un séjour en France. (p. 59)

1. Ils payeront/paieront presque tous leurs achats en liquide.
2. Ils ne régleront rien par chèque (sauf peut-être par chèque de voyage!).
3. Ils s'achèteront sans doute quelques nouveaux vêtements.
4. Ils utiliseront souvent le Minitel.
5. Ils garderont toujours leur passeport sur eux.
6. Ils recevront des lettres de leurs amis en poste restante.

METTRE (p. 59)

met
mettons
mettent
Mets

Aperçus (p. 60)

Le futur.	you will		
L'imparfait.	received		
Le conditionnel.	you	work (that)	would
Le passé composé.	Have	spoken/talked	

Le plus-que-parfait.   type of computer
                                     had put

X. Phrases à recomposer. *(p. 61)*

1. Si elle devait le faire elle-même, elle mettrait plus de temps à taper ce texte que toi.
2. Il faut qu'il mette sa disquette dans la fente, sinon, il ne pourra pas ouvrir son document.
3. Autrefois, je mettais un temps fou à apprendre à me servir d'un nouveau logiciel.
4. Nous avions mis le chèque dans l'enveloppe. Est-ce que tu l'as bien trouvé?
5. J'ai mis l'imprimante en marche pour que tu puisses imprimer ton document quand tu auras fini.
6. Mettrez-vous un peu d'argent sur votre compte dès l'ouverture?

SAVOIR *(p. 62)*

sais
sait
Savez
savent
Sachez

Aperçus *(p. 63)*

Le futur.   your computer and (of your) printer
L'imparfait.   knew how to
Le conditionnel.   would always
Le passé composé.   offers
Le plus-que-parfait.   have called (telephoned) you

V. Phrases à recomposer. *(p. 64)*

1. Est-ce que tu sais si Clémentine suit un cours d'informatique cette année?
2. Je suis sûre que tu sauras te servir de mon traitement de texte, car toutes les fonctions de base sont similaires à celles de *Word*.
3. Saviez-vous qu'il y a (avait) un logiciel qui peut (pouvait) vous aider à sélectionner les candidats?
4. C'est hier que nous avons su que notre informaticien cherchait un autre emploi.
5. Il est important que nous sachions bien utiliser notre modem.
6. Sachons nous contenter de 8 ram de mémoire vive!
7. Dommage que je n'aie pas mon ordinateur avec moi, car vous sauriez m'expliquer comment envoyer un fax.

SORTIR *(p. 65)*

sors
sort
sortons
sortent
Sors
Sortez

Aperçus *(p. 66)*

Le futur.   will
                                     leave
L'imparfait.   telephone, leave (go out of)
                                     laptop

Le condtionnel.	file
	us
Le passé composé.	new computers
	problems, program (software)
le plus-que-parfait.	had gone, phone call
	had left at one o'clock as planned, missed
	this/that (phone)

Z. Phrases à recomposer. (p. 68)

1. Je sors (sortais) rarement pendant les heures de travail, sauf quand je dois (devais) aller à la Poste.
2. Sortez le dossier de l'entreprise Legrand, s'il vous plaît, Mademoiselle et mettez-le sur (dans) mon bureau.
3. La Poste a sorti une nouvelle série de timbres sur les fables de la Fontaine.
4. Comme il sortira le premier de sa promotion, il n'aura pas de problème pour trouver un poste dans la région qu'il préfère.
5. La directrice est sortie. Pouvez-vous rappeler dans une heure?
6. Il faut que tu sortes ta (la) disquette tout de suite pour ne pas l'oublier.
7. Nous sortions tous les documents au fur et à mesure que le conseiller de la banque nous les demandait.

PRENDRE (p. 69)

prends
prend
prenons
prennent
prends
Prenez

Aperçus (p. 69)

Le futur.	take
	take good care
L'imparfait.	for thirty minutes
Le conditionnel.	would take
Le passé composé.	options
Le plus-que-parfait.	took

AA. Phrases à recomposer. (p. 70)

1. Prenez le téléphone et dites-lui que nous aimerions qu'il organise un séminaire pour que tous nos employés apprennent à se servir de ce nouveau logiciel.
2. Oui, vous avez raison; cela prend beaucoup de temps, mais une fois que les données sont (seront) saisies, vous pouvez (pourrez) effectuer toutes sortes de calculs très rapidement.
3. Cela me prendrait trop de temps de vous expliquer tout cela au téléphone. Passez me voir ce soir et je vous montrerai ce dont il s'agit.
4. Nous prendrons un assistant qui sera chargé d'aider les clients à remplir des (les) formulaires.
5. Vous avez pris la lettre que j'avais laissée sur votre bureau, n'est-ce pas?
6. Oui, Laurent, il est nécessaire que tu prennes le temps de garder un double de tous tes documents.
7. Elles prennent (ont pris) ce conseil très au sérieux et sont en train d'apprendre à utiliser la messagerie électronique pour communiquer avec leurs clients.

DIRE *(p. 71)*

Dis
dit
dit
dites
disent
Dites
dise

Aperçus *(p. 72)*

Le futur.	will tell, my bank
L'imparfait.	saying, services
Le conditionnel.	would not say
Le passé composé.	program (software)
Le plus-que-parfait.	the bank, vacation

BB. Phrases à recomposer. *(p. 73)*

1. Dites-lui (Dis-lui, Disons-lui) bien de ne pas copier ce logiciel plus de deux fois, car cela pourrait le détruire.
2. Elle vous dira exactement ce dont vous aurez besoin, et vous pourrez commander votre matériel par correspondance.
3. Il est important que vous nous disiez dès maintenant à combien s'élève votre budget pour que nous puissions vous donner une idée du genre de système informatique que nous pourrons vous installer.
4. Avez-vous dit au programmeur que nous voulions un outil informatique aussi interactif que possible?
5. Tu avais dit que tu créerais ton propre programme de statistique sur ordinateur.
6. S'ils ne savaient pas comment utiliser un (ce, leur, le) nouveau logiciel, ils vous le diraient franchement.

RECEVOIR *(p. 74)*

reçoit
recevons
reçoivent
Reçois
Recevons

Aperçus *(p. 74)*

Le futur.	will receive	the end of the year
L'imparfait.	receiving	
Le conditionnel.	would receive a	our bank
Le passé composé.	receive	last week
Le plus-que-parfait.	subscribing	

CC. Phrases à recomposer. *(p. 76)*

1. J'ai reçu une lettre du service après vente me disant que mon ordinateur était encore sous garantie mais irréparable.
2. Veuillez recevoir, Monsieur le Directeur, mes meilleures salutations.
3. Si elle accepte de donner des séminaires en informatique, elle recevra des honoraires substantiels.
4. Avez-vous reçu le modem que vous avez commandé par correspondance?
5. Compuserve reçoit des centaines de demandes de renseignements tous les jours.
6. J'aurais bien acheté mon nouvel ordinateur par correspondance, mais lundi dernier, je n'avais par reçu le catalogue et je ne pouvais

pas (je n'ai pas pu) attendre plus longtemps. Alors mardi, je suis allé(e) chez le concessionnaire Apple du 3e arrondissement.

7. La directrice recevait le grand patron de Bull dans son bureau pendant que le/la secrétaire essayait de faire des réservations dans le meilleur restaurant de la ville pour déjeuner.

DD. Récapitulons! (p. 79)

1. un, un
2. un
3. un
4. une
5. un
6. un
7. une
8. des, des
9. un, un, une, un
10. un, une
11. une,un
12. un
13. un, une, une
14. un
15. un(e)

EE. Des jumeaux. (p. 80)

1. Si Paul est optimiste, Françoise est optimiste aussi.
   Si Paul est dynamique, Françoise est dynamique aussi.
   Si Paul est propre, Françoise est propre aussi.
   Si Paul est réaliste, Françoise est réaliste aussi.
   Si Paul est aimable, Françoise est aimable aussi.
2. Si Paul n'est pas mince, Françoise n'est pas mince non plus.
   Si Paul n'est pas timide, Françoise n'est pas timide non plus.
   Si Paul n'est pas idéaliste, Françoise n'est pas idéaliste non plus.
   Si Paul n'est pas stupide. Françoise n'est pas stupide non plus.
   Si Paul n'est pas flexible, Françoise n'est pas flexible non plus.
3. S'il est grand, elle est grande aussi.
4. S'il est réservée, elle est réservée aussi.
5. S'il est poli, elle est polie aussi.
6. S'il est français, elle est française aussi.
7. S'il est désintéressé, elle est désintéressée aussi.

FF. Au pluriel. (p. 81)

1. loyaux
2. finals
3. triviaux
4. banales
5. médicaux
6. royaux
7. radicaux

GG. Récapitulons! (p. 81)

1. fiscaux
2. commerciales
3. conviviaux
4. géniaux
5. égales
6. commerciaux
7. spatiaux

8. digitaux
9. finales
10. artisanaux

Module III: Demandes et offres d'emploi

J. La banque.   (p. 91)
Imparfait

1. pouvais, voulais
2. devais
3. valait (Il n'est pas nécessaire d'ajouter un **t** puisque le verbe conjugué se termine déjà par un **t**)
4. permettait
5. demandais, communiquait
6. n'allais pas, économisais
7. proposaient

Passé composé

1. ai dû, ont expliqué
2. ai montré
3. a demandé
4. ai répondu
5. ai choisi
6. ont proposé
7. ai pris
8. ai remercié, ai dit

Plus-que-parfait

1. avais   ouvert
2. avaient voulu
3. avions utilisé
4. avais   eu
5. avait retiré, avait fait

K. L'ordinateur.   (p. 92)
Imparfait

1. avais
2. était
3. étaient
4. était

Passé composé

1. suis servi(e)
2. ai allumé
3. ai cliqué
4. ai choisi
5. est apparu
6. ai commencé
7. ai défini, ai changé
8. ai tapé, ai vérifié
9. je me suis décidé(e) à mettre, ai sélectionné
10. ai imprimé
11. suis allé(e), ai sélectionné, j'ai essayé
12. ai réimprimé

Plus-que-parfait

1. avais   réussi
2. avait compris
3. avais   pu

L. Le distributeur automatique de billets.   (p. 93)

Imparfait

1. avait, faisaient
2. avait
3. allions
4. installait

Passé composé

1. suis allé(e)
2. ai fait
3. ai mis
4. ai composé, ai appuyé
5. ai choisi, ai eu
6. ai préféré
7. a demandé
8. ai appuyé
9. a indiqué
10. ai retiré, ai pris
11. a imprimé
12. a duré

Plus-que-parfait

1. avions   vu
2. avait perdu
3. avais   vu

M. Révision générale sur l'argent, les finances et l'informatique.   (p. 95)

1. commencera, demandera
2. utilisent
3. comprends, fonctionnent
4. a appris
5. choisissez
6. était, passait, vire
7. ferons
8. êtes
9. aille, est
10. vas, auras
11. avez fait
12. Allez, faites, pourrez
13. avait
14. faisions

N. La journée d'une secrétaire   (p. 96)

Imparfait

1. venait
2. était, avait
3. savait, concernait, restait
4. pouvait
5. trouvait
6. servait
7. était, connaissait
8. était

Passé composé

1. est arrivée, s'est assise
2. a allumé, a commencé, a fait
3. a regardé, a répondu
4. a apporté, a lu, a fait
5. est venu, a demandé
6. a dicté, a dit
7. a rappelé, a amené
8. a mis, a traduits
9. est partie, est revenue
10. a passé
11. a assisté, a pris
12. a zetranscrit, a apportées
13. a terminé, a fermé

Plus-que-parfait

1. avait   compris
2. avait trouvé
3. avait pu
4. avait fait
5. avait aidé(e)s
6. avait   eu
7. avions eu

O. Le matériel de bureau   (p. 98)
Imparfait

1. avaient
2. avait
3. pouvait
4. rangeait
5. triait, mettait
6. pouvait
7. préférait
8. plaçait

Passé composé

1. a rangé
2. a eu
3. a mis
4. a déposé
5. a reçu
6. ont   pu, ont empilés
7. a commandé

Plus-que-parfait

1. avait oublié
2. n'avait (pas) su
3. avaient mis
4. avait utilisé
5. s'était procuré
6. avait dû
7. avait   voulu

P. Chercher et trouver un emploi   (p. 100)
Imparfait

1. fallait
2. devais

3. allais, voulais

4. recevais

5. lisions

6. savait, était

7. contactais, demandais, savaient, étaient, embauchaient

Passé composé

1. j'ai envoyé

2. ont reçu

3. me suis abonné(e) [Mais masculin au numéro 9.]

4. s'est inscrit

5. ai reçu

6. a proposé, a posé

7. a semblé

8. a dit

9. ai reçu, j'ai été

10. avons signé

Plus-que-parfait

1. avais   reçu

2. me suis renseigné(e) [féminin au numéro 1 et au numéro 5]

3. avais fait

4. avait motivé(e)

5. avait proposé

6. avions reçu

7. avais perdu

ECRIRE *(p. 103)*

écris

écrit

écrivez

écrivent

Ecris

Ecrivez

écrivions

Aperçus *(p. 104)*

Le futur.	will write
L'imparfait.	write
Le conditionnel.	would write, boss
Le passé composé.	has written (wrote), job offer
Le plus-que-parfait.	looking

Q. Phrases à recomposer. *(p. 104)*

1. J'ai écrit une lettre pour accepter l'offre d'emploi de la société Legrand.

2. Ecrivez-vous une lettre de motivation (Ecrirez-vous la lettre de motivation, Ecririez-vous une telle lettre de motivation) à la main ou à la machine?

3. Avait-il écrit à cette entreprise avant de savoir qu'elle cherchait un nouveau chef de département?

4. Il faut absolument que vous écriviez les adresses à la machine. Cela fait plus net et plus professionnel.

5. Ecrivez à l'association des anciens élèves de votre école tout de suite pour leur faire part de votre promotion.

6. Elles écriront à un (leur) chasseur de têtes pour attirer son attention sur leur cas.

VENIR ET TENIR (p. 106)

vient
obtient
obtiennent
viens
obtienne

Aperçus (p. 106)

Le futur.   president, Wednesday, recruitment
L'imparfait.   signed his contract
Le conditionnel.   would, interviews
Le passé composé.   values
                         forgotten
Le plus-que-parfait. gave, gave

R. Phrases à recomposer. (p. 107)

1. Je ne sais pas ce qu'il est devenu. Il a accepté ce poste à Ciba-Geigy à Zurich en 1990, puis on ne s'est pas revus.
2. Je vais [vais aller, j'irai, suis allé(e), irais, etc.] à la Chambre de Commerce et Marie-Pierre vient (va venir, viendra, est allée, viendrait, etc.) avec moi. Nous voulons (voudrions, voulions, etc.) nous renseigner sur les cours du soir offerts à la rentrée.
3. Venez immédiatement! J'ai reçu une lettre d'embauche de Rhône-Poulenc et je voudrais (veux) vous la montrer!
4. Elle lui a montré sa lettre de licenciement et il n'en est pas revenu.
5. Tu venais d'accepter ce poste à Carrefour quand Continent t'a fait l'offre (une offre) que tu ne pouvais pas (n'as pas pu) refuser.
6. Nous étions déjà revenu(e)s de vacances quand mon père a décidé de changer de travail.
7. Elle devenait de plus en plus inquiète quand elle a enfin reçu l'appel de Michelin.

S. Phrases à recomposer. (p. 108)

1. Tu vois la femme qui tient un dossier dans la main droite là-bas? C'est Suzanne Blanchet, le Directeur général des industries Cascades, une boîte québécoise.
2. Il a tenu à recruter malgré les hésitations de son associée.
3. Je crois que tu obtiendrais plus facilement un emploi si tu suivais cet atelier de réinsertion professionnelle.
4. N'oubliez pas en quoi consistaient vos responsabilités pendant votre stage aux Etats-Unis. Cela retiendra leur attention!
5. Pendant qu'ils obtenaient les informations que nous avions demandées, j'ai téléphoné pour voir si j'avais un message de l'entreprise qui m'a fait passer un entretien il y a deux semaines (qui m'avait fait passer un entretien deux semaines auparavant).
6. Retenez (Retiens, retenons) bien ce numéro de téléphone, c'est celui de l'ANPE!
7. As-tu retenu (Vas-tu retenir) une chambre d'hôtel pour vendredi soir? Je pense qu'il serait préférable que tu restes à Paris après ton entretien car tu seras fatigué.

ESPERER, PREFERER, COMMENCER, EPELER (p. 109)

espère
espèrent
commencent
commence
Epelez

Aperçus *(p. 110)*

Le futur.	prefer
L'imparfait.	hoping to find, company
Le conditionnel.	would prefer
Le passé composé.	begun preparing (to prepare)
Le plus-que-parfait.	our last name over the phone

T. Phrases à recomposer. *(p. 111)*

1. Epelez votre nom, Madame, s'il vous plaît! Cela m'aidera à trouver votre dossier.
2. Nous espérions trouver le poste de nos rêves mais nous savions que nos chances d'obtenir quelque chose étaient minces.
3. Préfère-t-elle (préférerait-elle, préférait-elle, a-t-elle préféré, aurait-elle préféré, etc.) travailler à Paris ou en province?
4. Nous préférerions changer d'emploi mais, la conjoncture économique étant ce qu'elle est, nous nous contentons de ce que nous avons maintenant.
5. Il a épelé son nom et son prénom, puis elle a rempli son dossier devant lui.
6. J'avais espéré obtenir une (la) réponse de Peugeot avant les fêtes de fin d'année, mais je n'ai reçu leur lettre que le 15 janvier.
7. Le nom de la société pour laquelle elle travaille est Filipacchi Medias, alors, il faut toujours qu'elle l'épelle parce que l'orthographe n'est pas évidente.

DECOUVRIR, COUVRIR, OUVRIR, OFFRIR *(p. 112)*

Offres
offre
ouvrons
Offrez

Aperçus *(p. 112)*

Le futur.	cover
L'imparfait.	opened (were to open), bank account, easily
Le conditionnel.	cover, last time
Le passé composé.	no longer hiring
Le plus-que-parfait.	had offered

U. Phrases à recomposer. *(p. 113)*

1. Offrez-lui (Offre-lui, Offrons-lui) un ordinateur pour son anniversaire, cela l'aidera à faire son CV, par exemple.
2. Ils ont découvert que le Castorama de Tours embauche (embauchait) en ce moment (à ce moment-là).
3. Autrefois, l'Education Nationale offrait des conditions de travail vraiment avantageuses, maintenant, les salaires de départ sont si bas que cela en est décourageant.
4. J'ouvrirais bien un nouveau compte en banque en mon nom, mais si Paul accepte l'offre d'emploi de Total, nous allons déménager dans six mois, alors cela n'en vaut pas le coup.
5. Nous pensions (avions pensé) que nous étions couverts par notre assurance maladie, mais, lorsque j'ai perdu mon emploi, je me suis rendu compte que nous avions besoin d'une assurance complémentaire.
6. Il faut absolument que tu découvres ton jeu car tu ne peux pas faire croire à trois entreprises que tu vas accepter leur offre d'emploi. Il faut que tu te décides et que tu joues cartes sur table.

7. Si elle fait une erreur, je suis sûre que son patron la couvrira encore une fois.

Connaître (p. 114)

connaît
Connaissez
connaissent
Connaissez

Aperçus (p. 116)

Le futur.	result of my interview, to interview, candidates, making
L'imparfait.	know anything
Le conditionnel.	would know
Le passé composé.	professional, hired
Le plus-que-parfait.	unemployment

V. Phrases à recomposer. (p. 116)

1. As-tu connu la directrice de la maison Grange? C'est (c'était) une femme exceptionnelle. C'est elle qui m'avait aidée à trouver du (un) travail au début de ma carrière.
2. Connaisssez-vous le nom du nouveau PDG d'Air France?
3. Nous avions reconnu l'importance de l'ANPE dès sa création en 1967.
4. Ils vous reconnaîtront tout de suite si vous tenez le magazine *L'Expansion* à la main droite.
5. Reconnais que ton père t'a beaucoup aidé(e) dans ta carrière!
6. Il faut que vous connaissiez vraiment bien le marché européen pour avoir une chance dans cette entreprise. Elle n'embauche que des gens qui ont entre 5 et 7 ans d'expérience.
7. Elle connaîtra toutes les frustrations des demandeurs d'emploi, mais elle finira bien par trouver quelque chose car elle est très forte et elle sait ce qu'elle veut.

ETRE (p. 117)

Es
est
sommes
êtes
sont
sois
Soyez

Aperçus (p. 118)

Le futur.	CEO
L'imparfait.	were
Le conditionnel.	be, at ease
Le passé composé.	the interview, experience, all
Le plus-que-parfait.	saw her, very nervous

W. Phrases à recomposer. (p. 119)

1. Seriez-vous prête à aller vivre à l'étranger si votre entreprise vous proposait un emploi intéressant?
2. Elles ont été extrêmement surprises que je ne trouve pas de travail (que je n'aie pas trouvé de travail) dans les deux mois qui ont suivi l'obtention de mon diplôme.
3. Est-ce que tu es inscrit(e) à l'ANPE?
4. Il est nécessaire qu'ils soient ouverts à la possibilité d'un emploi à temps partiel pour commencer.

5. Tu seras à l'ANPE dès l'ouverture de leurs bureaux?
6. Quand je suis arrivé(e), elle était à l'ordinateur en train de refaire son CV.
7. Sois très prudent(e) si tu donnes ta démission, tu risques de rester sans emploi pendant des mois!

Pouvoir. *(p. 120)*

peux
peut
pouvons
peuvent

Aperçus *(p. 121)*

Le futur.	select the candidates
L'imparfait.	able, choose them
Le conditionnel.	interviews, finding a job
Le passé composé.	evaluate, experience, interview
Le plus-que-parfait.	contacts

X. Phrases à recomposer. *(p. 122)*

1. Tu peux (pourras, pourrais) me donner un exemplaire de ton CV? J'aimerais voir comment tu l'as présenté.
2. Pourriez-vous m'envoyer la liste des entreprises de la région spécialisées dans l'agro-alimentaire, s'il vous plaît?
3. Nous pourrons recommencer à recruter dans quelques mois si tout va bien. Nous pourrions recommencer à recruter dans quelques mois si tout allait bien. Nous aurions pu recommencer à recruter dans quelques mois si tout était bien allé.
4. Il est essentiel qu'elle puisse compter sur votre aide pendant sa recherche d'emploi car il est certain qu'elle traversera des périodes difficiles.
5. Elles avaient pu faxer leur CV et leur lettre de motivation avant la date limite.
6. Pouvez-vous (Pourrez-vous, Pourriez-vous) acheter le journal en rentrant? Il faut que nous regardions les offres d'emploi ce soir.
7. Si je pouvais trouver un emploi à Paris, je n'aurais pas besoin de déménager.

Y. A la recherche des noms. *(p. 124)*

Cherchez bien! Soyez imaginatif (imaginative) en créant de nouvelles phrases.

Z. Récapitulons *(p. 125)*

1. des
2. un, un
3. Une, un
4. un, un
5. un
6. une
7. une
8. une, un, une, un
9. un, une, un
10. un, une
11. un
12. un, un
13. une, des
14. un

15. une, un, un
16. un
17. une, un
18. une, des
19. Une, une
20. Une
21. un
22. un, une
23. un
24. Une
25. Un, un, un, un

AA. A la recherche d'autres noms!   (p. 127)
BB. A la recherche d'autres noms!   (p. 128)
(A faire vous-même)

CC. Faites l'accord.   (p. 129)
  1. performante
  2. évidente
  3. conviviale
  4. jolie
  5. forte
  6. lourde
  7. bleue
  8. compliquée
  9. moderne

Module IV: Les entreprises françaises

K. Le parking.   (p. 143)
  1. voiture, l'entreprise, carte de parking, personnel
  2. visiteurs
  3. immeuble, entreprise
  4. sortes, camionnettes, camions de livraison
  5. bruit, endroit
  6. humeur, journée

L. La secrétaire,   (p. 143)
  1. direction, rendez-vous
  2. bureau, secrétaire
  3. répondeur
  4. téléphone, touches
  5. ordinateur, document
  6. trombones, agrafes, ciseaux, service
  7. fax, pages, machine à écrire
  8. classeur, service
  9. ligne
  10. (de la) production
  11. femme

M. Le directeur général.   (p. 144)
  1. porte, bureau
  2. peintures, couleurs
  3. table, vase, canapé
  4. ordinateur, dossiers
  5. lignes, Président-directeur général

6. fauteuils
7. restaurant, Relations Publiques, conférence

N. La cafétéria.   (p. 145)

1. escalier, rez-de-chaussée
2. marbre
3. tapis
4. cafétéria, étage, secrétaires
5. couloir
6. personnes, ordinateurs, gens
7. zones
8. distributeurs automatiques, boissons
9. tables, banquettes
10. groupes

O. Le département des Relations publiques.   (p. 143)

1. bureau
2. salle, bureau
3. articles
4. journaux, ciseaux
5. photocopieuse, dossiers
6. groupe, maquette, entreprise
7. mise en page, scanner
8. couvertures
9. département
10. façon, Evolution
11. assistant, collaboration, presse

P. Le restaurant de l'entreprise.   (p. 147)

1. ascenseur, immeuble
2. moquette, escalier
3. boutons, bois
4. sections (parties)
5. tables, personnel, plateau, couverts
6. nappes
7. vase
8. partie (section), direction, serveurs

Q. La salle de conférence.   (p. 147)

1. Directeur général, étage
2. couloir, Président-directeur général
3. salle, table, longueur
4. magnétoscope
5. bar, conférence
6. publicité, rétroprojecteur
7. matériel

R. Le Président-directeur général   (p. 148)

1. opportunité
2. recrues
3. moquette, pièce
4. poignées
5. poste, visiophone, Minitel (ou un stylo), sous-main, chemises
6. peinture (ou une tapisserie)
7. canapé, fauteuils
8. bar, cristal, champagne, frigidaire (réfrigérateur)
9. aise, contrats

10. lavabo, glaces, serviettes
11. réunions
12. ascenseur
13. entreprise, avantages

S. Dans une usine Renault.   (p. 149)

1. enquête, sécurité
2. bureaux, zone
3. ouvriers, la carrosserie
4. ordinateurs
5. mesures
6. pare-brise
7. chaîne, combinaison
8. robots, sièges, circuits
9. wagons
10. conclusions

T. La salle d'étude.   (p. 150)

1. après-midi
2. évolutions, presse
3. documentaliste
4. salon, publicités
5. salle, photocopieuse, documents
6. bibliothèque
7. production, marketing
8. voitures
9. documents

U. La salle de sport.   (p. 150)

1. journée, exercice
2. carte, moniteur, vestiaires
3. piste
4. souffle
5. collègues, vélo, escalier
6. rames
7. minutes
8. professeur
9. eau
10. nuit

V. La salle d'informatique.   (p. 151)

1. baies
2. ingénieurs, pneus
3. effets, réaction
4. vidéoconférences, téléviseur, conversation, postes de télévision
5. données, usines
6. services

W. La garderie chez Rhône-Poulenc.   (p. 152)

1. entreprise, garderie
2. maison
3. dortoir, jeu(x)
4. chaises
5. puzzles, plastique
6. poupées
7. murs
8. livres

9. bureaux
   10. mois
   11. éveil

X. L'organigramme.   (p. 152)

   1. nom
   2. département
   3. journalistes
      a. Rédaction
      b. Ventes
      c. (de la) Publicité
      d. Administration

CREER, ETUDIER, VOIR   (p. 154)

crée
créent
Créons
Etudie
Voyez

Aperçus   (p. 156)

Le futur.	Department, June, in the north
	proposal, superiors, care
	will, best, team
L'imparfait.	joint venture
	schools, companies, management
	collaboration, conditions, market
Le conditionnel.	studies (analysis), problems
	competition
	Marketing
Le passé composé.	unemployed, job (employment)
	possibilities, telemarketing
	years
Le plus-que-parfait.	branches, crisis
	advantages, disadvantages, companies
	Head, Resource

Y. Phrases à recomposer.   (p. 157)

   1. Vous étudierez ce dossier pour demain, s'il vous plaît. Nous en discuterons à la réunion de neuf heures avec Mme Blanchot.
   2. Nous étudiions leur proposition lorsqu'ils ont appelé pour vérifier que nous avions bien reçu leur courrier.
   3. Vous verrez bien ce que la directrice dira mais je crois qu'elle tiendra compte de vos conseils.
   4. Nous voyions régulièrement le délégué du syndicat pendant les trois semaines qui ont précédé la grève.
   5. Si tu changeais de méthode de travail, tu verrais tout de suite une nette amélioration de tes résultats.
   6. A-t-elle vu le psychologue de l'entreprise comme elle le souhaitait?
   7. Ils avaient vu l'annonce dans le journal et ils y avaient répondu immédiatement car l'offre d'emploi correspondait exactement à leur profil.
   8. Etudieraient-ils notre demande de fonds immédiatement si nous leur faisions parvenir le dossier par télécopie aujourd'hui même?
   9. Elle a créé une formule sur mesure adaptée aux besoins de notre clientèle.
   10. J'avais créé un nouveau créneau dans le domaine du service à domicile.

BOIRE ET MANAGER *(p. 158)*

bois
Mangez
boivent
Bois
Mangeons

Aperçus *(p. 160)*

Le futur.	business
	Director
L'imparfait.	lecture, personnel, words
	activities, time, assistant
Le conditionnel.	minute, difficulties
	budget, money, project
Le passé composé	health
	companies
Le plus-que-parfait.	champagne, caviar, years
	media, perseverance

Z. Phrases à recomposer. *(p. 161)*

1. Venez nous voir dimanche et nous boirons à votre succès! Nous sommes si contents que Dassault ait renouvelé votre contrat!
2. Le midi, elle mangeait rapidement un sandwich et ne prenait même pas le temps d'aller à la cafétéria quand il fallait qu'elle termine un projet.
3. Je boirais de l'eau et non du vin à midi si j'avais autant de travail à faire que toi cet après-midi.
4. Tu vois, tu as mangé de la vache enragée pendant tes premières années à l'agence mais regarde maintenant où tu es arrivé(e)!
5. Nous avions bu deux apéritifs avant le déjeuner et étions complètement incapables de nous concentrer sur ce que le représentant disait.

LES VERBES «DE LA MAISON D'ETRE» *(p. 162)*

Montez

Aperçus *(p. 163)*

Le futur.	tonight, meeting
L'imparfait.	years
Le conditionnel.	problem
Le passé composé.	company, offices, floor
	work, boss
	stock(s)
Le plus-que-parfait.	meeting, time, dossier, reaction

AA. Phrases à recomposer. *(p. 164)*

1. Si j'avais encore du papier à en-tête, je sortirais cette lettre à l'imprimante pour que Madame Davoux la signe tout de suite.
2. Le responsable a descendu les fiches que je devais consulter avant la réunion.
3. Resterez-vous dans cette fonction de coordinatrice?
4. Elle mourait d'envie de dire à ses amies qu'elle avait obtenu le poste à Tahiti.
5. Ils étaient passés par le bureau pour finir quelques comptes samedi matin avant d'aller à la piscine.

SOUFFRIR, SE SENTIR, CRAINDRE   *(p. 165)*

souffre
souffrons
souffrez
craignez

Aperçus   *(p. 166)*

Le futur.	work, employers
	week of vacation
	years, French, unemployment
L'imparfait.	company, difficulties
	strike
	up-line (hierarchical superior)
Le conditionnel.	unemployment
	job (position)
	information, company, employees, job
Le passé composé.	lay-offs
	company
	job (position), director, Department
Le plus-que-parfait.	strikes
	job (employment)
	situation, work (unemployed)

BB. Phrases à recomposer.   *(p. 168)*

1. Vous sentez-vous [Vous sentiez-vous] capable d'assumer la responsabilité de tout le service Comptabilité pendant l'absence du patron?
2. Ils avaient craint la restructuration de l'entreprise qui aurait supprimé leur poste.
3. Nous nous sommes senti(e)s complètement dépassé(e)s lorsque notre boîte s'est informatisée.
4. Je craindrais mon patron si j'étais toi car il a la réputation d'être sans pitié avec ses employés.
5. Elle souffrait de ne pas avoir été sélectionnée parmi les finalistes parce qu'elle voulait vraiment travailler chez Peugeot.

DEVOIR   *(p. 169)*

dois
doit
doit
devez
doivent

Aperçus   *(p. 170)*

Le futur.	day, company
L'imparfait.	parents, money, United States
Le conditionnel.	our cover letter
Le passé composé.	job interview
Le plus-que-parfait.	hours on the, phone

CC. Phrases à recomposer.   *(p. 171)*

1. Elle devra envoyer une lettre d'acceptation le plus tôt possible.
2. Ils devraient s'inscrire au syndicat s'ils voulaient jouer un rôle actif dans leur entreprise.
3. Nous avons dû nous lever de très bonne heure pour arriver au bureau à neuf heures malgré la grève.

4. Tu dois (devrais) toujours garder à l'esprit plusieurs des règles d'or du créateur.

DORMIR ET S'ENDORMIR   (p. 171)

dors
dort
dormez
dorment
Dormez

DD. Quelques ordres!   (p. 172)

1. Fondez votre entreprise sur votre savoir-faire.
2. Minimisez vos risques.
3. Spécialisez votre activité.
4. Sachez vous entourer et vous informer.
5. Faites appel aux compétences des autres.
6. Choisissez bien vos associés.
7. Evitez les investissements improductifs.

Aperçus   (p. 172)

Le futur.	job interviews
L'imparfait.	businessman
Le conditionnel.	boss
Le passé composé.	Wake up
Le plus-que-parfait.	in great shape

EE. Phrases à recomposer.   (p. 173)

1. Je m'endormais sur ce dossier quand le patron m'a téléphoné pour me convoquer dans son bureau.
2. Il a dormi dans le train qui l'emmenait à Paris où il devait rencontrer le Directeur des Ressources Humaines de Prisunic.
3. Mon ancienne patronne me disait toujours (même maintenant quand je la vois) qu'il faut se méfier de l'eau qui dort!
4. Je resterai jusqu'à ce que je finisse ce travail et je dormirai au bureau si nécessaire.
5. Tu n'avais pas assez dormi cette nuit-là et c'était (c'est) pourquoi tu n'avais pas les idées claires lors de ton entretien d'embauche.

FF. Récapitulons.   (p. 175)

1. portatif
2. attentive
3. actifs (actives)
4. destructeur
5. compétitive
6. longue
7. nouvelle, bonne
8. moyenne
9. entier
10. première
11. bonnes
12. flatteuses
13. conservatrice, traditionnelle, imaginative, créatrice
14. parisiennes, agressives, compétitives
15. meilleure
16. discrètes, secrète
17. nette
18. lasse, épuisée

19. blanche
20. moqueuses
21. longues
22. agressif, compétitif
23. mobile, inférieur
24. dernière
25. jalouse
26. quelle, active
27. nommée, supérieur, promue

Module V: Différentes facettes du monde du travail

R. Récapitulons.   (p. 192)

1. la, l'
2. Le, la, la, l', la, La, la
3. La, le, les, l'
4. les, le, l'
5. le, les, les
6. l', l', la
7. la, les
8. Le (La), le, la
9. les, la, les
10. la
11. la
12. le
13. le, l'
14. les, la
15. le, la, le, la, la, l'
16. Le, le, l', la
17. L', la, l', le
18. les, le, l', la
19. les, la
20. L', l', le
21. les, la, l', l'

S. Quelques magazines français.   (p. 194)

1. nationale, mondiale, nombreux, variés, hétérogène
2. scientifiques, traités, spécialisées, intéressé
3. inconnues, étrangers, intégrée, touristique, écologique
4. célèbres, comparable, féminine

T. Une pub à la télévision.   (p. 194)

résidentiel
endormie
étoilée
flamboyantes
doux
légers
décidés
intemporelle
élégant
noir
heureux
détaché
décoiffés
défait
longue

masculine
extérieure
passionnant
résonnant
fermée

U. Comparaisons et contrastes. (p. 195)

1. comparative, autorisée
2. publicitaires, télévisés, américaines, rare, publicitaires, inférieur
3. internationales, identiques, différentes, adaptées
4. publicitaires, Unis, peints, recouverts, larges, collées
5. français, propre

V. L'homme sandwich. (p. 195)

commerçantes
rectangulaires
peints
larges
colorés
pressés
fériés
bondées
curieux
bleue
fatiguant
enfermé (masculin, voir le mot **étudiant** au début du paragraphe)
frais
piétonnière
pollué

W. Les T-shirts. (p. 196)

textile
publicitaire
faible
produits
publicitaire
ciblée
sportifs
quelconques
grande
présentes
dessiné
bénéfique
porté
gratuite

X. L'utilisation du Minitel dans le domaine de la pub. (p. 196)

différentes
jumelées
divisé
recherchées
supérieurs
publicitaire
inférieure
ciblée
multiple

variée
courant
général
présentées
autres

Y. Jetons un coup d'œil sur le téléphone et ses périphériques.   *(p. 197)*

développé
associés
pratique
cellulaire
bon
personnalisée
premiers
révélés
téléphoniques
simple
capables

Z. Le rôle des personnages célèbres dans le domaine de la pub.   *(p. 198)*

connue
embauchés
rémunérées
rendus
détournée
indirect
célèbre
française
publiques
grand
français
payée
identique
supérieure

AA. La pub dans les entreprises.   *(p. 198)*

grande
ciblée
publicitaires
nationale
télévisés
extérieure
spécialisée
principaux
destinées
intéressée
prêtes
distribuées

BB. En été.   *(p. 199)*

grande
touristiques
balnéaires
offerts
attablés
posés

CC. Agences de publicité. (p. 199)

grandes
interne
responsable
petite
moyenne
publicitaire
complexe
vive
variés
traditionnels, traditionnelles
différents
nécessaire(s)

DD. Quelques points particuliers. (p. 199)

inattendus
surpris
longue
multicolore
géante
présente
insoupçonnés
larges
existants
propre
grande

PLEUVOIR ET FALLOIR (p. 207)

(Rien à ajouter)

Aperçus (p. 208)

Le futur.	secretary, maternity leave
	job (workplace), bicycle
L'imparfait.	Sir
	everyone, temp
Le conditionnel.	job, temporary work, solution
	air, peasant (farmers, those who till the land), tourists
Le passé composé.	computer, days, position, substitute
	week, workers, grapes
Le plus-que-parfait.	for hours, project
	director, agency, boss, highways, accident, half-hour late

FF. Phrases à recomposer. (p. 209)

1. Il faudra qu'elle travaille temporairement si elle ne veut pas s'ennuyer.
2. Il pleuvait le premier jour où elles ont commencé leur travail intérimaire.
3. Si elle voulait réussir à la boulangerie, Au bon pain, il faudrait que l'entreprise prenne plus au sérieux le contrôle de la qualité.
4. Heureusement qu'il n'a pas plu parce qu'elle a dû se rendre au travail chez Leroy Merlin à bicyclette.
5. Il pleuvait depuis un mois quand elle a commencé son nouvel emploi de jardinier (jardinière) chez Truffaut.

APPELER ET S'APPELER (p. 210)

appelles
appelle
appelez
appellent

Aperçus (p. 211)

Le futur.	function (position), role, company
L'imparfait.	used to call, regularly
Le conditionnel.	name, meeting
Le passé composé.	sense (common sense), decision, choice
Le plus-que-parfait.	congratulations, temp service

GG. Phrases à recomposer. (p. 211)

1. J'appellerai demain l'agence intérim pour savoir quand est-ce que je commencerai mon nouvel emploi.
2. La directrice d'Ecco, une agence intérim, m'appelait souvent autrefois pour me proposer un poste mais je n'ai plus de ses nouvelles.
3. Les chômeurs appelleraient l'ANPE s'ils étaient sûrs de trouver une solution favorable à leur situation.
4. Ils m'ont appelé(e) pour me demander si la place de standardiste dans l'entreprise Esso m'intéressait.
5. Si j'avais appelé à temps, j'aurais pu travailler pendant les vacances d'été chez Peugeot.

RIRE, PARAITRE, PLAIRE (p. 212)

(Rien ne manque)

Aperçus (p. 213)

Le futur.	Script, commercial, moment, smile, lips people who enjoy good living, commercial, pasta products, novelties, quality
L'imparfait.	offer, fashion designer (couture house), model, opportunity
Le conditionnel.	commercial, years, cream experience (association, a business, profession, trade)
Le passé composé.	star, Chanel No. 5 television, (female) admirers
Le plus-que-parfait.	ceremony, prizes, week, sea

HH. Phrases à recomposer. (p. 214)

1. Le linge paraîtra toujours plus beau avec la lessive Dash!
2. Les yaourts Danone en spot publicitaire paraissaient vraiment appétissants!
3. La femme qui conduit la Renault Twingo dans la publicité Benetton te paraît-elle vraiment heureuse?
4. Vous aviez paru ennuyée à l'idée de supporter tous les spots publicitaires qui précédaient l'émission «A bas les masques!».
5. La publicité pour les pâtes Buitoni plairait-elle autant aux Français si c'était un autre acteur que Gérard Depardieu qui dévorait ses spaghetti à la sauce tomate.
6. Les publicités pour les bijoux Cartier plaisent-elles (ont-elles plu, plairont-elles, plairaient-elles, etc.) à l'étranger?
7. Que les foulards plaisent aux Japonaises ne fait aucun doute. Ce qu'il

faut, c'est lancer une nouvelle campagne publicitaire juste avant Noël.

8. La publicité pour l'île Saint-Martin lui avait tant plu qu'elle avait envie d'y aller en vacances.
9. Vous ne plaisiez pas dans ce modèle de robe; alors la campagne publicitaire n'a pas marché.
10. Plaisez au grand public et nous renouvellerons votre contrat!
11. Si vous voulez que cette publicité attire un public jeune et dynamique, il faudra que l'homme rie au volant de sa voiture.
12. As-tu ri lorsque tu as vu Gérard Depardieu dévorant de grandes quantités de spaghetti comme si sa vie en dépendait?
13. Nous adorions cette publicité et je me souviens que nous riions à chaque fois que nous voyions l'enfant ouvrir de grands yeux devant le chien qui parlait.
14. Elles ont ri mais un peu plus tard elles m'ont dit qu'elles avaient été choquées devant cette publicité.
15. Je ris lorsque je vois un spot publicitaire mais ce n'est pas pour cela que j'achèterai des collants Dim.

SE SOUVENIR (p. 216)

se souvient
se souviennent
Souvenons-nous

Aperçus (p. 217)

Le futur.	teacher (professor), marketing lesson
L'imparfait.	commercial (spot, clip, announcement)
Le conditionnel.	message, commercial
Le passé composé.	appointment, brainstorming
Le plus-que-parfait.	demands (requirements), montage (assembling, editing), commercial, campaign, agency

II. Phrases à recomposer.   (p. 217)

1. Je me souviens du questionnaire sur les produits de beauté Yves Rocher.
2. Si je te décris cette publicité des années soixante, je suis sûre que tu t'en souviendras.
3. Je lui avais demandé de photographier l'affiche pour que je puisse envoyer cette publicité amusante à une amie qui est professeur de français en Argentine, mais il ne s'en est pas souvenu.
4. Souviens-toi d'enregistrer les informations mais commence après les spots publicitaires!
5. Vous ne vous souveniez jamais du nom de la vedette qui représentait les produits Lancôme; et pourtant elle était très connue.
6. Ma fille n'avait que sept ans mais elle s'était souvenue d'avoir vu la publicité pour eau de toilette pour enfant dans un magazine. J'étais dans une parfumerie et j'achetais une bouteille (un flacon) de parfum Guerlain (et) elle a demandé à la vendeuse de lui apporter «Petit Guerlain» ce qui l'avait beaucoup amusée.
7. Cela m'étonnerait que ma soeur et mon frère se souviennent d'avoir posé pour une publicité pour les T-shirts Kiabi lorsqu'ils avaient cinq ans.

ACHETER ET VENDRE (p. 219)

achète
vendez

Aperçus   *(p. 220)*

Le futur.	products, China
L'imparfait.	tires, France, company, companies, markets
Le conditionnel.	(own) father and mother, company
Le passé composé.	exclusive rights; stage-rights (to a play)
Le plus-que-parfait	vacuum cleaners, Asia
	boss, pick-up truck, time off (leave of absence)

JJ. Phrases à recomposer.   *(p. 221)*

1. Nous achèterons un tas de produits originaux afin qu'ils soient revendus ensuite.
2. Tu achetais toujours tes T-shirts chez Lacoste mais maintenant tu préfères ceux de Vuarnet.
3. J'achèterais bien ces logiciels si j'étais sûre de pouvoir les revendre après.
4. Ils ont acheté ces chaussures pensant qu'ils n'auraient aucune difficulté à les exporter.
5. Aviez-vous acheté ces téléphones portables avant qu'ils soient officiellement sortis sur le marché grâce au responsable commercial de France Télécom?

ENVOYER, ESSAYER, PAYER   *(p. 222)*

Payons

Aperçus   *(p. 223)*

Le futur.	hard drive, America, months
L'imparfait.	company, customers, time, infrastructure
Le conditionnel.	Thai (no s), order
Le passé composé.	agreements, Mexico, cost, labor (manpower)
Le plus-que-parfait.	partner, payment, bill

KK. Phrases à recomposer.   *(p. 223)*

1. J'enverrai ce bon de commande pour ces casseroles quand je serai sûre de mon choix.
2. Vous essaierez d'appeler votre conseiller à l'agence pour connaître la raison pour laquelle vous n'avez pas eu ce poste.
3. Autrefois, on payait comptant quand on achetait un vélo ou même une machine à coudre.
4. J'essaierais de contacter l'entreprise Michelin pour lui trouver un emploi.
5. Elle a envoyé des lettres de motivation et son CV à une centaine d'entreprises pour avoir un maximum de chances d'avoir une réponse positive.
6. J'avais essayé d'entrer chez Guerlain mais je ne correspondais pas à leurs critères de sélection.

Module VI: Gérer et investir son argent

J. Le comparatif.   *(p. 239)*

1. Si vous avez (aviez) des difficultés de paiement, il est (serait) plus dangereux de faire l'autruche que de prendre rendez-vous avec votre percepteur.
2. Ces logiciels sont moins performants que CIEL.
3. Il est possible qu'une personne riche paie moins d'impôts qu'un individu qui a des revenus modestes.
4. Faire sa propre déclaration d'impôts est peut-être plus facile en France qu'aux Etats-Unis.

5. Les placements non-liés à une police d'assurance sont sans doute plus avantageux pour les particuliers.

6. Dans le domaine des assurances, il est aussi facile de résilier un contrat en France qu'aux U.S.A.

7. On a tendance à posséder plus d'actions que d'obligations et depuis un certain temps des SICAV ou fonds mutuels.

8. La Bourse de Paris est plus grande et plus célèbre que les six autres marchés boursiers en France.

9. Ses actions Accor étaient plus stables que celles d'EuroDisney le jour où elle a vérifié le statut de son portefeuille.

K. Le superlatif. (p. 240)

1. La TVA est la plus connue de toutes les taxes en France.

2. Le prix n'est peut-être pas le facteur le plus important à considérer lorsqu'on choisit une assurance.

3. Selon Mme Amar, UAP et Direct Assurance pourraient proposer les tarifs les plus intéressants à la fille de Mme Vauclair.

4. Les assurances-décès donnent aux bénéficiaires les moyens de faire face aux dépenses les plus urgentes, telles que les frais d'enterrement ou le paiement des droits de succession.

5. Les cas d'invalidité sont sans doute les plus graves.

6. Les investissements les plus risqués sont quelquefois ceux qui rapportent le plus.

7. Ce sont les gens qui investissent le moins qui auront plus tard le plus de problèmes.

MENTIR (p. 242)

mens
ment
mentent
mens
mentons

Aperçus (p. 243)

Le futur.   the I.R.S., consequences
L'imparfait.   trooper (lit., tooth-puller) prison, embezzlement
Le conditionnel.   personal, society; company
Le passé composé.   tax returns, life
Le plus-que-parfait. accounts, company

L. Phrases à recomposer. (p. 243)

1. Qu'ils mentent à l'inspecteur des impôts et ils auront de sérieux problèmes.

2. Je n'ai jamais menti en ce qui concerne ma déclaration d'impôts.

3. Moi, je trouve qu'elle avait menti en ne déclarant pas les revenus qui lui venaient de l'étranger. Mentir, c'est aussi ne pas tout dire.

4. Le Ministre de l'Economie ment s'il dit qu'il n'augmentera pas les impôts cette année.

5. Ces hommes politiques mentiront au sujet de baisse de la TVA s'ils pensent que cela est nécessaire pour remporter les élections.

6. Pourquoi mentiraient-elles? Si elles disent que la TVA va être augmentée, c'est sans doute vrai.

7. Mentez si vous pensez que vous ne pourrez pas faire autrement, mais sachez que je ne suis pas d'accord! Je crois que les contribuables doivent remplir leur déclaration d'impôts le plus honnêtement possible.

PLAINDRE ET SE PLAINDRE (p. 244)

se plaint
se plaignent
Plains-toi

Aperçus (p. 245)

Le futur.	bills
L'imparfait.	French, the state expenditures; the tax burden(s)
Le conditionnel.	taxes, Japan
Le passé composé.	recently, the Department of the Treasury (Taxation)-IRS, securities' (stocks and bonds) expenses
Le plus-que-parfait.	employees, amount, contribution

M. Phrases à recomposer. (p. 246)

1. Plains-toi si tu veux à ton maire ou (à) ton député, mais je crois que cela ne servira à rien car, à mon avis, tes impôts locaux sont très raisonnables comparés à ceux des communes environnantes.
2. Les Français se plaignent d'avoir à payer un/des taux de TVA exorbitant(s).
3. Les familles riches se sont-elles plaintes lorsque l'impôt de solidarité sur la fortune a été adopté en 1988?
4. Vous vous plaignez beaucoup mais franchement, même après avoir payé tous les impôts dont vous parlez, il vous reste largement de quoi mener un train de vie confortable.
5. Je suis sûre qu'elle se plaindra mais après tout, si elle paie tant d'impôts, c'est parce qu'elle gagne beaucoup d'argent; donc moi, je ne la plains pas.
6. Il ne faut pas que nous nous plaignions; nous avons bénéficié de l'amnistie fiscale en 1981 et n'avons eu que la taxe forfaitaire de 25% sur le montant des capitaux rapatriés à payer.
7. Tu t'étais plaint(e) à ton percepteur mais je me souviens que tu n'avais pas réussi à obtenir l'abattement de 10% que tu avais demandé.

(RE)NAITRE ET MOURIR (p. 247)

meurs
meurt
mourez
naissent

Aperçus (p. 248)

Le futur.	life insurance life insurance, peace
L'imparfait.	insurance company, year, France boredom, agent, clauses, package policy (Lit., multi-risk insurance), idea, covered
Le conditionnel.	sorrow (grief), nephew, beneficiary, casualty (death) insurance
Le passé composé.	concept, insurance, history, humanity
Le plus-que-parfait.	death (life) insurance, wife, problem

N. Phrases à recomposer. (p. 249)

1. Les assurances sont nées avec la montée du capitalisme.
2. Les assurances naissent du besoin des gens.

3. Il était né pour commander, et il est aujourd'hui à la tête d'une compagnie d'assurances.

4. Elle est morte quelques semaines après avoir pris une (cette) assurance.

5. Ces deux vieilles dames disent que lorsqu'elles mourront, ce sera leurs nièces qui seront les bénéficiaires de leur assurance.

6. Ils ne sont pas morts pendant l'incendie mais ils ont tout perdu et ils étaient insuffisament assurés.

JETER, COURIR (p. 250)

court
courez
courent
jettes

Aperçus (p. 251)

Le futur.	existence, insurance policy, fire, company, bankruptcy
L'imparfait.	risks, insurance
Le conditionnel.	houses, insurance, be prevalent
Le passé composé.	insurance company, insurance company, morning long, Saturdays
Le plus-que-parfait.	insurance company, origins

O. Phrases à recomposer. (p. 252)

1. Elle a jeté un coup d'œil sur le sinistre et elle a tout de suite compris que sans assurance, elle aurait été perdue.

2. Les gendarmes vous jetteront en prison lorsqu'ils découvriront que vous avez allumé vous-même cet incendie pour toucher l'indemnité de l'assurance.

3. Vous étiez furieux [furieuse(s)] et vous aviez jeté votre agent d'assurances à la porte lorsque vous aviez réalisé (vous vous étiez rendu compte) qu'il avait cherché à vous tromper!

4. Sarah et Emilie couraient de gros risques en conduisant leur voiture sans assurance.

5. Si nous ne prenons pas d'assurance-vol, quel risque courons-nous?

6. Cours, car l'agence d'assurances ferme à midi et j'aimerais que tu (y) ailles signer ton contrat tout de suite.

7. Le bruit court que placer son argent dans l'UAP serait une bonne affaire. Qu'en pensez-vous?

8. Par les temps qui courent, il est préférable d'être bien assuré(e).

9. Vous courriez au devant des problèmes si vous ne preniez pas d'assurances.

10. Tu avais couru dans la compétition d'athlétisme à l'étranger et (tu) t'étais cassé le col du fémur. Heureusement que tu avais une bonne assurance voyage qui couvrait tous tes frais de rapatriement.

(SE) SERVIR (p. 254)

sers
sert
servent

Aperçus (p. 254)

Le futur.	vice presidents (directors), bank, students, mechanisms

L'imparfait.	bonds, company, bankrupt
Le conditionnel.	world, finance, competition
Le passé composé.	money, financial transactions
Le plus-que-parfait.	options, swaps, effects, fluctuations, rate

P. Phrases à recomposer.   (p. 255)

1. Elles s'étaient servies du Minitel pour suivre leurs investissements financiers et en étaient très contentes.
2. Servez-vous, ce sont quelques dépliants qui vous donneront quelques informations sur différentes manières de placer votre argent à la Poste.
3. Comme le dit le proverbe: «On n'est jamais si bien servi que par soi-même.», alors je surveille la Bourse et décide de tous mes investissements moi-même.
4. Si cette Société de Bourse servait mieux les petits investisseurs, je suis persuadée qu'il y aurait beaucoup plus de gens qui achèteraient des valeurs mobilières.
5. Vos conseils lui serviront beaucoup car il est complètement novice en matière d'investissement.
6. Je me servais du livre qui donnait le B.A.-BA des investissements boursiers.
7. Est-ce que tu connais le proverbe: «Mais que sert le mérite où manque la fortune?» Penses-tu que pour réussir à la Bourse, il faut déjà être riche?

SUIVRE, VALOIR   (p. 256)

(Rien ne manque)

Aperçus   (p. 257)

Le futur.	course, destroy, future, scandal stock, plugged nickel (Lit., a nail)
L'imparfait.	interest, company, news wasn't worth, tax return
Le conditionnel.	stocks, would they (Lit., public purchase offer)
Le passé composé.	footsteps, father, cambists (exchangers)
Le plus-que-parfait.	repurchase (take-over), company, times

Q. Phrases à recomposer.   (p. 258)

1. Le marché financier suit l'évolution de la conjoncture économique.
2. Suivez-vous de près vos actions en Bourse?
3. Suivons ses conseils! Pierre a beaucoup plus d'expérience que nous en matière d'investissement immobilier.
4. Il faut absolument que tu suives ton intuition et que tu n'investisses que dans les sociétés qui te paraissent saines.
5. N'oubliez pas que vos actions valent de plus en plus à la Bourse.
6. Ses investissements ne valaient plus rien mais elle ne voulait pas les vendre car elle croyait que les sociétés dans lequelles elle avait investi finiraient bien par se relever.
7. Monsieur Legrand est un grand homme politique mais ses conseils en matière de Bourse, valent-ils grand'chose?
8. L'évolution de l'action Eurotunnel ne me dit rien qui vaille!
9. Il vaudrait mieux que tu vendes tes actions Eurotunnel. Tu connais l'expression: «Il vaut mieux tenir que courir!»

A

acheter, 219–221
adjectifs
  comparatif des, 236–237
  démonstratifs, 201–202
  en *-il, -el, -eil, -x*, 129–130
  féminin des, 79, 174–175
  genre des, 129
  interrogatifs, 200
  invariables, 131
  numéraux cardinaux, 43–44
  numéraux ordinaux, 45
  pluriel des, 81, 130–131
  possessifs, 200–201
  superlatif des, 238–239
adverbes
  comparatif des, 237
  formation des, 204, 206–207
  superlatif des, 239
Agence Nationale Pour l'Emploi.
  Voir ANPE
agence publicitaire, 199
Air France, 116–117
Air Inter, 118
Alcatel, 35
aller, 27–28, 37–38, 162–164
allumer, 6
ANPE, 1, 85, 86, 100–103, 109, 117,
  119, 156, 169, 188, 212, 232
appeler, 210–211
  s', 210–211
arriver, 162–164
avoir, 29–30, 39–40
  l'air, 202–203
  peur que + subjonctif, 9

B

banque, 1, 4–5, 7–8, 58, 91–92, 235.
  Voir aussi compte en banque
Banque Populaire, 74
Bazar de l'Hôtel de Ville, 169
bien que, + subjonctif, 9
BNP, 7, 11, 29, 43, 204, 235
boire, 158–161
Bourse de Paris, 227, 257
Boursin, 53
Bull, 100
bureau, matériel de, 98–99

C

cafétéria, 145–146
Carrefour, 108

Carte Bleue, 12, 92, 95, 236
carte Mozaïc, 18
Castorama, 113
CCP, 33, 125, 235
Chanel, 106, 113
choisir, 6
chômage, 124
Ciba-Geigy, 106
commencer, 109–110
compte en banque, 7–8, 17–18
conditionnel, mode, 10
connaître, 114–116
courir, 250–252
courrier électronique, 74
couvrir, 112–113
craindre, 165–168
Crédit Agricole, 10, 18, 27, 74, 82
Crédit Lyonnais, 5, 36, 250, 253
Crédit Mutuel de Bretagne, 1, 19, 27,
  227
créer, 154–157
croire, 9, 19–20, 34–35
curriculum vitae, 101, 123
CV, 100, 113, 120–123, 126, 169–170,
  224, 234

D

D.A.B., 17–18, 94
Décathlon, 117
découvrir, 112–113
Deneuve, Catherine, 198
descendre, 162–164
devenir, 106–107, 162–164
devoir, 169–170
dire, 71–73
directeur général, 144–145
distributeur automatique de
  billets, 17–18, 93–95. *Voir aussi*
  D.A.B.
dormir, 171–173

E

Ecco, 212
écrire, 103–104
EDF, 17, 91
Elf Aquitaine, 118, 155
élision, 181–183
Elle, 236
emploi, demande et offre d',
  100–102, 114–115, 234
encaisser, 6
enchaînement, 183
endormir, 171–173

entreprise, 198, 233
entrer, 162–164
envoyer, 222–223
épeler, 109–110
espérer, 109–110
essayer, 222–223
Esso, 212
être, 117–119
  verbes de la maison d', 162–164
étudier, 154–157
Eurocard, 82

F

facture, 90
faire, 32, 40–41
falloir, 207–209
il faut que, + subjonctif, 9
fichier, 90
Filipacchi Medias, 111
FNAC, 66
France Télécom, 15, 17, 32, 44, 45, 67

G

Gala, 194
Galeries Lafayette, 107
garderie, 152
GDF, 91
Géant Casino, 114
Groupama, 227

H

homme sandwich, 195–196, 293
hypermarché, 159, 179

I

impératif, mode, 9
indicatif, mode, 9
informatique, 49, 234–235
  salle d', 151
Internet, 69, 71–72, 74–75, 112, 193,
  234
interrogatif, mode, 9
intonation, 229–232

J

jeter, 250–252

L

liaison, 183–188
logiciel, 73, 93, 129, 235

M

magazine, 194
Mammouth, 116
manger, 158–161
même, 203–204
mentir, 242–243
Merlin Gerin, 170
mettre, 59–61
Michelin, 106, 108, 142, 151, 220
Minitel, 1, 6, 9, 13–15, 29, 38, 59, 63, 72, 81, 88, 196–197, 235, 255, 263
Monoprix, 113
monter, 162–164
mourir, 162–164, 247–249

N

naître, 162–164, 247–249
noms, 41–42
  collectifs, 126
  comparaison des, 189
  composés, 190–191
  concrets *vs.* abstraits, 259
  étrangers, 262
  de famille, 259–260
  féminins, 41–42
  genre des, 41, 124
  masculins, 77–78
  pluriel des, 141–142
  propres, 127
  de villes, 260–261
  de voitures, 263

O

obtenir, 106–107
offrir, 112–113
ordinateur, 6, 13, 49, 58, 61, 63, 70, 76, 82, 92, 130, 202, 234
organigramme, 152–153
ouvrir, 6, 23, 35–36, 112–113

P

paiement, moyen de, 11–13
paraître, 212–214
Paribas, 216, 255
parking, 143
partir, 162–164
passer, 162–164
payer, 6, 222–223

PDG, 36, 38, 112, 117, 118
Peugeot, 111, 150, 212
plaindre, 244–245
plaire, 212–214
pleuvoir, 207–209
PME, 143, 160
Point, le, 194
Poste, la, 13, 21–22, 25, 31, 33, 36, 38–39, 68
pour que, + subjonctif, 9
pouvoir, 120–122
préférer, 109–110
prendre, 69–70
Président-directeur général, 148–149
publicité, 194–196, 198–200, 213, 216

Q

Québec, 38, 127, 128, 217
quotidien, 128

R

recevoir, 74–75
relations publiques, 146–147
Renault, 149–150
rentrer, 162–164
restaurant, 147
rester, 162–164
retenir, 106–107
retourner, 162–164
revenir, 106–107, 162–164
Rhône-Poulenc, 101, 108, 152, 167, 256
rire, 212–214

S

Saint-Laurent, Yves, 198
salle de conférence, 147–148
salle de sport, 150–151
salle d'étude, 150
Samaritaine, 12
sauvegarder, 66, 90
savoir, 62–64
  que + subjonctif, 9
Science et Vie, 194
secrétaire, 96–97, 143–144
se sentir, 165–168
servir, 254–255

SICAV, 187, 240
SNCF, 52, 191
sortir, 65–68, 162–164
souffrir, 165–168
se souvenir, 216–217
subjonctif, mode, 9
suivre, 256–258

T

téléphone, 14, 32, 52, 60, 90, 96, 109, 125, 197–198, 218, 235
tenir, 106–107
tomber, 162–164
tout, 202
transaction, 8
T-shirt, 196
TVA, 240–241, 244–246

U

UAP, 240, 247, 251, 253

V

valoir, 256–258
vendre, 219–221
venir, 106–107, 162–164
verbes en -er. *Voir* **verbes réguliers**
verbes en -ir. *Voir* **verbes réguliers**
verbes en -re. *Voir* **verbes réguliers**
verbes irréguliers
  futur, 56–57
  imparfait, 90
  passé composé, 90
  plus-que-parfait, 91
  présent, 6
verbes réguliers
  futur, 56–57
  imparfait, 90
  passé composé, 90
  plus-que-parfait, 91
  présent, 6
voir, 154–157
vouloir, 24–25, 36–37
  que + subjonctif, 9

Y

Yves Rocher, 214, 218